本书是国家社会科学基金项目"西方主权债务危机的当代特质性研究"（12CJL044）的结项成果。

西方主权债务危机

的

当代特质性

刘爱文◎著

CONTEMPORARY IDIOSYNCRACY OF
THE WESTERN SOVEREIGN DEBT CRISIS

经济管理出版社
ECONOMY & MANAGEMENT PUBLISHING HOUSE

图书在版编目（CIP）数据

西方主权债务危机的当代特质性 / 刘爱文著 . —北京：经济管理出版社，2019
ISBN 978-7-5096-5826-0

Ⅰ.①西… Ⅱ.①刘… Ⅲ.①债务危机—研究—西方国家 Ⅳ.① F811.5

中国版本图书馆 CIP 数据核字（2019）第 242529 号

组稿编辑：王光艳
责任编辑：李红贤
责任印制：黄章平
责任校对：董杉珊

出版发行：经济管理出版社
　　　　　（北京市海淀区北蜂窝 8 号中雅大厦 A 座 11 层　100038）
网　　　址：www.E-mp.com.cn
电　　　话：（010）51915602
印　　　刷：三河市延风印装有限公司
经　　　销：新华书店
开　　　本：710mm×1000mm/16
印　　　张：16.5
字　　　数：305 千字
版　　　次：2020 年 5 月第 1 版　2020 年 5 月第 1 次印刷
书　　　号：ISBN 978-7-5096-5826-0
定　　　价：68.00 元

序　言

　　"美国财政部上周五（2019 年 11 月 1 日）公布的数据显示，美国联邦政府债务即美国国债的未偿余额突破了 23 万亿美元的大关，再创新高。"[①] 美国政府债务不可遏制的膨胀趋势，意味着西方主权债务危机依然在不断深化。刘爱文副教授自 2007 年师从我在中国人民大学攻读政治经济学博士学位时起，十余年来一直关注西方主权债务危机的现象并探索其形成机理。在此期间，他付出了巨大的努力，尝试通过马克思主义经济学研究方法对西方主权债务危机进行新的诠释，本书的完成意味着刘爱文博士对于西方主权债务危机的认识得到进一步升华。概览全书，我的总体印象是：为了探究西方主权债务危机的内在根源和形成机理，作者深入资本主义生产方式内部，以资本主义信用衍变为主线，通过历史生成关系贯通不同层面的资本主义经济危机范畴，从纷繁复杂的资本主义经济危机范畴中厘定其一般形态和特殊形态，最终，生发出一个蔚为大观的资本主义经济危机全谱系（见图 0-1）。基于上述逻辑可知，本书既有资本主义经济危机总形态与总性态的历史广角研究，又有西方主权债务危机当代特质性的社会定格研究。

　　接下来，我想就本书的创新、突出特色、主要建树以及学术价值谈点看法：

---

① "债"不能停，美国早晚把自己推进火坑 [EB/OL].http://finance.ifeng.com/c/7rb95hbgShI.

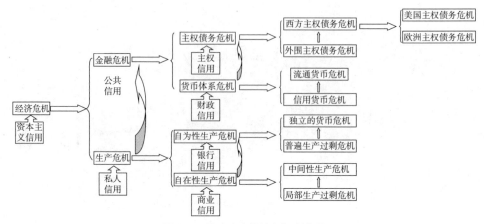

图 0-1 资本主义经济危机全谱系

第一，本书的创新。围绕当代特质性主题展开的工作过程中，本书实现了两大创新。其一是研究方法创新。本书将马克思主义发生学方法应用于国际债务危机研究领域，由此形成了历史唯物主义发生学，并通过后者完全贯通西方主权债务危机的当代特质性问题研究。其二是观点创新。通过应用历史发生学和系统发生学的研究方法，本书得出了这样一种新观点，即资本主义基本矛盾在新自由主义国际经济秩序下具有完全不同的内容规定：①全球价值链中外围低端生产和中心高端生产之间对抗性矛盾；②金融创新的顶层设计与信贷消费的底层化之间对抗性矛盾；③金融资产定价权垄断与生产全球化之间对抗性矛盾。其三是结论创新。本书通过对资本主义经济危机范畴的生成考察，最终得出以下结论：①主权债务危机是金融危机的范畴；②西方主权债务危机是特殊的金融危机；③美国主权债务危机将是金融危机的"最高发展"性态。

第二，突出特色。本书最突出的特色就是坚持问题意识和贯彻历史唯物主义发生学方法。所谓"物有本末，事有终始，知所先后，则近道矣"，前者指空间结构，后者指历史形态。为了考察西方主权债务危机的当代特质性，本书主要围绕西方主权债务危机"从何来"和"为什么"这两个问题分析。首先，本书要探查西方主权债务危机从何而来的问题。借助历史发生学研究方法，本书以资本主义信用形态为轴心，通过信用形态的主客体演变对资本主义进行历史分期，从而一般地考察信用基质的流变与资本主义经济危机的形塑之间的内在关联。这实质是对当代特质性进行历史形态分析，考察资本主义经济危机总形态（历史形态演变，偏时间）与总性态（性态结构特征，偏空间），也即对当代特质性做总体性或一般性考察。其次，在前述基础上，本书要考察西方主权债务危机为什么发生的问题。由于资本主义信用形态的主客体最终发展到国家与经济主权这个特殊层面，因此，本书借助系统发生学研究方法，以资本主义经济主权为轴心，通过分析新型帝国霸权的领土逻辑与资本逻辑的错位运行，最终引起国际金融垄断资本主义特定历史时期的民族国家经济去主权化运动，从而具体地考察经济主权与西方主权债务危机之间的内在关联。这实质是对当代特质性进行逻辑形态分析，考察当代特质性的内在逻辑机理（总形态与总性态相一致的逻辑发生结构，包括逻辑起点、演进路径等），也即对当代特质性进行具体性、特殊性考察。总之，问题意识和发生学思维在本书中一以贯之，最终内生出这样一种整体研究结构。

第三，主要建树。马克思和恩格斯在合著的《德意志意识形态》中指出，"我们仅仅知道一门唯一的科学，即历史科学"。卢卡奇在《历史与阶级意识》中进一步指出，"对马克思主义来说，归根结底就没有什么独立的法学、政治经济学、历史科学等，而只有一门唯一的、统一的——历史的和辩证的——关于社会作为总体发展的科学。……马克思的辩证方法，旨在把社会作为总体来认识"。发生学作为辩证法的工作形态，其主要特征就是以历史为中心，多学科并举，它能够把历史学、演化经济学、社会学等多学科融为一体，发生学的这种强兼容性能够防止逻辑形式化，因而，它特别适合于跨学科研究。本书将发生学方法应用于西方主权债务危机理论，既突破了西方主流经济学仅限于单一学科的研究范式，又破除了部分学者直接套用马克思主义危机理论的教条主义窠臼，从而深化了在新的历史情境中对马克思主义经济危机理论的认识。因此，本书响应了党中央有关"建设中国特色、中国风格、中国气派的经济学科，开拓当代马克思主义政治经济学"的号召，夯实了马克思主义危机理论的中国式思维基础，为马克思主义中国化做出了重要尝试。

第四，学术价值。理论价值：本书从历史生成视角对西方主权债务危机的当代特质性进行研究，对于坚持和发展马克思主义唯物史观和辩证法具有重大意义，能够为建设具有中国特色、中国风格、中国气派的马克思主义政治经济学做出原创性贡献，因而具有十分重要的学术价值。应用价值：按照发生学思路，西方主权债务危机的当代特质性内生出它的治理思路，即只有通过我国经济品质的提升和经济主权的强化，方能最大限度地规避西方主权债务危机所带来的负面影响，这对于我国经济健康发展具有十分重要的应用价值。

需要强调的是，马克思主义理论体系博大精深，其内蕴的经济危机思想尤为丰富，我们还需要付出更大努力对其进行探究，希望刘爱文博士在本书出版的基础上，进一步拓宽研究视野，紧跟学科前沿，继续深入学习和研究马克思主义经济危机理论，期待有更多更好的研究成果问世。

林岗①

2019 年 12 月

---

① 林岗是中央马克思主义理论研究和建设工程首席专家，中国《资本论》研究会会长，国务院国家教材委员会专家委员，中国人民大学一级教授、原副校长，国务院学位委员会第四届学科评议组成员，国家社会科学基金理论经济学评审组副组长，北京市学位委员会委员，国家教委教育科学规划领导小组成员，全国自考委副主任，北京市社科联副主席等。

目　录

第一部分
总　论

第二部分
危机的总形态与总性态

第三部分
当代特质的内涵逻辑机理

第四部分
内生性治理

第一部分
总　论

　　本部分主要是提出问题、确定研究方法、安排研究内容和进路等。第 1 章首先梳理了国内外学术界关于西方主权债务危机的研究文献，发现西方主权债务危机的当代特质性问题在西方主流经济学研究中是个盲区，由此引申出"西方主权债务危机的当代特质性研究"这个问题。识别问题至关重要，因为"问题与解决问题的方法是同时产生的"①，特别的问题需要特别的方法。第 2 章就特质性问题寻找研究方法，这是总论里面最核心的内容，方法论一旦确立，那么所研究内容与研究进路等也就确定了，特质性的问题也就得到了初步解决。

---

① 古希腊伟大的历史学家、哲学家希罗多德的名言。

第1章

文献综述

2007 年美国次贷危机引爆的西方主权债务危机迁延至今，全球金融市场动荡加剧，世界经济遭受重创。然而，全球经济是否真如主流经济学家所说——完全从西方主权债务危机中走了出来？事实胜于雄辩，西方主权债务危机的影响不仅存在，它还有深化发展的趋势。例如，作为西方主权债务危机的特殊形态，欧洲主权债务危机爆发得最为充分，也最为复杂。意大利、西班牙、希腊等欧洲外围国家为加入欧盟纷纷对其经济数据造假，它们加入欧盟以后又竞相对其经济数据造假以骗取欧盟的财政补助，这些事件层出不穷且不断被揭露出来，动摇了人们对欧盟的信心并进一步加剧了欧盟经济的困境。更有甚者，2016 年 6 月 24 日英国就脱离欧盟问题全国公投成功，深深地撕裂了欧盟经济体。然而，意大利也步英国后尘，它在 2016 年 12 月 4 日修宪公投失败，意大利脱欧问题一触即发。整个欧盟人心涣散，欧盟面临自成立以来最大的危机——欧盟解体危机，欧洲主权债务危机又有卷土重来的迹象。

作为西方主权债务危机的典型形态，美国主权债务危机也再次逼近，美国国会两党围绕提高债务上限的问题缠斗不止，美国政府债务法定上限一再被突破，到今天美国政府债务法定上限已接近 20 万亿美元的巨大规模。与此相适应，美联储也一共实施了四轮量化宽松政策，使劲开动印钞机来救急，致使全球美元泛滥。当然，日本、欧盟等发达资本主义经济体也竞相实施规模巨大的量化宽松政策，印钞竞赛致使全球通胀压力陡增，金融资产泡沫严重，国际金融体系深陷崩盘的风险。西方主权债务危机更为严重的问题在于，国际市场需求严重下滑，新兴市场经济体的经济发展受阻，它们反过来加剧了全球经济衰退，世界经济有可能再次陷入严重滞胀的僵死状态。

如上所述，在全球经济一体化程度不断加深的大背景下，西方主权债务危机不仅影响西方发达资本主义国家经济的稳定，而且影响世界外围地区的发展中国家经济的稳定，即西方主权债务危机深刻影响到全球经济秩序的稳定，为此，国内外学术界都积极地参与到此次危机性质的讨论中，对西方主权债务危机进行了全方位、多视角的探讨，在此，我们有必要对这些危机观点进行梳理和评析。

1.1 国外研究现状 [①]

1.1.1 银行危机的后续危机研究

美国经济学家 Reinhart 和 Rogoff（2011）是主流经济学界对主权债务危机研究较多的代表性人物，为了论证银行危机与主权债务危机之间的因果关系，Reinhart 和 Rogoff（2011）提出了三个假说："一是外债飙升发生在银行危机之前；二是银行危机要么伴随主权债务危机，要么发生在主权债务危机之前；三是由于政府在国际收支表以外还存在着大量的或有债务，所以在外部主权债务违约之前，通常会有公共借款飙升现象发生。" [②] 为此，他们基于对世界总体水平以及单一国家水平两个层面的观察，通过对最近的公共债务以及外债的时间序列数据作实证分析，得出以下结论："私人债务的快速攀升，紧接着就是银行危机；而银行危机通过直接影响或间接影响 [③]，大大增加了主权债务违约的可能性。" [④] 通过纵向比较过去两个世纪以来，债务问题与银行、主权债务孪生危机的复发模式，Reinhart 和 Rogoff（2011）认为，尽管主权债务危机和银行危机的后续危机两者之间呈现孪生危机模式，但这并不表明债务循环与经济危机的联系已经随着时间的推移发生了明显改变。

荷兰经济学教授 Candelon 和 Palm（2010）主要关注欧洲地区的主权债务危机问题，他们也试图探讨次贷危机引致的银行危机转化为主权债务危机的潜在可能性及相关原因，并且论证银行危机与主权债务危机之间的逻辑关系。Candelon 和 Palm（2010）借助资产负债表的理论工具，阐释了不同类型危机

---

① 刘爱文.西方主权债务危机定性问题研究述评［J］.学习与实践，2014（9）：57-68.

②④ Reinhart，Carmen M，Kenneth S Rogoff. From Financial Crash to Debt Crisis［EB/OL］. http：//www.aeaweb.org/articles.php? doi=10.1257/aer.101.5.1676.

③ 直接影响指银行危机引起经济衰退所致；间接影响指后银行危机爆发对公共债务的影响。

的传播机制以及后续危机的触发机制。同时，他们也通过图形分析技术检验了人们的恐慌心理和将来主权债务危机发生的相关性问题。另外，Candelon 和 Palm（2010）通过人们的恐慌心理把银行危机与主权债务危机两者联系起来，次贷危机所引起的银行危机，导致人们对经济复苏的信心不足，从而使人们对经济增长的前景产生担忧，从这个意义来讲，他们将主权债务危机定性为银行危机[①]。

当然，还有许多主流经济学家将西方主权债务危机定性为银行危机的后续危机，他们的分析框架基本上类似：次贷危机引起许多金融机构特别是众多的大型银行面临倒闭，而现代政府基于维持社会稳定的义务，实施大规模的金融救助计划，从而使得这些政府的财政负担难以维系，所以，主权债务危机系由政府债务负担增加所引致。

1.1.2 顺周期财政政策的逆转研究

花旗集团全球首席经济学家 Buiter（2010）采用政治经济学的观点，通过规范和实证研究方法，研究了欧洲地区的主权债务危机根源问题，以及各国政府、欧盟（包括 ECB）和 IMF 的应对情况。Buiter（2010）的主要观点在于，西方发达国家中不断扩散的财政难以为继问题，其源头应该追溯到西方国家强烈的顺周期经济行为。"自 2000 年底高科技泡沫破裂起，至 2007 年 8 月北大西洋地区金融危机的兴起，在这段市场繁荣期……西方国家财政当局强烈地实施顺周期行为"[②]，包括"用于刺激经济活动的各种斟酌使用的财政措施"[③]，诸如扩大公共支出、减税等各种积极的财政政策。然而，顺周期财政政策使政府背上了巨大的财政包袱，为了使西方国家的财政具有可持续性，"只能通过财政紧缩（增税和削减公共开支）的办法"[④]，这样做的结果只能使政府债务的真实负担加重，从而引起大量的主权违约。最后，Buiter（2010）认为，欧盟外围的希腊、爱尔兰、西班牙、意大利和葡萄牙五国，只有大力紧缩财政或者进行债务重组，才可能走出当前的困局。

按照美国经济学家 Matthias（2011）的观点，欧洲债务危机实质就是一次预算的危机或者说财政的危机。溯本正源，Matthias（2011）认为，欧洲债务

---

① Bertrand Candelon, Franz C Palm.Banking and Debt Crisis in Europe： The Dangerous Liaisons？ ［EB/OL］. http：//www.springerlink.com/content/w513661384221r30/fulltext.pdf.

②③④ Willem H Buiter.Greece and the fiscal crisis in the EMU［EB/OL］. http：//www.nber. org/~wbuiter/ Greece.pdf.

危机的症结就在于《马斯特里赫特条约》中的"稳定与增长公约"（SGP），其中最重要的一条便是"加入欧洲经济与货币同盟的欧洲成员国必须执行收敛性标准"①，即 SGP 规定，欧元区各国政府的财政赤字不得超过当年国内生产总值（GDP）的 3%、公共债务不得超过 GDP 的 60%。按照该公约，一国财政赤字若连续 3 年超过该国 GDP 的 3%，该国将被处以最高相当于其 GDP 0.5% 的罚款。《稳定和增长公约》本意是好的，但是，如意大利总理曾经所说，"公约规定得太过严格，这是非常愚蠢的"②。因此，尽管德国、法国等欧盟大国违反了欧盟的《稳定与增长公约》，欧洲理事会却否决了欧盟提出的对德、法等国实施"过度赤字处理机制"的决议。正所谓上行下效，其他欧盟成员国跟帮学样，也开始大肆放松财政纪律，为赤字财政大开绿灯。因此，2003 年欧洲理事会漠视"稳定与增长公约"的做法，其实质就是打开了潘多拉魔盒，"将妖怪放出了瓶子"，欧洲理事会的这种做法相当于给那些欧盟外围的小国开了危险的先例，即任意放纵财政赤字却不会受到惩罚。结果，自 2003 年以后，欧盟各国中公共部门借贷行为激增，公共开支不断扩大，反过来营造了一种相对的低利率的金融环境，使借债成本更低、风险更小，低利率与财政支出相互推动，使南欧各国迎来了公共支出的热潮。然而，天下没有免费的午餐，当 2008 年金融部门面临大面积坍塌从而需要紧急救助时，那些杠杆化过度的政府为了拯救他们的金融系统不得不更深地陷入主权债务危机。Grauwe 和 Moesen（2009）也持有类似观点，认为德国和法国违约未受惩罚，给其他欧盟国家树立了榜样，导致这些国家财政赤字膨胀③。

Buiter、Matthias 等只是西方主流经济学家中将主权债务危机性质界定为顺周期财政政策逆转所致的代表性人物，总体上，这些经济学家的普遍观点是次贷危机以前市场繁荣期，各国政府采取顺周期财政政策推波助澜，使得政府财政负担不断累积，再加上危机中的金融救助使市场信心动摇，从而触发了当前主权债务危机。

1.1.3 财政政策与货币政策匹配问题研究

欧洲经济学家的关注焦点主要集中于部分欧盟国家财政赤字和公共债务过

---

①② Matthias M Matthijs.Germany's Role in Crafting a Solution to the 2010 EMU Sovereign Debt Crisis［EB/OL］. http：//www.euce.org/eusa/2011/papers/7e_matthijs.pdf.

③ Kevin Featherstone.The Greek Sovereign Debt Crisis and EMU：A Failiing State in a Skewed Regime［EB/OL］. http：//papers.ssrn.com/sol3/papers.cfm? abstract_id=1782448.

高的现象，如伦敦政治经济学院教授 Kevin Featherstone（2011）和法国经济学家 François Gianviti（2010）。根据希腊官方公布的财政状况，2009 年，希腊财政赤字占 GDP 比例为 13.6%，远高于前任政府的 6.7%；而当年希腊公共债务更是接近 3000 亿欧元，占其 GDP 的比例高达 113%。无独有偶，欧盟的意大利、爱尔兰、葡萄牙、西班牙等国的财政状况同希腊一样糟糕，其中意大利 2009 年公共债务占 GDP 的比例高达 120%；爱尔兰、西班牙两国 2009 年财政赤字占 GDP 的比例均接近 10%。长期以来，这五个国家财政赤字和公共债务在 GDP 中的占比都远高于欧盟《稳定与增长公约》中的相应规定，使得《稳定与增长公约》形同虚设，人们也将这五个国家戏称为"欧猪五国"（PIIGS）。就连欧盟大国英国的财政赤字也逼近 10%，这自然引起欧洲主流经济学家的反思——为何欧盟国家长期放纵赤字财政政策？他们认为，根源在于欧盟经济体制结构存在很大的缺陷，即统一的货币政策与机会主义的财政政策之间存在非对称性矛盾。例如，Featherstone（2011）借助于政治科学的观点，认为必须将希腊等"欧猪五国"的债务危机放在欧盟整体架构下思考，因为"欧盟治理结构存在内在不完备、内在不平衡的重大结构性缺陷"[1]，使得欧盟国家易于采取机会主义的财政行为，从而更易于诱发主权债务危机。

法国经济学家、巴黎第十二大学经济学教授 François Gianviti 等（2010）同样认为，主权债务危机根源在于建立在《马斯特里赫特条约》基础上的欧盟框架存在着不完备性。2010 年欧元区的主权债务危机表明，"基于欧洲货币联盟的货币政策和财政政策框架仍然是不完善的"[2]，尽管这些政策也强调公共部门保持低赤字的必要性以及加强前瞻性的预算计划，然而，"以《欧盟过度赤字程序》和《稳定与增长公约》这些规则为基础的财政政策并不足以阻止一场债务危机"[3]，相反，不匹配的财政政策和货币政策会招致主权债务危机；而且，一旦债务危机爆发，整个欧洲金融市场就会被债务搅得天翻地覆，因为当前"欧盟应对危机的办法：一是稳定希腊经济局势，二是建立一个'欧洲金融

---

① Kevin Featherstone.The Greek Sovereign Debt Crisis and EMU：A Failiing State in a Skewed Regime ［EB/OL］. http：//papers.ssrn.com/sol3/papers.cfm? abstract_id=1782448.

② François Gianviti，Anne O Krueger，Jean Pisani-Ferry，André Sapir，Jürgen von Hagen.A European Mechanism for Sovereign Debt Crisis Resolution：A Proposal［EB/OL］. http：//www.europolitique. info/pdf/ gratuit_fr/282201-fr.pdf.

③ François Gianviti，Anne O Krueger，Jean Pisani-Ferry，André Sapir，Jürgen von Hagen.A European Mechanism for Sovereign Debt Crisis Resolution：A Proposal［EB/OL］. http：//www.europolitique. info/pdf/gratuit_fr/282201-fr.pdf.

稳定基金'平息市场波动"①，这些应对措施都建立在"特制方式"②以及暂时性的基础之上，都是治标不治本的办法，"不能为将来欧元区任何可能的债务危机提供足够的应对基础"③。由于欧洲货币联盟并没有真正有效的政策工具预防和解决危机，因此欧盟财政政策和货币政策的二元式架构是不完备的。

总体而言，对于西方主权债务危机特别是欧债危机，欧洲经济学家视角不同于英美经济学家，他们更加强调经济政策匹配问题，因此，他们认为主权债务危机本质上是欧盟体制设计不合理的危机，统一的货币政策和各自为政的财政政策存在不对称性的内在矛盾，诱发欧盟各国都倾向于采取机会主义的赤字财政行为，从而引发主权债务危机。

1.1.4 治理结构问题研究

"欧猪五国"等欧盟成员存在一些地方特有的问题，如低竞争力、投资与贸易的不平衡、财政管理失当等，这些问题使其经济的国际地位异常脆弱，天然具有主权债务危机倾向；而这种糟糕的经济状况在希腊表现尤为明显，故通称为"希腊病"④。英国经济学家 Kevin Featherstone（2011）将这种危机倾向根源归结为治理结构的问题，他以希腊为例，分别从国内和欧盟两个层面治理结构存在的矛盾。就希腊国内治理问题而言，首先，"尽管宪法赋予政府行政部门很大的权力，然而，作为整体的公共管理却又缺失部分执行的权力"⑤；其次，"自由民主的形式结构与以庇护主义、寻租和腐败为标志的政治文化之间存在矛盾"⑥；最后，"公共服务提供方面存在着深深的中央集权经济体制"⑦。所有这些国内治理矛盾的结果，便是希腊存在着明显的改革力量不足的问题。就欧盟层面治理问题而言，首先，《马斯特里赫特条约》存在着规则与工具的冲突，它排除了为财政困难的国家提供紧急救助的可能；

①③ François Gianviti, Anne O Krueger, Jean Pisani-Ferry, André Sapir, Jürgen von Hagen.A European Mechanism for Sovereign Debt Crisis Resolution：A Proposal［EB/OL］. http：//www.europolitique. info/pdf/gratuit_fr/282201-fr.pdf.

② 特指应对希腊危机以及本次欧洲金融市场波动。

④ 所谓"希腊病"，是指希腊的主权债务危机不单是金融危机，而是一种生活观念和社会制度在经济全球化加速后出现的普遍问题。希腊染上的是富贵病：在福利和劳工保护政策上必须向欧盟标准看齐，可是在劳动生产率等一系列经济指标上，希腊人又达不到欧盟的平均标准，只好靠发国债、借外债过日子。时间一长，主权信用危机就出来了。

⑤⑥⑦ Kevin Featherstone.The Greek Sovereign Debt Crisis and EMU：A Failiing State in a Skewed Regime［EB/OL］. http：//papers.ssrn.com/sol3/papers.cfm? abstract_id=1782448.

其次，就《过度赤字程序》来说，鉴于各个国家不会超越"宽泛的政策指导线"，因此，根本没有考虑对那些不遵守规则的道德风险国家进行处罚，即没有为行为不当的国家提供退出机制。

巴基斯坦经济学家 Muhammad Akram（2011）也持有类似的观点，认为欧盟主权债务危机的根源在于希腊国内和欧盟的治理问题。希腊国内社团主义盛行，工会力量异常强大，寻租、腐败严重，导致希腊的自由竞争市场机制不能发挥作用，因此，希腊政府改革能力不足是"建立在国内治理结构不健全和功能紊乱基础上的"[①]。在《马斯特里赫特条约》框架下，财政政策和货币政策的冲突历史上就非常明显，因为"灵活的欧盟进入标准已经表明，掩饰成员国的懒散和缺乏纪律是欧盟成员国的共同利益"[②]，因此，欧盟范围内机会主义横行，大大小小的欧盟成员国都不断执行"底线战略"，不断突破欧盟《稳定与增长公约》中的规定，这种道德风险使得基于德国模型的欧盟治理架构失灵，它不能为 EMU 的可持续性提供足够的基础。因此，正是希腊国内所固有的治理缺陷以及欧盟治理架构的不协调，导致了希腊主权债务危机以及 EMU 机制危机。

许多西方经济学家都持有这种观点，认为西方主权债务危机的根源就在于治理机制的矛盾冲突，正是由于危机国家的国内治理机制以及各国之间的治理机制的不匹配、不协调以及自身经济缺乏活力，国内经济改革才处于僵局的状态，"低生产、高消费"的福利经济模式使得危机国家赤字财政滥用，其基本经济面非常糟糕，最终引爆主权债务危机。

1.1.5 信用评级机构作为不当问题研究

在界定西方主权债务危机特性时，也有一些西方经济学家另辟蹊径，如国际货币经济组织经济学家 Rabah Arezki 等（2011）就将主权债务危机研究的视角置于信用评级机构的行为上面。Rabah Arezki 等（2011）考察了 2007～2010 年欧盟特定国家的逐日数据情况，如主权债务违约互换（CDS）的扩散数据、股票市场指数数据以及银行和保险分类指数等，发现主权降级消息在统计学和经济学上具有跨国和跨金融市场的溢出效应，这意味着"评级机构的消息能够激发金融市场的不稳定，而溢出效应的符号与大小则取决于消息的类型、

①②　Muhammad Akram，et al.The Greek Sovereign Debt Crisis：Antecedents，Consequences and Reforms Capacity［EB/OL］. http：//www.ifrnd.org/JEBS/2（6）%20June%202011/The%20Greek_Sovereign%20Debt%20Crisis.pdf.

国家陷入主权降级的缘由以及评级机构消息来源等"①。另外，Rabah Arezki 等（2011）借助银行规制、CDS 合约以及投资托管应用等评级的触发机制，解释主权降级的系统性效应，即对希腊等相对较大的经济体而言，将其评级下调至可投资级别的最低等级，会对欧元区其他国家带来系统性的影响。例如，将希腊主权信用评级降至"接近投机级别"的等级时，这种降级对欧盟其他国家及其金融市场带来系统性溢出效应。Rabah Arezki 等（2011）最后指出，信用评级机构滥用市场权力，在这场主权债务危机中推波助澜，引起并恶化了危机，使得金融市场承受空前的压力，因此，主权债务危机本质上就是信用评级机构作为不当的问题。

欧洲央行的经济学家 Roberto A De Santis（2012）也是将主权债务危机归结为信用评级机构作为问题。他对金融市场主权债券收益的逐日数据进行了实证分析，认为国别化的信用评级对于希腊、爱尔兰、葡萄牙、西班牙主权风险息差的发展起了重要的作用，因为银行管理者会根据信用评级变动银行资本金要求，这就改变了银行的资产组合；然而，只有等级非常高的资产才能充当抵押物，相应地获得中央银行的授信，于是，信用降级导致的资产组合变动会极大地影响主权债券收益。希腊主权信用降级打开了潘多拉魔盒，财政状况糟糕国家之间风险相互蔓延，它们之间出现彼此加强的正反馈作用，即 A 国降级使得财政状况糟糕的 B 国主权债券风险息差提高，这反过来又进一步提高 A 国的主权债券风险息差。这种降级溢出效应的背后黑手就是信用评级机构，它将"风险传染推到前台"②，即某国的主权风险并不完全是"基于它自己的基础来决断的"③。最后，Roberto A De Santis（2012）得出结论，信用评级至少对于欧元区主权债务市场具有强烈的影响。

信用评级机构对于主权债务危机有没有影响？当然是有的。然而，许多西方经济学家颠倒了原生关系与次生关系，将信用评级机构的作为看作是主权债务危机的原生因子，一般将信用评级机构的行为失当看作是主权债务危机的本质原因，认为这些行为具有跨国和跨金融市场的溢出效应，此次主权债务危机就是以希腊被贴上信用降级标签为肇端。

---

① Rabah Arezki, Bertrand Candelon, Amadou N R Sy.Sovereign Rating News and Financial Markets Spillovers：Evidence from the European Debt Crisis［EB/OL］. http：//www.imf.org/external/pubs/ft/wp/2011/wp1168.pdf.

②③ Roberto A De Santis.The Euro Area Sovereign Debt Crisis：Safe Haven，Credit Rating Agencies and the Spread of the Fever from Greece，Ireland and Portugal［EB/OL］. http：//www.ecb.europa.eu/pub/pdf/scpwps/ecbwp1419.pdf.

1.2 国内研究现状

1.2.1 高福利社会危机研究

国内一些经济学者认为，此次主权债务危机应该定性为高福利的社会危机。高福利意味着福利的增长超过了生产的步伐，生产与消费的两相背离导致寅吃卯粮的现象发生，从而使得财政吃紧。例如，余永定（2010）就认为，希腊超前消费方式是导致希腊主权债务危机的主要原因，"百万富翁过亿万富翁那样的生活"[①]，这种高消费、重享受的生活方式如果没有经济增长作为支撑基础，势必造成财政的巨大压力。徐明琪（2010）也将欧洲主权债务危机定性为南欧国家寅吃卯粮所导致的财政危机，"希腊以及南欧的一些国家长期以来经济增长的基础比较薄弱、财政政策缺乏约束、福利开支超前而税收能力又相对比较脆弱，这就导致了这些国家的财政赤字在欧盟中一直位列前茅"[②]。姚玲（2010）也将此次主权债务危机的背后推手归结为超过经济承受能力的高福利制度。

希腊和其他南欧国家生产基础如何呢？由于历史和结构性的原因，南欧部分国家经济增长近年来一直表现乏力，投资和 GDP 增长率在欧盟 27 国中非常靠后，"失业率在欧元区最高，过去十年平均达到 9.6%"[③]。然而，财政支出却日益增长，主要表现在工资支出、老龄化负担等方面，特别是公务员工资支出在财政总支出中的占比日益扩大，"过去十年，希腊实际工资年增幅均高于 5%，2008 年甚至达到 8%，高出欧盟国家平均水平 4 个百分点，其财政开支的 75%用于工资支出"[④]。相比较其他欧盟国家，"希腊的老龄化负担在全欧洲最高，约占 GDP 的 15.9%，而欧盟 27 国的平均负担为 6.2%"[⑤]。另外，财政收入中税收漏洞极大，如"希腊税收征管不善，偷税漏税现象严重"[⑥]，这又不断恶化希腊的财政状况；而在加入欧元区之后，希腊福利水平产生棘轮效应，在欧盟范围内就高不就低，福利水平向德国、法国、英国等欧盟大国看齐，致使希腊国内储蓄的意愿不断下降，相对于巨额的福利支出，这点居民储蓄根本捉襟见肘、入不敷出，财政状况更是恶化。生产增长与福利支出的倒挂突出表现在

---

① 余永定.从欧洲主权债危机到全球主权债危机 [J].国际经济评论，2010（6）：14-24.

② 徐明琪.欧元区国家主权债务危机、欧元及欧盟经济 [J].世界经济研究，2010（9）：18-21.

③④⑤⑥ 姚铃.欧元区主权债务危机及其对中欧经贸的影响 [J].国际经济合作，2010（6）：72-76.

"有限的经济增长和经年累积的巨额赤字难以支撑庞大的社会福利开支"[①]，因此，欧盟国家长期以来寅吃卯粮所导致的结果便是不得不依靠举债过日子，不断筑高的债务使财政窘迫状况难以为继，直接打击了市场信心，最终导致主权债务危机的爆发。

欧盟特别是南欧的部分国家率先出现主权债务危机，使国内部分专家学者将研究视角聚焦于这些国家的共同特质，即大部分都是欧盟的外围国家，历史上与西欧发达国家发展水平差距较大，在加入欧元区后，这些国家的福利待遇水涨船高，因此他们认为，此次主权债务危机本质上是社会缺少生产性的前提下，实施高福利社会经济政策引起的长期财政赤字的不可持续而产生的危机。

1.2.2 信心危机研究

清华大学李稻葵和张双长（2010）将关注视角集中在欧洲主权债务危机，并将此次主权债务危机定性为信心而非实体的危机。他们通过两个角度来分析欧盟国家过高的债务水平，首先，通过比较美、英、日和欧盟债务的情况，认为欧盟国家整体债务水平高企主要是受欧美发达国家的牵连：由于欧美发达国家长期的赤字财政政策，国际资金于是将欧债作为美债的替代选择。反过来，这也证明了欧盟国家整体经济实力较强，从而使它们的国债具有较好的外部需求，导致它们的债务水平保持在高位。其次，即使从"欧猪五国"的情形来看，它们过高的外债水平并不是危机的原因，实质上是危机的结果，金融危机发生以后，由于采取紧急财政政策救市其债务水平才急速攀升。事实上，只要将"欧猪五国"与世界主要经济体的国家债务、财政赤字以及主权债务的信用评级作比较，就会发现，"美国、日本和英国实际上也面临与 PIIGS 类似的财政赤字和债务状况，但其主权债务受到市场的评价却全然不同"[②]。欧债和美债这种"同命不同价"[③]的状况进一步验证了李稻葵和张双长（2010）的结论，即欧洲主权债务危机主要还是信心的危机。

国务院发展研究中心专家刘世锦等（2011）的关注焦点不同于李稻葵和张双长（2010），他们虽然都主要研究美债危机，但他们对于危机的态度是不一样的：如果说李稻葵等（2010）是看好欧债危机的前景，那么，刘世锦等

---

① 余永定.从欧洲主权债危机到全球主权债危机 [J].国际经济评论，2010（6）：14–24.

② 李稻葵，张双长.欧洲债务危机：预判与对策 [J].经济学动态，2010（7）：4–12.

③ 欧盟和美国的经济状况相差并不大，甚至欧盟整体经济状况还会好于美国，但是市场对于欧债和美债的定价却有天壤之别。

（2011）则是看衰美债危机的前景；当然，他们双方都认同此次债务危机的实质就是信心危机。刘世锦等（2011）将美债危机看作"次贷危机的延续，是信心危机的征兆"①。次贷危机引起美国政府大规模救市，使"私人高杠杆"为"政府高杠杆"所取代，因此，"私人部门债务危机转化为主权债务危机"②。而标准普尔下调美国长期主权信用评级正是因应债务危机的主体变化的。刘世锦等（2011）进一步推测，美国主权债务危机后续发展应当是采取"量化宽松"的货币政策，通过多印美钞来消化巨额美债。然而，美国主权债务危机以及美债货币化做法长远来看必将对现今以美元为主导的国际货币体系造成严重冲击，最终会引起货币体系的重构。因此，当前的美国主权债务危机只是私人债务危机—主权债务危机—国际货币体系危机整个危机链条中的一环，而贯穿其中的便是市场信心的转移，其实质就是信心危机。

现代市场经济本质上就是信用经济，将此次西方主权债务危机的性质归结为信心危机是主流经济学家普遍的看法，他们的整个逻辑就是：次贷危机的爆发，使市场对私人债务信心不足，从而引起政府接管，然而，政府接管使政府债务的可持续性遭受市场质疑，市场对政府债务的信心动摇，这又引起主权债务危机，因此，西方的主权债务危机实质就是信心危机。

1.2.3 货币体系危机研究

国内有些经济学者注意到此次主权债务危机中的货币因素，特别是当今国际货币体系中美元、欧元等主要货币在危机中的角色。苏天鹏（2011）从世界体系的划分探讨国际货币体系的更替与危机之间的关系，"中心国金融危机与国际货币体系更替之间存在密切联系"③，而货币体系的支撑便是中心国的霸权地位。与此相观照，"二战"后，美国经济实力一枝独秀，使美元逐步取得价值尺度和财富度量权，最终顺利主导国际货币体系。随着时间的推移，美国的经济实力不断下降，从而不断侵蚀美国的霸权主义基础，它越来越依赖于外围国家的资本输入，这使得外围的发展中国家对美元作为国际储备货币的信心开始下滑，从而导致储备货币的信心危机。然而，单纯的中心国储备货币信心危机还不足以击垮旧的国际货币体系，"只有当中心国出现主权债务危机时，旧的国际货币体系才会到达终点"④。纵观历史，尽管外围国家发生了诸如拉

---

①② 刘世锦，余斌，陈昌盛，方晋.本轮市场共振是"余震"还是"预震"——对美债危机前景的判断及应对策略［J］.中国发展观察，2011（10）：10-11.

③④ 苏天鹏.中心国金融危机与国际货币体系更替之间的联系［J］.财经科学，2011（7）：26-34.

美经济危机、亚洲金融危机等，甚至此次欧盟部分国家（如"欧猪五国"）都发生了主权债务危机，但到目前为止，苏天鹏（2011）认为，美国还没有发生主权债务危机的征兆，美元债券依然是债券市场上投资者追捧的对象，因此，国际货币体系的坍塌之日就是美国主权债务危机的发生之时。

李翀和曲艺（2012）也将此次主权债务危机看作是国际货币体系的危机，但他们的立论点是美元主导的现行国际货币体系存在着致命的"特里芬难题"①，使得这种国际货币体系难以持续。也就是说，美国作为世界经济的发动机，它强大的需求就是世界经济发展的动力，这就要求作为需求手段的美元不断流出美国而在外围世界累积，美国之外过度储备的美元增加了其贬值的压力，然而，作为价值尺度和财富度量权的美元，要承担现行国际货币体系核心货币的地位，又需要保持币值的稳定与坚挺，这就是一个作为国际储备货币的美元二难悖论。李翀和曲艺（2012）具体从五个方面探讨了现行国际货币体系的弊端，即"美元荒、美元灾甚至由美元泛滥所形成的美元危机频繁爆发，在很大程度上表明了'特里芬难题'的存在；在以美元为主导的国际货币体系下，大量资金涌向美国金融市场，导致全球外汇储备体系失衡；现行的国际货币体系使美国的超前消费和负债消费日益频繁，这种消费模式是推动美国经济增长的主要动力；在现行的国际货币体系下，汇率的波动使汇率制度难以维护市场的稳定并最终引发一系列的危机；现行国际货币体系在开放的经济条件下不能有效制约国际资本大规模无序的流动"②。正是一次次国际金融危机冲击了现行国际货币体系，导致美元越来越难以承担国际储备货币的角色，最终触发了当前的主权债务危机。

尽管国内经济学家在国际货币体系与主权债务危机的因果关系上存在争论，但是他们基本上认同国际货币体系与主权债务危机之间存在着内在的必然的联系这一观点，要么从美国霸权地位的下滑推导美元难以胜任国际储备货币角色，要么从特里芬难题推导美元作为国际储备货币的痼疾，因此，他们基本上将国际货币体系与主权任务危机看作是统一的，认为西方主权债务危机本质上是世界货币体系重构的危机。

---

① 美元虽然取得了国际核心货币的地位，但是各国为了发展国际贸易，必须用美元作为结算与储备货币，这样就会导致流出美国的货币在海外不断沉淀，对美国来说就会发生长期贸易逆差；而美元作为国际货币核心的前提是必须保持美元币值稳定与坚挺，这又要求美国必须是一个长期贸易顺差国。这两个要求互相矛盾，因此是一个悖论。这一内在矛盾称为"特里芬难题"（Triffin Dilemma）。

② 李翀，曲艺.以美国主权债务危机为契机构建超主权国际货币［J］.广东社会科学，2012（1）：33-38.

1.2.4 资本主义局部还是总体危机研究

　　国内经济学家对于此次主权债务危机的范围和程度如何界定存在较大的差异，一部分认为此次危机只是暂时性的、局部性的危机。例如，李稻葵和张双长（2010）认为，"欧洲债务危机本质上是发生在世界上最发达国家的局部主权债务危机"[①]，主要基于以下几个理由：其一，那些世界最发达的大国具有充足的经济金融资源，只要他们对那些深陷主权债务危机的国家施以援手，即可结束此次危机；其二，当前发生主权债务危机的国家都是欧元区外围的几个小国，它们的经济总量在全球甚至在欧盟的占比非常低，因此，危机对其他国家的影响有限且可控。王学东（2012）也认为，此次主权债务危机不是一次总体性的、全面系统的危机，尽管此次危机系由美国次贷危机引起，继而引起国际金融危机，最后引发了欧洲部分外围国家的主权债务危机，但从这个传播链条来看，此次主权债务危机并没有削弱到那些超级大国的国际影响和地位，"虽然波及实体经济和其他领域，但影响有限，绝不会动摇资本主义制度的根基，甚至难以动摇新自由主义在资本主义经济中的主导地位"[②]。因此，此次主权债务危机是仅限于金融领域和虚拟经济的局部性、暂时性的危机。

　　另一部分国内经济学者则将此次主权债务危机定性为总体性、系统性的危机。例如，张晓晶和李成（2010）认为，应该将美国次贷危机和欧洲主权债务危机置于同一逻辑框架下来理解，它们分别因应国际金融危机发展的两个不同阶段，"第一阶段肇始于私营部门的次贷，标志性事件是雷曼兄弟的倒闭。现在的欧债问题则可以看作金融危机的第二阶段，即危机从市场与企业层面蔓延到政府层面，标志性事件就是希腊债务危机"[③]。因此，此次主权债务危机标志着国际金融危机发展到一个新的阶段，"即从私营部门的金融危机推进到公共部门的财政危机"[④]。陈硕颖（2010）基于世界体系划分理论也认同此次主权债务危机是总体性、系统性的危机，肇始于美国次贷危机的国际金融危机是资本主义世界周期性的积累过剩危机，资本主义总是利用危机解决危机，以美国为首的资本主义世界体系的核心国家总是借助外围国家的债务危机来转嫁自身的危机，然而，这样做的后果就是不断缩小资本主义应对危机的回旋余地，因

① 李稻葵，张双长.欧洲债务危机：预判与对策［J］.经济学动态，2010（7）：4-12.
② 王学东.国际金融危机与世界社会主义［J］.科学社会主义，2012（3）：4-7.
③④ 张晓晶，李成.欧债危机的成因、演进路径及对中国经济的影响［J］.开放导报，2010（4）：26-31.

此，"希腊债务危机是肇始于美国的全球经济金融危机的最新变奏……由于美国没有改变债务型经济增长模式……希腊债务危机是美国未来十年的榜样"[①]。应霄燕（2011）则从资本主义基本矛盾出发，认为此次主权债务危机是资本主义发展到金融资本主义阶段的必然产物，"是资本主义国家政府长期反危机的各种政策、措施叠加的结果"[②]，资本主义能够找到解决危机的办法就是"以债养债"和重新金融化，然而，这会加深和增加不断引发主权债务危机的风险，使主权债务危机成为金融资本主义阶段的主要危机形态。因此，西方主权债务危机是总体性、系统性的资本主义制度危机。

国内经济学者对于此次危机的研究方法、立场的差异，使得他们对于此次主权债务危机程度和范围的定性差异较大，部分经济学者认同此次主权债务危机属于局部性危机，不会长期持续恶化；也有部分经济学者认为西方主权债务危机是国际金融危机发展的新阶段，是金融资本主义阶段资本主义基本矛盾的总爆发，本质上是资本主义体系危机。

1.3 国内外研究综评

综上所述，国内外学术界对西方主权债务危机进行了非常广泛的探讨，相关研究文献资料异常丰富，这些文献从不同视角、不同层面分析了此次主权债务危机的形成机理与演进路径等，也提出了解决西方主权债务危机的针对性对策。应该说，主流经济学家的相关研究在一定程度上准确刻画了危机的现象形态，甚至他们提出的部分对策建议也有一定的效果，因此，主流经济学家的相关理论探索有一定借鉴价值，这是需要肯定的。但是，总体而言，主流经济学的相关研究还是存在较大问题的，这里我们将对前述文献综合评析如下。

第一类研究是将西方主权债务危机归结为市场信心危机范畴，包括信心危机研究和信用评级机构作为不当问题研究等。这类观点抓住了危机中表现出来的现象特征，但仅仅根据这些现象表现就将其归结为危机原因，这是粗俗的经验主义作祟。这类研究将西方主权债务危机归结为信心这类主观的因素，好像危机就是由捉摸不定的、类似"动物精神"的人类情绪所左右，所以，危机发

---

① 陈硕颖.透视希腊债务危机背后的资本主义体系危机 [J].马克思主义研究，2010（6）：48-54.

② 应霄燕.主权债务危机是金融资本主义的主要危机形态 [J].马克思主义研究，2011（7）：94-99.

生的客观基础就消失了。这类研究认为，只要市场信心逆转，危机就自然消失，所以这类危机还算不上真正的危机。然而，漠视危机频发事实是自欺欺人的，这种做法根本于事无补。事实上，如果主观性、偶然性危机经常发生，其根源就既不是主观的也不是偶然的，而是具有客观必然性的性质，这是由危机背后蕴藏的深层次的、不容否定的客观矛盾所决定的。因此，这类将西方主权债务危机归结为信心危机或评级不当的观点，实质上是一种典型的唯心主义观点。

第二类研究是将危机归结为政策设计技术不当的危机范畴，包括顺周期财政政策的逆转研究、财政政策与货币政策匹配问题研究、治理结构问题研究等。这类研究将危机仅仅归结为政策逆转、政策设计不合理以及治理结构的问题。然而，这些政策原初就是为预防危机问题而设计的，危机之前，媒体杂志连篇累牍地称颂欧盟统一的货币政策与灵活的财政政策搭配，认为这种灵活性与统一性兼顾的政策搭配足以应付任何危机。事实上，即使政策搭配是一致的，它们也不能确保避免危机。美国作为一个独立的经济体，其财政政策和货币政策是统一的，可美国却成为此次危机的策源地。所以，问题不在于政策设计，而在于政策的性质，设计再好的政策，如果仅仅服务于少数人的利益，其所带来的只能是范围更大和后果更严重的危机。

第三类研究仅将此次危机根源进行了现象阐述，包括银行危机的后续危机研究、高福利社会危机研究等。这类研究仅仅从现象层面讨论危机根源，其实非常具有反讽性。以前高水平社会福利是标榜民主欧洲的典范，然而，危机一爆发，欧洲高福利就成为众矢之的。事实上，高福利一方面是劳资双方长期斗争双方妥协的结果，另一方面也为欧洲经济发展提供了一个较大的消费需求。至于说债务危机是银行危机的后续危机，这是不言自明的，因为资产阶级政府显然是服务于金融寡头利益的。事实上，在此次危机中，尽管有许多大的金融机构破产，但是那些金融机构的高管们依然拿着丰厚回报离开，这是西方社会中典型的"富了和尚穷了庙"[①]的印证。因此，债务危机是银行危机的后续危机是由资本主义性质所决定的。

第四类研究是将此次危机归结为体系危机范畴，包括货币体系危机研究、资本主义局部还是总体危机研究等。这类研究将主权债务危机仅仅归结为货币体系危机，就像工人将其遭受的苦难归结为机器一样。单纯货币体系变化是不可能导致债务危机的，货币资本占有上的鸿沟才是债务危机的内因，货币危机只是资本主义经济危机的一个表现。至于此次危机是局部危机还是总体危机的

---

① 张卓元.中国国有企业改革 30 年回顾与展望 [M].北京：人民出版社，2008：18.

定性，追根溯源，还是要深入资本主义生产方式内部寻找。部分学者将此次危机轻描淡写地表述为局部的、暂时的危机，这种观点较为肤浅，如此规模的危机其背后必然具有深刻的矛盾。而有些学者认为此次危机是最后性危机，这种观点也不全面，毕竟像美国这样的霸权国家还有很强的经济实力，它们还能向外围地区转嫁危机。

这些问题产生的根源在于，当前在西方主权债务危机的相关研究文献中，主流经济学家大量采用建构数理模型的实证研究方法，将危机表面特征进行高度形式化的处理，并且通过这种量化研究来推断危机演进的逻辑关系以及寻找危机肇因。然而，这种实证研究方法至少存在两方面的问题：其一，西方主权债务危机的外在现象层面影响因素异常繁多，研究者在建构数理模型时选择影响因素就只能凭经验和主观取舍。其二，也是更为重要的一方面，主流经济学家之所以采用数理模型的实证方法，是因为他们直接将本质等同于现象，然而，正如马克思在《资本论》中所说："如果事物的表现形式和事物的本质会直接合而为一，一切科学就都成为多余的了。"①

正因为如此，不同的实证研究得出的结论往往五花八门且自相矛盾。比如，在关于西方主权债务危机的原因探讨上，有些学者将其归结为危机国家的政府当局监管不力，对金融行业的过度放任，致使金融产品无限衍生；有些学者指责西方社会的超前消费和过度消费；还有些学者将危机原因归结为人性的自私和贪婪等。这类研究仍然摆脱不了大象是墙壁或是柱子的窠臼，从而陷入一种辩护性的、解释学的强制认同。由于对危机原因诊断不对，主流经济学家提供的政策建议的效果也就有限。比如，西方主权债务危机爆发后，市场上出现流动性短缺，主流经济学家建议货币当局注入流动性，通过直接输血方式救市。然而，危机却愈演愈烈，其原因就在于，主流经济学家只看到了危机的表象，而没有看到背后资本主义生产方式对抗性矛盾。因此，央行注入流动性救市，犹如抱薪救火，薪不尽，火不灭。

通过上述研究文献的梳理，显而易见，西方主流经济学家由于缺乏唯物史观，混同了危机的特征与性质，甚至错把危机的特征当作其性质，西方主流经济学家也就不能正确界定甚至不能提出西方主权债务危机的当代特质性问题。因此，面对西方主权债务危机的不断发酵，西方主流经济学家要么拿不出很好的对策，要么拿出的对策存在严重的对立和短视倾向。由于纯粹在西方经济学工具意义上来应用对策，这次危机对策虽然有短期效果，但是没有抓到问题的根本，也根本没有意识到危机问题的严重性。综上所述，《西方主权债务危机

---

① 马克思.资本论（第三卷）［M］.北京：人民出版社，2004：925.

的当代特质性研究》是以问题为建构，以方法论为重点，以梳理理论文献和历史发展脉络为抓手，通过深入剖析西方主权债务危机的历史形态、内涵逻辑以及现实治理，最终目的是完善中国经济发展的体制，促进中国特色社会主义市场经济良性发展。

第2章

方法论

　　全球经济一体化格局不断深化的今天，经济危机的影响也不再局限在一国或一个地区，如何把握西方主权债务危机的当代性质与结构？这种质性研究问题在西方经济学的范围内是没有办法解决的。然而，西方经济学的工具可以为我们所用，尤其适合于具体分析，所谓"马学为体、西学为用、国学为根，世情为鉴、国情为据，综合创新"[①]。但是在应用诸如数理工具之前，我们必须优先解决一个理论上的认知，即危机范畴之间仅仅是一种外在关联吗？唯物史观和辩证法正是解决这一问题的方法论基础。

2.1 本书采用的研究方法及其工作性质

　　根据先前的文献梳理，当前西方主流经济学家都没有在这个层面进行研究，他们都是在西方经济学工具意义上来对待西方主权债务危机，其所提供的对策都是对立的、短视的。危机治理尽管有短期效果，但总体效果不彰，甚至适得其反，这都是因为西方主流经济学家没有抓到问题的根本，没有意识到问题的严重性。如何建构一个以唯物史观和辩证法为基础的总体方法，并且通过这种方法深刻把握西方主权债务危机的内涵逻辑，正是本书进行西方主权债务危机的当代特质性研究的初衷。科学抽象法、调节学派方法以及发生学方法都以唯物史观和辩证法为基础，历史唯物主义发生学就是在综合它们的基础上形成的。

---

① 程恩富.政治经济学现代化的学术原则［N］.光明日报，2015-01-21（15）.

2.1.1 科学抽象法

既有的马克思主义经济学的方法论是以辩证法为主导、以唯物辩证法为基础的科学抽象法，它的发展是在与实证分析方法和逻辑抽象法（或思维抽象法）等历史交锋中实现的。事实上，"抽象法与研究方法的关系是很密切的"[①]。它对于自然科学和社会科学同等重要。就自然科学领域而言，"伽利略依靠科学抽象法击溃了统治人类两千年的亚里士多德的几乎是公理般的结论，爱因斯坦依靠科学抽象法让人们超越了牛顿经典力学的视野；物理学的这种发展进程一再告诫人们：科学思维往往是直觉思维的反面，科学结论通常总要严重地违反日常感觉经验"[②]。较之于自然科学领域，科学抽象法在社会科学领域却遭遇了非常顽固的抵抗，"在经济学领域，实证分析法的主张者对抗两步抽象法（科学抽象法——作者注）的高招就是：撇开整体抽象法不谈，而集中火力攻击科学抽象法"[③]。对比实证分析法和科学抽象法的方法论基础，我们就能发现，"实证分析法的主张者对科学抽象法的责难是很滑稽的，因为这原本是目的不同、层次相异、各有其长的研究方法"[④]。事实上，建基于唯物辩证法上的科学抽象法是对建基于现象学上的实证分析方法的革命，后者只有在前者的基础上才能得到正确阐释，"按照实证分析法，只得到现象意义上的曲线 AE；而按照两步抽象法，既可得到本质意义上的曲线 AB，又可得到现象意义上的曲线 AE"[⑤]。

事实上，逻辑抽象法才是科学抽象学最大的敌人，"列宁曾经讲过这个问题，他说：抽象法有实际的抽象法和思维的抽象法"[⑥]。基于经济学研究对象的特殊性，"经济研究必须运用抽象分析法"[⑦]。马克思主义经济学和西方经济学适用方法也随研究对象不同而出现差异，"抽象分析法实际上包括两种对立的方

① 董瑞华.《资本论》及其手稿在当代的实践与发展 [M].北京：人民出版社，2013：331.

② 何明.研读劳动价值论：极为难得的智力体操——学习运用千年伟人的科学研究方法 [M].北京：人民出版社，2006：44.

③ 何明.研读劳动价值论：极为难得的智力体操——学习运用千年伟人的科学研究方法 [M].北京：人民出版社，2006：84.

④ 何明.研读劳动价值论：极为难得的智力体操——学习运用千年伟人的科学研究方法 [M].北京：人民出版社，2006：85.

⑤ 何明.研读劳动价值论：极为难得的智力体操——学习运用千年伟人的科学研究方法 [M].北京：人民出版社，2006：76.

⑥ 于光远.政治经济学社会主义部分探索（一）[M].北京：人民出版社，1980：416.

⑦ 崔向阳.研究经济学的历史抽象法和逻辑抽象法 [J].当代经济研究，2000（2）：48–52.

法，一种是马克思的历史抽象法（科学抽象法——作者注），另一种是西方经济学的逻辑抽象法"①。根据建设中国特色的社会主义经济理论的目的，"中国的经济学研究必须运用历史抽象法，才能达到科学的彼岸"②。科学抽象法源于马克思对黑格尔哲学的扬弃，"唯物辩证法和唯物史观是科学抽象法的哲学和方法论基础。方法论层面上的区别不仅形成了马克思主义经济学与西方主流经济学作为两种不同的研究范式的本质区别，也是凸显马克思主义经济学作为科学研究范式的核心所在"③。

为了深入剖析资本主义社会的有机结构，科学抽象法首次在《1857～1858年经济学手稿》得以确认，"这一辩证法的完整结构包括从现实具体到思维抽象和从思维抽象到思维具体两个环节，前一环节凸显了马克思的历史观，后一环节则将历史观消化并形成了社会批判观"④。经过艰辛的材料占有和理论探索工作后，"马克思就实施了对社会的经济领域的科学抽象和科学分析"⑤。此后，科学抽象法成为马克思批判资本主义的一个基本方法，"马克思的科学抽象法中的'抽象'是就方法论和认识论的意义而言的……马克思的社会方法论本质上是批判的"⑥。然而，"长期以来对抽象与具体辩证法的探讨因没有澄清前一环节的历史性内涵而导致了对后一环节的曲解，并在经济学、哲学等领域产生了对历史唯物主义哲学的种种误解"⑦。特别是经济研究领域，学者们的方法论相左，即使"当马克思依靠科学抽象法揭示出价值的本质后，百余年来，总有经济学家告诉人们，科学抽象法是难以理解的；他们在批驳或质疑劳动价值论的同时，总是力图将人们的思路引回到积习和感觉中去，将人们的见解安顿在直觉思维和成见的基础之上"⑧。随着中国特色社会主义建设事业的不断发展，"作为在理论上总结历史经验以及构建和创新具有中国特色社会主义市场经济理论的需要，应重新树立马克思的科学研究方法在经济学研究中的

---

①②　崔向阳.研究经济学的历史抽象法和逻辑抽象法［J］.当代经济研究，2000（2）：48-52.

③　杨成林，何自力.重树马克思科学抽象法在经济学研究中的重要地位——马克思主义经济学和西方主流经济学方法论的比较分析［J］.当代经济研究，2011（11）：8-13.

④⑦　孟亚明.抽象与具体的辩证法是马克思主义哲学活的灵魂［J］.山东社会科学,2010（10）:11-14.

⑤　王荣栓.重读马克思［M］.北京：人民出版社，2007：263.

⑥　杨耕.马克思的科学抽象法：一个再思考［J］.中国人民大学学报，1993（3）：69-75.

⑧　何明.研读劳动价值论：极为难得的智力体操——学习运用千年伟人的科学研究方法［M］.北京：人民出版社，2006：45.

重要地位"①。毫无疑问，科学抽象法在唯物史观的指引下，化繁为简，不断形成新的历史范畴及其运动，使感性认识上升到理性认识，因此，科学抽象法适用于资本主义历史形态分析，适合充当经济危机理论研究的基础和出发点。

2.1.2 调节学派方法

以苏联为代表的东方阵营学术界后期过于强调马克思主义经济决定论，苏联马克思主义演变为高度刻板的、僵化的教条主义马克思主义。其中，社会主体的能动性被抹杀了，这种教条主义倾向使苏联马克思主义广受诟病。与之相反，资本主义社会主体——特别是上层建筑——的能动性却成为西方马克思主义理论的研究旨趣。

西方马克思主义指责传统马克思主义不关注真实的世界经济生活的外在联系。利比兹指出，"马克思主义者同样很少关注外在联系，没有给这种外在的联系以其应有的重要地位"②。因而，西方马克思主义认为，传统马克思主义者生活在决定论的幻境中，"传统马克思主义一直被指责是一种停留在抽象层面的历史规律论，它总是试图把具体的历史归约进既定的规律中去，把历史中的人归约为一种规律的简单执行者……而受现象学思想影响的西方马克思主义者则会从转向日常的、具体的生活过程的角度来超越这种'缺陷'"③。调节学派正是因应传统马克思主义经济学对真实世界经济模式的漠视而出现，正如布伦纳所说："调节理论对一种普遍存在的信念做出了回应，那就是正统经济学（指苏联马克思主义经济学——笔者注）无法令人满意地解释实际存在的发展模式，无论是过去的还是现在的，尤其是正统经济学的经济决定论倾向，使它无法以一种系统的方式，考察历史地产生的阶级关系、制度形式和更一般的政治行动影响资本主义经济演化的有力途径。"④

20 世纪 70 年代资本主义世界的滞胀危机成为调节学派诞生的历史背景。"创立于 1976 年的调节学派以马克思经济学为学理基础，提出了较为系统的概

---

① 杨成林，何自力.重树马克思科学抽象法在经济学研究中的重要地位——马克思主义经济学和西方主流经济学方法论的比较分析 [J].当代经济研究，2011（11）：8-13.

② Alain Lipietz. The Enchanted World [M]. Translated by Ian Patterson. Verso Edition，London，1985：69.

③ 唐正东.法国调节学派的后马克思主义经济哲学方法 [J].南京社会科学，2003（12）：16-21.

④ Robert Brenner，Mark Glick.The Regulation Approach：Theory and History [J]. New Left Review，1991（188）：45.

念体系和分析框架，对当代资本主义研究作出了重要贡献。欧美很多马克思主义经济学流派接受并发展了该学派的方法论和基础理论，形成了阿姆斯特丹学派、西德调节主义、北欧模式学派、美国积累的社会结构学派（以下简称 SSA 学派）、日本调节学派等，这些学派被统称为'调节学派'。①

调节学派突破了传统马克思主义经济决定论的局限性，在方法论上做出了重要的开拓。例如，作为调节学派分支的美国积累的社会结构学派（SSA 学派）"借鉴阿尔都塞的'超越决定'理论，用它阐述 SSA 的矛盾复杂性、结构整体性、相对历史持久性和时空多样性。相关研究发展了马克思主义历史辩证法"②。与此相适应，达尔文的生物进化论成为调节学派方法论的重要源泉，"生物学是研究生物基本结构再生产的学科，资本主义再生产类似于生物体的再生产，它包含了社会结构再生产的基本信息，也包含了多样性的信息，因此生物学的方法最适合于对再生产的研究"③。在生物进化论思想的影响下，调节学派采用批判实在论研究方法，认为资本主义都是由一系列复杂的制度有机构成的，进而推断不同时空背景下的资本主义具有不同的特质，借此对资本主义社会进行比较研究。调节学派通过建构自己的概念工具和理论框架，分析资本主义多态性，建构出资本主义类型学，试图安置日常生活中的资本主义。"调节学派的理论计划，尝试在适当的中等层次术语的基础上，构建一种有关资本主义的危机和转变的动态的与历史的具体理论。"④

"调节学派在诸多观点和方法论层面上都深受马克思经济学的影响，在运用马克思经济学的基本原理解释当代资本主义危机与复苏现象的过程中，法国调节学派一方面彰显了马克思经济学的解释力和生命力，另一方面也从'更小的时段'上丰富了马克思主义经济学。"⑤调节学派在进行资本主义的比较研究中，"把分析重点从对资本主义发展阶段转换的研究，转向对资本主义多样性的研究，并运用制度层级制度互补协调机制等概念，对不同国家资本主义的制度结构和发展模式进行了比较分析调节学派的比较资本主义研究，对深化马克

① 吕守军.经济危机与调节理论：调节学派 2015 年国际大会综述［J］.马克思主义研究，2015（8）：152-154.

② 马国旺.评积累的社会结构理论对马克思主义经济学主要贡献［J］.政治经济学评论，2016（1）：150-173.

③ Aglietta M.Régulation et crises du capitalisme：L'expérience des États-Unis［M］.Paris：Calmann-Levy，1978.

④ Stavros Mavroudeas，Regulation Theory：The Road from Creative Marxism to Postmodern Disintegration［J］.Science & Society，1999，63（3）：315.

⑤ 杨虎涛.马克思经济学对法国调节学派的影响［J］.马克思主义研究，2009（9）：121-126.

思主义的当代资本主义分析具有重要的借鉴意义"[1]。由此可见，调节学派理论旨趣在于探讨资本主义特定空间策略的有效性，这就使其适合于对资本主义危机进行性态分析。

2.1.3 马克思主义发生学

在既有的方法基础上，发生学是近来学术界迅速兴起一种研究方法，其主要特征是以历史为中心，多学科并举。发生学在学术界迅速风靡起来，这是因为，发生学是辩证法的工作形态。首先，"马克思把历史当成发生学来内在地把握。这种历史科学的对象既不是纯粹工艺史，也不会是单纯的人类史或世界史……作为一项特别的经济史，历史科学的对象是主体关系和客体关系的内在关联，是对它们的辩证发生关系的总体把握"[2]。其次，"发生学研究必然是跨学科的研究，因为人的认识发生发展过程与社会历史环境的发展变化是密切联系分不开的，对其进行研究必然要涉及人文社会科学的诸多学科领域"[3]。事实上，"对马克思主义来说，归根结底就没有什么独立的法学、政治经济学、历史科学等，而只有一门唯一的、统一的，历史的和辩证的，关于社会作为总体发展的科学……马克思的辩证方法，旨在把社会作为总体来认识"[4]。原因正如卢卡奇所说，"如果存在方式的多样性同时包含于它的不可分割的联系和质的差异当中的话，那就能产生出内在统一的科学……然而这种辩证的统一只能在现实本身中找到，只有当我们成功地在现实本身中发现一种统一性和多样性的统一的结构和动力的学科并上升到意识之中，世界认识的统一性才能产生"[5]。

"发生学，作为学术用语似乎更多流行于哲学科学界，而并非经济科学界，似乎是源自西方的典型的舶来用语。其实，它是马克思对历史学加以科学化改造所逐渐形成的特定用语和范畴。"[6]历史特质赋予发生学以独特品质，因而，"在方法论构造上，发生学不同于发生认识论之处在于：将历史运动所呈现的材料的思维加工，当作特殊的由逻辑构造导致认识构造的一种'科学实验'。

① 张旭.调节学派的比较资本主义研究及其启示 [J].山东社会科学，2016（2）：40–47.

②⑥ 许光伟.发生学与中国经济学研究 [A] // 董长瑞.经济理论与政策研究（第5辑）[M].北京：经济科学出版社，2013：11–29.

③ 刘绪义.天人视界：先秦诸子发生学研究 [M].北京：人民出版社，2009：3.

④ 卢卡奇.历史与阶级意识 [M].北京：商务印书馆，1999：78.

⑤ 卢卡奇.关于社会存在的本体论（上卷）[M].重庆：重庆出版社，1993：275.

由此结构的建构是由历史过程内生的，既不是认识的过程内生，也不是认识的预设。其不同于一般发生学——实质是起源学的方法之处在于：将关注点置于内在过程，寻求历史方法和发生逻辑的分析结合，而避免落入任何的经验主义乃至实证主义"[1]。早在"19世纪后半叶，拉布里奥拉、拉法格都反对以自然科学的思维方式来理解历史唯物主义，强调历史唯物主义的基础不是自然界，而是人类历史本身"[2]。甚至我们日常谈到历史唯物主义的实践性，那也"是着眼于社会历史事物、社会历史存在发生学意义上讲的，而不是着眼于传统本体论宇宙发生学意义上讲的"[3]。因此，"与起源研究相比，发生学研究具有客观性与历史性"[4]。

马克思主义创始人很早就自觉地践行发生学研究方法，"马克思和恩格斯在《德意志意识形态》中已经开始从历史发生学的意义上研究既有社会关系的形成了，而不再仅仅对这一社会关系进行道德批判"[5]。而针对如何看待意大利的情形，拉布里奥拉在与恩格斯的通信中谈到，"我认为发生概念这个名称更明确些，当然它是包罗更广的，因为它既包括处在形成中的事物的实在内容，也包括把这些事物理解为形成中的东西的逻辑形式技巧。如果说发生概念，那么达尔文主义、唯物主义历史观以及尚在形成过程中的事物的其他一切解释，都有了具体形式并取得了自己的地位"[6]。因此，发生学意义上的"'历史'具有双重内涵：它一方面是现实的人的实践活动所形成的具有整体性和统一性的历史；另一方面又是一系列的生成过程。因此，历史唯物主义既代表着一种以'历史地生成'的视野分析事物的思维方式，又指以这种思维方式分析人类社会历史活动所形成的历史理论；它既是马克思的世界观，也是马克思的历史观……正是在这一意义上……'历史唯物主义在一定意义上也就是整个马克思主义'"[7]。

---

① 许光伟.《资本论》第一卷的逻辑：历史发生学 [J].当代经济研究，2011（7）：7-14.

② 何萍.20世纪马克思主义哲学：东方与西方 [M].人民出版社，2012：183.

③ 关锋.实践的理性和理性的实践——马克思实践理性思想探析 [M].北京：人民出版社，2009：121.

④ 刘绪义.天人视界：先秦诸子发生学研究 [M].北京：人民出版社，2009：17.

⑤ 魏小萍.探求马克思——《德意志意识形态》原文文本的解读与分析 [M].北京：人民出版社，2010：278.

⑥ 转引自：卢明.拉布里奥拉对历史辩证法的发生学阐发 [J].渤海大学学报（哲学社会科学版），1991（4）：23-27.

⑦ 陈爱萍.论拉布里奥拉对历史唯物主义的诠释及其当代启示 [J].马克思主义与现实，2010（2）：142-147.

2.1.4 历史唯物主义发生学

科学抽象法、批判实在论和马克思主义发生学都以唯物辩证法和唯物史观作为它们的哲学和方法论基础，都是建立在历史唯物主义的基础之上。并且，科学抽象法、批判实在论和马克思主义发生学都与西方主流经济学的实证主义方法存在本质区别，都以批判西方经济学特别是实证主义方法为主旨，尽管三者批判重点还是稍有不同，但三者本质上都属于马克思主义经济学研究方法。

唯物主义发生学博采众长，对上述三种方法进行了综合创新。首先，唯物主义发生学借鉴了科学抽象法的历史形态分析。科学抽象法主要通过抽象上升到具体的逻辑进路，对西方经济学的范畴建构进行批判。在此基础上，科学抽象法建立一套科学的范畴，并与非科学的西方经济学范畴进行比较，从范畴批判的反思途径对西方经济学方法进行内在性批判。由此可见，科学抽象法偏向于对经济事物进行历史形态分析，这对唯物主义发生学分析事物长期历史趋势具有重要的借鉴作用。

其次，唯物主义发生学借鉴了批判实在论的逻辑形态分析。调节学派的批判实在论深受西方马克思主义传统特别是阿尔都塞的结构马克思主义的影响，客观物质因素在批判实在论思想中居于重要地位。批判实在论认为社会是开放的，事物之间的影响往往是潜在和复杂的，探索表象背后的社会结构和机制等尤为重要。因此，批判实在论通过借助深层本体论，对实证主义仅以经验为基础而产生的"认识论谬误"进行批判，并主张采用自然科学的研究方式来研究系统的结构和机制的变化。由此可见，调节学派的批判实在论偏向于对经济事物进行逻辑形态分析，这对唯物主义发生学分析短期复杂现象提供了重要支撑。

最后，唯物主义发生学是马克思主义发生学在经济学领域的应用形态。马克思主义发生学涵盖很多领域，如教育发生学、心理发生学、文艺发生学、生物发生学和人体发生学等。马克思主义发生学更擅长对事物过程进行精彩细致的分析，这种由母子关系内生的发生学工作形态，彻底颠覆了单纯解释学的窠臼。较之平常的从本质到现象这种研究思路，马克思主义发生学更加适合掌握历史材料，它既要分析长期的历史现象，同时又要分析历史短期的复杂现象。由此可见，马克思主义发生学为唯物主义发生学提供了过程分析方法。

然而，人们平常提到历史唯物主义，都说它既是科学的历史观，同时还是科学的认识论，即历史唯物主义通常都被作为历史观和认识论来对待。事实上，历史唯物主义也是方法论，它有三个层次：历史观、认识论、方法论。历史观都是原理性的，认识论则是知识性的。过去我们在研究马克思主义危机理论时，较多地强调了历史观和认识论。本书主要不是从历史观、认识论来研究危机，而是从方法论角度来研究危机的，就是用历史唯物主义发生学来探寻资本西方主权债务危机的当代特质性。因为发生学是辩证法的工作形态，历史唯物主义发生学应用于经济危机理论时，就是研究危机发生过程、形态演变以及结构生成等，并借此探明当代特质性的内在性质和外在特征等。

综上所述，历史唯物主义发生学折中应用了发生学和辩证法的优势，发生学是辩证法的工作形态，发生学能使抽象的辩证法变得具体起来。因此，历史唯物主义发生学能够贯通历史形态分析和逻辑形态分析，能够把历史学的、演化的、社会学的等多学科的知识都嵌入进来，这种强兼容性使得历史唯物主义发生学适合于跨学科研究。并且，历史唯物主义发生学把历史性和科学性高度结合在一起，能够防止逻辑形式化或纯逻辑倾向。因此，历史唯物主义发生学能够真正地对西方主权债务危机做本质研究。但是，历史唯物主义发生学是一个总体方法，当它应用于经济危机的总形态（偏时间）分析时，历史唯物主义发生学就形塑为更具体的历史发生学；当它应用于经济危机的总性态（偏空间）分析时，历史唯物主义发生学就形塑为更具体的系统发生学。接下来，我们将应用历史发生学和系统发生学的研究方法来分析西方主权债务危机的发生过程。

2.2 当代特质性主题展开的工作线索

本书的谋篇布局是由当代特质性这个特定主题所决定的，"问题与解决问题的方法是同时产生的"[①]。当代特质性主题内在地决定了该研究需要采用历史唯物主义发生学这个总体方法，而历史唯物主义发生学方法反过来又决定了当代特质性主题展开的工作线索。如题所示，当代特质性主题内生于"债务危机"以及由其衍生的"西方主权"共同界定的语境中。因此，历史唯物主义发生学首先要考察"债务危机"的形态演变，通过具体的历史发生学，考察作为资本主义债务关系基础的信用衍变与经济危机形态之间的关系，从危机总形态和总性态的历史形态分析当代特质性；其次要考察"西方主权"的逻辑生成，通过具体的系统发生学，考察经济主权与债务危机的逻辑形态之间的关系，从危机总性态（总形态）[②]的逻辑形态分析当代特质性。最终，本质研究要回归现实、回归中国，因此，我们需要在本质研究基础上引申出治理形态分析——内生性治理。由此可见，当代特质性的工作线索完全是由历史唯物主义发生学方法内在决定的。

---

① 古希腊伟大的历史学家、哲学家希罗多德的名言。

② 总性态（总形态）指总形态生成的总性态，也即总形态和总性态相一致的内涵逻辑。

2.2.1 历史形态

如上所述，西方主权债务危机是一个自然历史范畴。本书最重要的就是考察当代特质性如何而来的问题。而作为特殊的债务危机，西方主权债务危机实际上也是资本主义信用关系革命的产物。因此，我们需要在资本主义信用的历史演变中，分析危机的总形态与总性态，也即在危机的历史形态中把握当代特质性。研究对象特殊性质内生出特殊研究方法，历史发生学方法适合掌握历史材料，能够很好地结合危机的总形态（偏时间）和总性态（偏空间），适合于对资本主义经济危机作总体性分析或长期历史分析。按照历史发生学[①]的观点，资本主义信用内涵（或基质）伴随资本集中程度加深而变化，它经历了"私人信用→财政信用（私人信用）[②]→主权信用（财政信用）"的历史形态演变，资本主义信用的历史形态显著地改变了资本主义经济危机的历史形态，致使后者的历史形态也经历了相应的发生过程："生产危机→金融危机（生产危机）→主权债务危机（金融危机）"。

资本主义生产方式一经确立，剩余价值规律就成为资本主义的基本规律，"生产剩余价值或赚钱，是这个生产方式的绝对规律"[③]。资本主义信用历史形态演变正是被剩余价值规律催化。源于产业资本循环的商业信用历史悠久，与资本主义实际生产联系紧密，因而，商业信用成为资本主义私人信用制度的基础。然而，商业信用活跃在资本主义生产方式尚不稳固时期，主要是资本主义工场手工业时期，它在促进彼时新兴部门生产扩张的同时，也引发由于商业信用历史界限内生的局部生产过剩危机。工业革命推进了商业信用形态的演变，脱胎于商业信用的银行信用形成［商业信用→银行信用（商业信用）］。作为一般信用的银行信用成为资本主义私人信用制度的主导信用，它极大地扩张了资本主义生产。然而，剩余价值规律总是推动资本主义机器化大生产超出银行信用的调节范围，终致普遍生产过剩危机周期性爆发［局部生产过剩危机→普遍生产过剩危机（局部生产过剩危机）］。在资本主义私人信用基础上，自由放任资本主义时期的经济危机都是以直接的生产危机形式出现。

每次普遍生产过剩危机都加剧了资本集中，工业寡头不断涌现。然而，普遍生产过剩危机也越发严重，特别是 1929～1933 年资本主义大危机，终结了

---

① 许光伟.《资本论》第一卷的逻辑：历史发生学［J］.当代经济研究，2011（7）：7-14.

② 财政信用（私人信用）意味着，财政信用是在私人信用基础上生成的，私人信用与财政信用之间是母子关系。以下含义类同。

③ 马克思.资本论（第一卷）［M］.北京：人民出版社，2004：714.

自由放任资本主义，表明私人信用遭遇历史界限而失能。与工业资本集中相适应，银行业集中程度也在不断加深，它们融合生长成为金融资本。汽车生产流水线的出现和推广，使工业生产效率极大地提高，资本主义生产方式得以稳固。与之相伴，资本主义生产的实现问题也越来越严重，国家出面干预生产过程的必要性凸显。于是，金融资本与国家政权结合日益密切，致使私人垄断资本基础上生成了国家垄断资本，国家垄断资本主义来临。作为总体资本家代表，国家以负债主体角色发行公债，借此推动私人垄断资本顺利积累。这就意味着，脱胎于私人信用的财政信用［私人信用→财政信用（私人信用）］成为新主导信用，这种资本主义公共信用形式在推进资本主义生产扩张的同时，也在不断与财政信用的金本位外壳发生冲突，终致货币体系危机（金融危机表现形式）爆发。至此，生产危机→金融危机（生产危机）生成，国家垄断资本主义时期经济危机以金融危机形式典型表现出来。

在不断加剧的货币危机冲击下，布雷顿森林体系最终解体，资本主义稳固秩序从此丧失，最终引爆发达资本主义国家的滞胀危机，这就表明财政信用遭遇历史界限而失能。信息技术革命奠定了资本主义去管制化的物质技术基础，新自由主义则主导了中心地区发达资本主义国家的上层建筑。金融资本全球逐利最终成长为国际金融垄断资本，这表明国际金融垄断资本主义时代来临。在此历史背景下，国家主权担保的国际借贷开始流行，财政信用越出国界，并最终生长为资本主义公共信用新形式——主权信用。财政信用→主权信用（财政信用）的形态演变，意味着主权信用主导财政信用。当然，国际金融垄断资本操控的主权信用在一定程度上推动了资本主义生产的发展，特别是外围地区经济的发展。然而，国际金融垄断资本主导的主权作用私利性与其媒介全球生产所要求的公益性目标冲突，由此设定了主权信用的历史界限，终致主权债务危机爆发。至此，金融危机→主权债务危机（金融危机）生成，国际金融垄断资本主义时期经济危机以主权债务危机的典型形式表现出来。

2.2.2 逻辑形态

在西方主权债务危机的历史形态分析的基础上，我们现在需要对西方主权债务危机进行定格研究，将其置于社会的广角视野中，进一步探查当代特质性的内在本质和外在特征等内涵。实际上，这种研究就是在危机历史形态生成的逻辑形态中，更加深入地考察当代特质性问题。为此，我们采用系统发生学方法①，从总形态与总性态内在一致的视角，剖析西方主权债务危机内生的系统发生过程，这种研究实质就是探寻当代特质性的内涵逻辑②机理。在特指国际金融垄断资本主义时期的当代，占统治地位的国际金融垄断资本外化为新自由主义国际经济秩序，它们借助新型帝国权力的政治/领土逻辑和资本逻辑的错位发展，在全球不断掀起去经济主权运动，这些形成了西方主权债务危机的历史情境。在此情境下，国际金融垄断资本操纵主权信用，在全球推行剥夺性积累③，致使主权信用主体不断内移：外围地区主权信用→中心地区主权信用（外围地区主权信用）。由此，西方主权债务危机的系统发生结构也得以确立：中心地区私人部门金融危机（外围地区主权债务危机）→西方主权债务危机（中心地区私人部门金融危机）。

资本主义滞胀危机与新自由主义共同加速了资本去管制化进程，中心地区资本纷纷脱实入虚，资本金融化趋势加剧。不受羁绊的金融资本与新型帝国霸权融合，生成国际金融垄断资本。在通信技术的支撑下，金融全球化迅速推进，新自由主义国际经济秩序逐渐成形，这也成为西方主权债务危机的当代特质性的情境。在新自由主义国际经济秩序下，国际金融垄断资本涌向外围地区，不断融入全球化的外围地区经济繁荣一时。与之相伴随，外围地区外币定值的主权债务激增。然而，债务本位致使作为关键货币的外币发行保证虚化，国际金融垄断资本操控性进一步增强。自 20 世纪 80 年代起，国际金融垄断资本掀起一系列的实质上的外围主权债务危机，如自由化导向的拉美主权债务危机、私有化导向的俄罗斯财政危机，以及市场化导向的亚洲货币危机。至此，中心地区滞胀危机→外围地区主权债务危机（中心地区滞胀危机），外围地区主权债务危机成为西方主权债务危机的外部逻辑起点。

外围地区主权债务危机爆发后，国际金融垄断资本利用危机救助机会，不断在外围地区开展去经济主权运动，迫使外围地区实施畸形的出口导向型经济模式。外围地区被驯服以后，中心地区大力发展金融业，全球异化的分工体系生成畸形的全球资本积累体系，即外围地区从事产业资本积累、中心地区从事金融资本积累。而作为国际金融垄断资本宿主的新型帝国——美国，其经济虚化日盛，最终超越了金融垄断资本的私人信用界限，因而也改变了资本主义基本矛盾的表现形式。其中，全球价值链中外围低端生产和中心高端生产之间对抗性矛盾内生

---

① 许光伟.《资本论》第二卷的逻辑：系统发生学［J］.当代经济研究，2012（1）：1-7.

② 内涵逻辑是一个固定词，内涵逻辑主要是针对形式逻辑而言的，主要是指事物本身所内生的逻辑，或者从逻辑角度看，指总形态和总性态相一致的内在逻辑。

③ 大卫·哈维.新帝国主义［M］.北京：社会科学文献出版社，2009：111.

的原发性经济虚化，生长为美国新经济危机；而金融创新的顶层设计与信贷消费的底层化之间对抗性矛盾内生的继发性经济虚化，生长为美国次贷危机。至此，外围主权债务危机→中心地区私人部门金融危机（外围地区主权债务危机），中心地区私人部门金融危机形成西方主权债务危机的内部逻辑起点。

以美国为策源地的中心地区私人部门金融危机不断发酵，美国经济动荡加剧。由于欧盟与美国金融市场高度一体化以及欧盟条约的限制，欧盟涉入美国高风险金融资产过多，存在巨大的风险敞口。结果，美国私人部门金融危机引起欧盟众多金融机构破产。欧盟政府开始大规模金融救助，然而，欧盟区域内外存在非对称主权，金融救助率先引爆了欧洲主权债务危机。至此，中心地区私人部门金融危机→欧洲主权债务危机（中心地区私人部门金融危机），西方主权债务危机由此爆发。而欧洲主权债务危机与美国私人部门金融危机互相激荡，美国金融形势更为动荡。新型帝国——美国权力的政治/领土逻辑开始僭越其资本逻辑，其政府通过财政大规模进行金融救助，但并不能有效制止危机的发展。最终，美国借助其金融霸权，滥用其主权信用，通过量化宽松的货币政策来配合财政扩张，致使美国公债法定上限不断被突破。美国主权债务危机就以这种拟制的方式爆发出来。欧洲主权债务危机→美国主权债务危机（欧洲主权债务危机），这标志着西方主权债务危机全面爆发。

2.2.3 现实或治理形态

理论研究的最终目的就是回归现实、回归中国，这是当代特质性主题研究的自然结果。因为"发生学本质上只能是历史主义与实践主义的内在结合和行动结合，它强调时空合一的研究体式，弘扬中华母体关系的历史研究和语言工作范式，因此，以历史主义用语统揽在于凸显这样一种分析目的：彰明事物发展的历时性关系基础上的共时性关系，它多与'结构主义'相对……发生学思维则是对历时与共时内在结合的实践活动有目的地、有意图性地导引"①。这种工作线索能够启示我们，如何在历史发生学和系统发生学总和意义上引出一个现实考虑。从这种治理内生性意义上来说，西方主权债务危机的独特发生机制就是其独特治理机制，而西方主权债务危机的独特治理机制也是其独特发生机制。为此，我们按照总结历史、昭示现实的内生性思路探讨治理策略：历史生成系统→系统生成现实→现实生成治理。

---

① 许光伟.发生学与中国经济学研究［A］∥董长瑞.经济理论与政策研究（第5辑）［M］.北京：经济科学出版社，2013：11–29.

生产技术革命以及由其决定的流通技术革命，极大地推动了资本主义生产力发展。活跃的生产力不断冲击相对稳定的资本主义生产关系。因内在于嬗变的生产关系，基于资本主义信用关系的交换关系不断迁流。生产力与生产关系持续冲突并不断加剧，资本主义经济危机不断发生着形态、地域和主体等结构衍变，西方主权债务危机正是资本主义经济危机形态历史生成的自然结果。西方主权债务危机的历史迁衍性首先生成其当代特质性，即化育为一种基于主权的全球操控体系。更重要的是，西方主权债务危机既是生产力高度发展的结果，又是生产关系对抗性增强的结果。这些结果表明，西方主权债务危机历史迁衍性蕴含着工具价值。正如马克思针对不发达国家状况曾说："不仅苦于资本主义生产的发展，而且苦于资本主义生产的不发展。"[①]为此，我们需要大力发展社会生产力，在此基础上，积极调整社会生产关系，增强我国的经济体制，这已经启示了西方主权债务危机的内部治理思路。

国际金融垄断资本外化为新自由主义国际经济秩序，通过后者不断消解外围地区的经济主权，国际金融垄断资本得以赤裸裸地操纵新型帝国的主权信用。于是，西方主权债务危机具有自我实现的性质，这也就赋予后西方主权债务危机时期当代特质性以新的结构性特征。这些新结构特征首先表现为西方主权债务危机具有具象性、工具性和总体性等新特性；与此同时，这些新特性又内生出西方主权债务危机的新态势，诸如深入态、广衍态和频繁态等。毫无疑问，西方主权债务危机的新性态通过向外围地区转移危机后果，进一步加深对外围地区的剥夺性积累，从而深化国际金融垄断资本主导的全球操控体系。换个角度来看，外围地区摆脱国际金融垄断资本操控的最重要原则，就是在对外经济交往中捍卫经济主权。经济主权对于日益融入全球化的中国而言意义更为重大，它奠定了西方主权债务危机的外部治理思路。

按照发生学思路，西方主权债务危机的历史迁衍和新性态确立了其治理思路：西方主权债务危机的当代特质性内生它的治理。然而，由于我国尚处于社会主义初级阶段，中国的社会性质以及所面临的历史任务较为特殊，这个最大的国情内生了我国应对西方主权债务危机的具体策略。我国内部策略以调整国内经济结构为手段，目的是增强我国经济体质，具体包括产业结构调整、区域结构调整、政策结构调整、信用结构调整、收入结构调整等。在内部策略的基础上，我国外部策略以自主开拓国际市场为手段，目的是为我国国内经济稳健发展创新外部条件，具体包括重构国际经济新秩序、互利共赢的对外平台、量入为出的经常项目、内外有别的资本项目等。因此，一切治理策略的根基都要

---

① 马克思.资本论（第一卷）[M].北京：人民出版社，2004：9.

落脚在我国经济品质的提升和经济主权的强化上，目的就是使我国最大限度地规避西方主权债务危机所带来的负面影响。

综上所述，历史唯物主义发生学方法内在地生成了"西方主权债务危机的当代特质性研究"整个架构（如图2-1所示）。在当代特质性主题展开的过程中，本书实现了两大创新：其一是方法论创新，我们将马克思主义发生学方法应用于国际债务危机研究领域，由此形成了历史唯物主义发生学，并通过后者完全贯通西方主权债务危机的当代特质性问题研究，目前还属于全新的尝试；其二是观点创新，我们通过应用历史发生学和系统发生学的研究方法，得出了这样一种新观点，即资本主义基本矛盾在新自由主义国际经济秩序下具有完全不同的内容规定：①全球价值链中外围低端生产和中心高端生产之间对抗性矛盾；②金融创新的顶层设计与信贷消费的底层化之间对抗性矛盾；③金融资产定价权垄断与生产全球化之间对抗性矛盾。

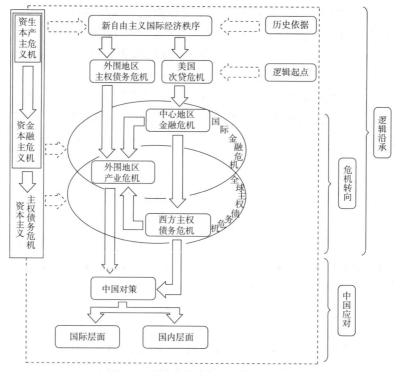

图2-1　西方主权债务危机发生路线图

第二部分
危机的总形态与总性态

　　本部分主要分析西方主权债务危机的历史形态。按照历史唯物主义发生学的方法，资本主义信用是资本主义生产方式的产物，信用基质（即信用的内容）会随着资本主义生产方式的变动而变动，而资本主义信用在加速资本主义生产的同时，也加速了资本主义基本矛盾的激化，因此，根植于资本主义生产方式的信用基质流变，必然使资本主义经济危机呈现出不同的显性态。本部分首先分析了不同物质技术基础上的资本主义私人信用形态，以及由它们形塑的资本主义生产危机。机器大工业的确立真正巩固了资本主义生产方式，但也加速了资本集中，至此，资本主义私人信用遭遇历史瓶颈，而在其基础上衍生出的资本主义财政信用（公共信用早期形式）取得了主导地位，这种国内导向的公共信用催生了资本主义货币体系危机。资本主义主权信用（公共信用的成熟形式）则缘起于信息技术革命，它触发了资本主义主权债务危机。根据主权债务危机内涵的不同，这些主权债务危机也就被赋予不同范畴规定性。

第3章

资本主义私人信用：生产危机

"简单范畴是这样一些关系的表现，在这些关系中，较不发展的具体可以已经实现，而那些通过较具体的范畴在精神上表现出来的较多方面的联系或关系还没有产生；而比较发展的具体则把这个范畴当作一种从属关系保存下来……比较简单的范畴可以表现一个比较不发展的整体的处于支配地位的关系或者一个比较发展的整体的从属关系，这些关系在整体向着以一个比较具体的范畴表现出来的方面发展之前，在历史上已经存在。在这个限度内，从最简单上升到复杂这个抽象思维的进程符合现实的历史过程……比较简单的范畴，虽然在历史上可以在比较具体的范畴之前存在，但是它在深度和广度上的充分发展恰恰只能属于一个复杂的社会形式，而比较具体的范畴在一个比较不发展的社会形式中有过比较充分的发展。"① 资本主义经济危机范畴也遵循上述发生过程。

3.1 资本主义商业信用——自在性② 生产危机

3.1.1 工场手工业基础上的商业信用——局部生产过剩危机

作为对封建社会自然经济的革命，资本主义生产方式建立的物质技术基础是机器生产体系。与此相适应，生产资料逐渐向产业资本家手中集中。产业资

---

① 马克思，恩格斯. 马克思恩格斯全集（第三十卷）[M]. 北京：人民出版社，1995：43-44.

② 黑格尔提出的哲学术语，"自在"即潜在之意。

本家取代古老的商人资本和高利贷资本，成为资本主义社会的真正主角，生息资本也必须与时俱进，服务于产业资本家。资本主义现代信用应时而出。然而，资本主义私人信用是资本主义现代信用的最初形态①，它是资本主义生产方式的早期产物。

高利贷信用的冲击加速了封建社会解体，宗法身份制的社会关系也随之瓦解，一个拥有巨额货币财富的新贵族集团兴起来了，商品货币关系逐渐兴盛，极大地打击了以大土地所有制为核心的封建生产关系。旧土地贵族势力不断遭到削弱，以致西欧一些破落的旧土地贵族为满足他们曾经的奢靡生活，像鹿渴求清水一样疯狂追逐货币财富②。在他们的印象中，东方社会是黄金、象牙、丝绸、香料、茶叶、青花瓷等贵重商品遍地充斥的黄金乐土，因此他们觊觎的目标就是以印度和中国为代表的富裕东方社会。然而，曾经繁荣的地中海商路在中世纪被阿拉伯人劫持，欧洲人要想到达东方就得另辟蹊径。

欧洲文艺复兴冲破了中世纪的黑暗，开启了资产阶级思想解放运动的先声。正所谓物极必反，中世纪遭到极大压抑的人文科技在中世纪末得到了极大的发展，先前缓慢发展的科学技术也由量变积累到质变的临界点，特别表现在人们的宇宙观上，如哥白尼的"日心说"打破了托勒密的"地心说"的神话，引起了科学技术上的所谓"哥白尼式革命"。造船技术突飞猛进、飞速发展，指南针广泛应用于航海技术，火药在军事上的应用昭示了冷兵器时代的终结。

在财富梦想的激励下，葡萄牙、西班牙的破落贵族铤而走险，依靠科技的进步，特别是航海技术的支持，驶向大海深处，由此开启了探索通往印度新航路的海上冒险之旅。葡萄牙冒险家们经过数次失败后，最终绕过非洲好望角到达了印度，广阔的新市场引起了全新的商业革命。西班牙冒险家们紧随其后，希望开辟一条径直跨越大西洋前往印度的新航线，最终他们到达了美洲大陆，这是一块他们从未到达却被误认为是古老印度的新大陆。这些老牌帝国为争夺殖民地并控制海上航线，爆发了一系列的海上霸权战争，商业战争的积极意义在于向全世界传播了资本主义文明。

地理大发现开启了资本主义生活的萌芽，这个新的世界市场和原料供应地如此巨大，以至于封建行会手工业根本不能满足新经济形势的需要，这就吹响了封建主义生产方式崩溃的挽歌。在封建社会生产方式失能的基础上，地理大发现造就的新世界市场缩短了新旧两种生产方式的过渡期，加速了资本主义生

---

① 此处私人信用是指经济主体信用，区别于政府公共信用，这有别于马克思在《资本论》第三卷中所指的私人信用与公共信用，那里私人信用指个体信用，而公共信用则是指社会一般信用。

② 马克思，恩格斯．马克思恩格斯全集（第四十八卷）[M]．人民出版社，2007.

产方式的形成，为商品经济的跨越式发展创造了极为重要的外部条件。首先，封建行会手工业制度的解体，以及封建领主制经济的破产，释放出大量重获人身自由的独立生产、自主经营的小手工业生产者，众多的家庭式作坊如雨后春笋般出现，使社会生产呈现出原子化离散状态①。其次，殖民贸易造就了拥有雄厚货币财富的商人资本集团。然而，由于殖民贸易的历史局限性，这种根源于流通领域的财富积累方式难以持续。

商人如何持续、快速地获取越来越多的货币财富？生产组织方式变革势在必行，因此，商人资本的指导思想也由早期的重金主义转向晚期的重工主义，逐步介入生产过程，包买商制度揭开了这个过程的序幕。众所周知，封建行会手工业者是集生产、销售于一身，随着封建行会手工业制度的解体，面对广阔的海外市场，个体手工业生产者难以独立承担生产销售职能。实力雄厚的商人资本为了从这个巨大的市场中获取更大的商业利润，就要想方设法地满足市场需求，商业资本必须逐步介入个体手工业生产者的日常经营业务中，包买商包购包销独立的自由手工业者的原料和产品的生产组织方式，便成为资本主义商业信用的历史前提。

如何能够从扩张的世界市场中持续渔利呢？基于逐利天性，包买商理所当然要驾驭和驯服生产，增加对独立手工业者生产过程的控制，生产过程的改革又迫使独立手工业者对商人资本的依附。包买商加强对独立手工业者的控制手段，就是不断往手工业者生产过程"掺沙子"，即包买商通过由代销手工业者的产品直至最终给他们提供工具的方式，不断加深对他们的控制。这种包买商和独立手工业者之间以商品为对象的赊购赊销活动，就是资本主义商业信用的最初含义。

基于历史和逻辑的发展，包买商介入独立手工业者的生产经营是一个缓慢的过程，这大致包括三个阶段：第一阶段，包买商控制销售渠道。独立手工业属于典型的小商品生产，其销售渠道非常狭窄，从殖民者转化而来的包买商则控制了非常丰富的海外销售网络。包买商利用这种不对称的市场地位，广泛控制销售网络，以较低价格预购独立手工业生产者的商品，借此对手工业者进行商业欺诈。这种代售方式应算作商业信用的起步阶段，在这种商品赊购过程中已经产生了资本主义商业信用的萌芽形式。代售仅具商业信用形式，还不具有商业信用的实质。第二阶段，包买商提供原材料。包买商单纯代售或包买独立手工业者的商品，还是不能满足广大市场对产品的质和量的要求。为了进一步掌控生产，在此基础上，包买商开始给独立手工业者提供原材料，让后者用自

---

① 王江松.劳动哲学［M］.北京：人民出版社，2012：500.

己的生产工具对原材料进行加工，包买商再将手工业者产品低价包买。独立手工业者实际拿到手的只是劳务费加上生产工具折旧费，因而这种方式实质上是一种代工过程，这种代工过程是商业信用的重大发展，它使得商业信用名副其实。第三阶段，包买商提供生产工具。面对汹涌澎湃的海外市场需求，包买商提供原材料的生产方式依然无法突破生产的瓶颈，他们进而发展到给手工业者提供更为高效的生产工具。至此，包买商提供包括原材料和生产工具在内的一切生产资料，统一包销产品。独立的手工业者沦落为纯粹的劳动力出卖者，手工业者对包买商的依附程度达到了最高。这种生产方式实质是一种委托加工的订单生产，而订单生产是商业信用在纯粹商业领域内发展的最高阶段①。

不言而喻，包买商制度促进了资本主义生产的发展，然而，包买商并不能完全掌控手工业生产者的具体生产过程，他们与手工业生产者之间依然是两个主体间的依附关系。包买商和手工业者之间的这种信用形态，其存在基础是以侵蚀独立手工业者的剩余劳动时间甚至部分必要劳动时间为前提的，因此，这个阶段的商业信用也还不是一种典型的资本主义商业信用。随着市场竞争的加剧，再加上高利贷的重利盘剥，大量独立的手工业生产者破产而沦为无产者。历史条件的变化破坏了包买商的存在基础，包买商制度逐步破产。为了控制直接生产过程，部分包买商按照综合商品组成部分不同，将先前生产单件商品的破产手工业者集聚在一个狭小空间里，这既是混成的工场手工业的出现，更是资本雇佣劳动的资本主义生产方式的开启。通过空间集聚的分工协作，资本主义生产效率得到了极大的提高，这部分专事生产职能的包买商也就转型为混成的手工业工场主，也即早期的工业资本家。与此同时，部分包买商也就得以专事商业活动，转变为纯粹的商业资本家。

随着剩余价值规律主导社会生产，资本周转提速势在必行，商业资本家赊购工业资本家的商品资本迅速增加。商业信用的主体也就不再是独立的手工业生产者和包买商，工业资本家和商业资本家成为商业信用新主体，他们之间以待售商品资本为借贷对象的商业信用，才是真正的典型的资本主义商业信用。混成的工场手工业使得先前的包买商和独立手工业者之间的依附关系，被雇佣手工业者劳动和工业资本之间的隶属关系所取代，但这种隶属仅仅是形式上的隶属，工场生产的节奏或效率依然取决于雇佣手工业者的手艺诀窍和主观能动性。这种状况是与产业资本本性格格不入的，后者必定使生产过程摆脱对人身材料的依赖，而暴烈的资本原始积累过程完成了对农村的资本主义洗礼，大量

---

① 谢富胜.分工、技术与生产组织变迁：资本主义生产组织演变的马克思主义经济学阐释［M］.北京：经济科学出版社，2005：103-107.

的农牧民不得不与土地等基本生产资料分离，这些没有什么技能的无产者的广泛出现，改变了工场手工业的分工形态。

按照产品操作阶段或工序的新分工体系取代了先前的分工体系，它催生出更多的不同类别的产业资本家，混成的工场手工业就转变为有机的工场手工业。一系列紧密接续的生产工序取代了先前的技艺诀窍，雇佣工人专注于单一的工序操作，生产效率得到进一步放大。分工体系的发展也改变了商业信用的形态，商业资本和工业资本之间的商业信用，被包括商业资本和工业资本在内的广义产业资本之间的商业信用所取代，即赊购赊销所形成的债权债务关系既可以发生在商业资本和工业资本之间，又可以发生在不同的工业资本之间，以及不同的商业资本之间。商业信用的主体进一步扩大，此时的资本主义商业信用更具有典型意义。尽管有机的工场手工业还是建立在手工业技术基础之上，但是，工场内的复杂分工体系使手工业技术成为简单劳动，工业资本已经切切实实地控制了生产过程，此时，雇佣劳动对工业资本的实际隶属得以完成。

在基于操作工序的分工体系中，工人成为片面的、单向度的局部工人，其以牺牲工人的劳动多面性为代价，换来了有机工场手工业生产的高效率。然而，这种生产效率终究受制于雇佣工人的精气神等主观因素，生产关系的对抗性使生产过程还具有偶然性的特征，因而这种分工体系还不能成为资本主义的物质技术基础。但是，基于操作工序的分工体系已经铺就了通往机器发明之路，这种发达的分工体系为机器的发明创造了前提条件。如果以机器的发明应用为界限，工场手工业时期就只能算是资本主义的早年生活。

英国光荣革命确立了资本主义制度，其意义就在于打破了前资本主义社会中基于人身依附关系的宗法等级制度，为资本主义社会的发展确立了上层建筑基础，这就揭开了资本主义的近代生活史[①]。资产阶级先进知识分子倡导"自由、平等、博爱"等资产阶级民主思想，鼓吹人生而平等；在经济交往上，价值规律等市场法全面贯穿于人们的政治经济生活。因此，此时的资产阶级本质上排斥政府对于经济活动的掣肘，他们鼓吹市场机制万能，政府仅需充当"守夜人"的角色，无形之手能够最大效率地配置资源，经济主体的自利行为能够使社会财富充分涌流，基于私人利益主导社会生活的市民社会来临。资本主义社会特别强调逻辑先在[②]的资本主义私人财产法权天赋的观念，私有财产神圣不可侵犯，这是市民社会建构的意识形态基础，它是以生产资料资本主义私有制为核心的经济基础在观念上的反映。基于上述特征，这个历史阶段的资本主

---

① 刘爱文，王碧英.资本主义生产组织模式的演进与创新［J］.当代经济研究，2015（7）：27-35.

② 逻辑先在说明思想存在于物前面，实质是唯心主义思想。

义也被称为自由竞争资本主义。

在海外对纺织品需求的刺激下，工场手工业生产已然跟不上市场扩张的步伐。对于如何增加纺织品产出，英国纺织工业进行了积极的探索。18世纪揭开了人类历史上第一次工业革命，开启了以机器大生产为内容的工厂工业替代工场手工业的历史进程。1765年英国纺织工哈格里夫斯发明的珍妮纺纱机，揭开了工业革命的序幕；1785年英国修理工瓦特改良了蒸汽机，这是第一次工业革命的标志，人类由此进入了"蒸汽时代"[①]。事实上，早在18世纪最后20年间，英国的棉纺业就已经全部实现了机器化生产，形成了一些以机器生产为纽带的纺织业工厂中心。借助资本主义商业信用，这些工厂中心又将尚停留在手工业生产阶段的、与棉纺业密切相关的其他诸如织布业等联结起来，这些有机联系的纺织产业生产重镇形成了英国早期的工业城市。第一次工业革命是一次伟大的技术创新，它不但稳固地加强了资本雇佣劳动的资本主义生产方式，更重要的是，工人成为机器的附属物，生产过程的偶然性被预设的机器动作所排挤。自此以后，真正奠定了资本主义生产方式的物质技术基础——社会化的机器大生产。

第一次工业革命使社会生产力突飞猛进。然而，社会总体生产力依然不高，且分布极端不均衡。鉴于当时的技术状况，机器化大生产并不普及，主要在棉纺业中得到了实现，它决定了整个纺织业的生产节奏。相应地，与棉纺业相关联的产业之间所形成的投入产出关系，极大地扩张了资本主义商业信用。在剩余价值规律的作用下，资本主义商业信用造成旺盛的虚假需求，使纺织品的产出增加数以十倍计。

资本主义商业信用的扩张也加剧了整个纺织业的生产与消费之间的矛盾。资本主义雇佣劳动制度将雇佣工人的工资压缩在一个极低的范围，对纺织品有支付能力的需求远远赶不上机器大生产作用下的纺织品产出。作为典型的轻工业，纺织业并不需要大规模的固定资本，因而很难通过其自身积累来解决生产过剩的问题。事实上，就整个国民经济总体而言，手工业生产依然占据绝对优势，机器化生产在整个经济中的地位并不显著；其他行业部门中，手工业生产方式依然占有重要地位；甚至农村中，自然经济占据重要地位。这就造成了一个问题：由于纺织业与国民经济各部门之间的关联不甚密切，整个国民经济的市场化程度依然很低，不能对纺织品形成有效的市场需求。

鉴于上述情形，市场的充塞使过剩的纺织品产出不能够按正常的生产价格实现，纺织业中生产社会化和生产成果的资本主义私人占有形式之间的矛盾由

---

① 刘爱文.创新驱动发展战略的民主依归［J］.现代经济探讨，2015（3）：8–12.

此凸显，其不得不大幅降价销售，进而引起工厂破产、工人失业，资本主义商业信用不断萎缩，生产过剩危机的时刻就来到了。事实上，"生产过剩危机最初出现在 18 世纪末叶……头几次工业危机的诞生地是英国，它们的发源处是英国的棉纺织工业"[1]。由于纺织业属于比较孤立的一个生产领域，对整体国民经济的影响并不大，危机只在局部领域和局部范围发生，故称之为局部生产过剩危机。由此可见，机器大生产造成了生产过剩危机的现实前提，资本主义发展只能不断以生产过剩危机的形式向前发展，过剩危机凸显了资本主义生产方式的历史局限性，同时也印证了生产过剩危机的根源在于生产社会化和生产资料私人占有的资本主义基本矛盾。

3.1.2 机器大工业基础上的商业信用——中间性生产危机

18 世纪 60 年代开启的工业革命，正是因应于当时的物质技术基础陈旧落后，难以适应这种新的世界经济形势而爆发的。显而易见，这个历史阶段的自然经济依然广泛存在，商品货币化程度尽管有很大提高，货币经营业也有高度发展，并在此基础上产生了商业银行，但在这种异质的经济基础上，还不足以孕育完备的金融体系，所以当时的商业银行职能形式较为单一。剩余价值规律是资本主义社会的基本规律，为获取更多的剩余价值，加快资本周转势在必行。由于贵金属货币较难获得，货币支付职能得到了更大程度的发展，这就为借贷资本运动的蓬勃发展提供了前提条件。

彼时资本主义社会中，由于陈旧落后的生产方式较为普遍，能够提供的剩余产品很是有限，并且绝大部分都被挥霍浪费了，因而缺乏足够的社会闲散资金供商业银行支配，银行信用缺乏经济基础。只有工业革命进程中那些全新崛起以轻纺企业为代表的轻工业能够提供较多的剩余价值以供积累，因而这些轻工业的扩大再生产还得依靠自身。而基于产业资本周转速度差异及季节性原因等，各个工商企业之间有必要相互调剂余缺，它们之间相互授信以进行赊购赊销，因而以商品资本为对象的商业信用大行其道，商业票据在一定程度上取代了货币的流通，这极大地加速了新兴产业资本的周转和扩大了再生产，巩固了新生的资本主义生产方式。正从这个意义上来说，商业信用成为整个现代信用制度的基础。

商业信用在加快商品流通的同时，也具有非常大的局限性。首先，作为借

---

① 门德尔逊.经济危机和周期的理论与历史（第一卷 上册）[M].北京：生活·读书·新知三联书店，1975：137.

贷资本的运动形式，商业信用的借贷规模和期限一方面要取决于各个职能资本家自身的资本数量限制，这些次要部门或非主导部门的经营往往具有零散经营的模式，各个产业资本家的自身资本数量是非常有限的，因而能够提供借贷的资本数量也是有限的；另一方面要取决于各个职能资本家资本周转速度的限制，资本周转速度越快，相应能够提供的借贷资本就越多。然而，这些次要部门或非主导部门的生产方式往往较为落后，相应地，资本周转速度也较慢，能够提供的借贷资本就更为有限。其次，商业信用更致命的缺陷是受商品流转方向的限制。因为商业信用的标的物是商品资本，它以商品使用价值形态来串接职能资本家之间的债权债务关系，而使用价值的对象性强化了商业信用授信与受信的流转方向，因而作为商业信用工具的商业票据仅仅是私人票据，其应用范围比较狭隘。

在资本主义萌芽时期的新兴部门，或在资本主义成熟时期的次要部门或非主导部门，商业信用却是促使这些部门扩张的主要私人信用形式。商业信用进一步扩张了市场的自发力量，一方面加快了资本周转速度，另一方面也带来了投机。基于批发商业的囤积居奇手段造成了市场的虚假繁荣，为投机而进行的生产远远超出消费所需，两者之间的鸿沟不断加深。然而，这些次要部门或非主导部门所建立的基础是非常脆弱的，生产的迂回链条少、纵深腹地小，很容易形成淤滞堵塞。由于商业信用将这些次要部门或非主导部门的再生产扩张到极限，一旦遇到天灾人祸，如农业歉收、自然灾害、战争、原材料短缺或市场过度投机等偶然性因素，就会影响那些次要部门或非主导部门的生产经营，建立在商业信用基础上的次要部门的再生产就会遭遇到循环障碍，危机必然会以生产过剩的形式出现。

当然，这种危机不同于周期性生产危机，它是一种碎片化（或不完整）的经济危机。这种危机并不要求固定资本的大规模更新，也没有明显的阶段演进，往往爆发在某次周期性危机的萧条阶段或复苏阶段。因此，在资本主义发展的全部历史进程中，除了作为资本主义矛盾典型形态的周期性生产危机以外，还有很多不完整、碎片化（或发育不充分）的经济危机。这类危机往往是周期性生产危机（普遍性生产危机、总危机）的先兆或余波。马克思、恩格斯等经典作家都曾论及这类发育不充分的经济危机，正如马克思所言，其是"在过度生产与过度投机还未用尽所有力量疯狂地跑过工业循环的最后阶段并重新回到自己的出发点，即回到普遍的商业危机去以前，在工业循环中经常和它们相伴而生的一种暂时停顿"[①]；由于"资产阶级生产的一切矛盾，在普遍

---

① 马克思，恩格斯.马克思恩格斯全集（第八卷）[M].北京：人民出版社，1961：203.

的世界市场危机中集中地暴露出来，而在局部的（按内容和范围来说是局部的）危机中只是分散地、孤立地、片面地暴露出来"[①]。这些论述涉及了此类危机的实质。

然而，由于这类危机只具有局部影响，如涉及的部门少且不甚重要，影响地域范围也小，危机的发展也不是那么充分的，因此，这类危机就其作为周期性生产危机或总危机的派生性质而言，只具有次要性质。基于此类危机材料的稀缺，马克思、恩格斯等经典作家笼统地称之为局部危机、中间性危机或特种危机，没有详细区分危机肇因到底是实体性因素还是货币性因素，因而他们对此类危机的内涵没有作进一步规定。现在这类危机的材料更加丰富，我们可以而且能够对其进行梳理。按照危机肇因差异，我们将实体性因素所致局部危机定性为中间性生产危机，而将货币性因素所致局部危机定性为独立的货币危机[②]。

在资本主义发展历史上，作为纯粹生产体系的市民社会只是占据很短的一段时期。我们不能把整个资本主义历史看作是一个机器大生产基础上的资本雇佣劳动的纯净生产方式。事实上，资本主义的大部分历史阶段，除了机器大生产方式以外，还有其他一些前资本主义生产方式，在资本主义早期封建生产方式残余势力依然较大，而在工业资本主义后期垄断因素比重又不断增加。正因如此，资本主义除了典型的周期性经济危机以外，它还有很多局部性质的经济危机。

在这里，我们首先探讨实体性因素导致的中间性生产危机的历史发展。这类危机主要发生在 19 世纪 40 年代以前以及 70 年代以后这两个阶段，历史阶段的差异导致它们的形成机理也存在着重大差异，下面分别对它们进行探讨。

19 世纪 40 年代以前，尤其是工业革命开始至机器大工业完全确立这段时期，资本主义作为新生产方式，需要尽快提高生产力，战胜前资本主义生产方式残余以巩固自身。要想在激烈市场竞争中击败对手和加快资本积累，尽可能高效地追求剩余价值是不二法门。作为资本主义萌芽时期的工业革命，纺织机的革新引领了工业革命，纺织行业成为当时社会的新兴部门。但在那时，机器生产相对于工场手工业生产并不具有绝对优势，工业在整个经济中地位也并不显著，前资本主义生产方式依然占有重要地位。如前所述，纺织业作为典型的轻工业，并不需要大规模的固定资本，因而缺乏工业周期波动的物质基础。纺

---

① 马克思，恩格斯 . 马克思恩格斯全集（第二十六卷）（第二册）[M]. 北京：人民出版社，1973：610.

② 陈文通 . 马克思的危机理论没有过时 [J]. 中国特色社会主义研究，2009（3）：21–30.

织业与国民经济各部门之间的关联也不甚密切，这类工业对国民经济的引领或拉动的作用并不大，因而属于比较孤立的一个生产领域。纺织业的生产传导链条很短，生产纵深拓展的回旋余地小，世界各国经济之间的联系更不密切。作为私人信用基础的商业信用一扩张，生产就容易产生满溢状态。在剩余价值和商业投机的驱动下，资本主义生产很容易出现局部过剩，爆发单机生产基础上的中间性生产危机。

随着资本主义生产方式的稳固发展，资本主义生产链条日益延伸，社会生产组织结构异常复杂。由于资本主义内在逻辑所导致的资本主义生产不平衡以及产业固有的行业技术特质的自然差异，有的部门发展速度快，有的部门发展速度相对慢一些，它们逐渐型构为二元经济结构：以机器化大生产为特征的现代化产业部门和以劳动力密集型为特征的传统产业部门并存。按照资本主义生产资料生产优先增长规律，固定资本占比越大的部门发展速度越快，这就加速了机器大工业基础地位的确立，最终形成了资本主义性质的世界经济。资本主义基本矛盾也以更加深刻、更加剧烈的形式爆发，世界性的周期性生产危机就是这种矛盾的主导形态，现代化生产部门的大规模固定资本更新成为周期性生产危机的物质基础。

19 世纪 70 年代以后，资本主义世界市场竞争不断加剧，随之而来的是资本集中程度不断提高，一些诸如托拉斯、康采恩等垄断组织应运而生，迅速崛起的垄断组织深度地介入了国家政治生活。对利润的狂热追逐引起了帝国主义列强重新瓜分世界市场的战争狂潮，资本主义列强之间霸权战争使得统一的世界开始被分割，工业资本主义垄断阶段逼近。相对于现代化生产部门而言，传统生产部门处于次要的、从属的地位。这种生产方式相对陈旧落后，但作为社会经济有机整体的基础部分（如粮食、采矿等初级产品）又是社会所必需的。因此，资本主义列强倾向于出口工业制成品而限制初级产品的出口，相应地引发了国家保护主义势力抬头，这种保护特别体现于对竞争力较弱的传统产业部门。于是，列强开始采取限制初级产品的管制政策，以及对它们实施财政支持政策等。由于传统产业部门内在的相对封闭性特征，银行信用在这里应用范围不广。国家政策的扶持使传统产业部门产品可以制定相对较高的垄断价格，因而基于剩余价值最大化的本能，这些部门的产业资本家也必须相互融通资本。通过有业务联系的传统产业部门资本家之间进行赊销业务，商业信用加快了他们的资本周转速度。这种广泛的商业信用节省了流通货币，加速了资本周转，也使传统生产部门极大地扩张。然而，相对封闭的传统生产部门很有可能会因为一些偶发因素，如自然灾害、粮食歉收及原材料短缺等，导致作为轻工业的原料投入不足，从而引发这类传统生产基础上的中间性生产危机[1]。当然，这类部门在国民经济中不占据主导地位，并且与其他部门关联性也不是特别强，因此，这类中间性生产危机影响极其有限。在这里还有必要说明的是，商业信用也不是完全脱离银行信用而活动的，如赊销业务中会产生债务关系的契约证明——商业票据，银行必须为这些商业票据进行贴现，这是在这种历史情境中银行信用仅有的形式。

3.2 资本主义银行信用——自为性[2]生产危机

3.2.1 工业资本基础上的银行信用——普遍生产过剩危机

作为工业资本主义的基础，产业资本周转在剩余价值规律作用下趋于加快。很明显，一个完整的产业资本循环包括购买、生产、销售三个阶段，只有生产阶段生产剩余价值，其余两个阶段均属流通阶段。如何尽可能地缩短产业资本的流通时间，并且节省这个阶段占用的产业资本？这是新兴产业资本必须直面的问题。众所周知，作为资本积累的杠杆，信用会极大地扩张生产。因此，解决这个问题的关键，取决于内在于资本主义生产方式的信用体系。作为一种社会化大生产，资本主义生产方式内在地产生出与其相适应的信用体系。甚至作为资本主义生产方式核心的雇佣劳动制度，其外在形式上也表现为一种信用方式[3]。

区别于前资本主义等级社会，资本主义的一个显著特征就是信用经济，其再生产过程就是依靠信用制度完整串联起来。作为资本主义信用经济基础，商业信用是"从事再生产的资本家互相提供的信用"[4]。

如前所述，商业信用的产生源于两种关系：其一，产业资本家内部关系。由于不同产业资本存在技术结构差异，那些产出、投入构成供需关系的产业资本之间，有些产业资本周转速度相对快一些，而另一些部门资本循环周转速度相对慢一些。由于后者的商品资本转化为货币资本速度较慢，或者说，后者的商品资本还没有卖掉，没有足够的现款来购买前者的商品资本，为此，前者就

① 刘颂尧.略论中间性危机问题［J］.世界经济，1980（10）：31-38.

② 黑格尔提出的哲学术语，"自为"即展开、显露之意。

③ 指每一个生产过程结束时，工人生产的商品尚未转化为货币，资本家就预付工资给工人购买生活资料。

④ 马克思.资本论（第三卷）［M］.北京：人民出版社，2004：542.

有必要借助商业信用先将自己的商品资本赊销给后者，以作为生产资本之用。其二，产业资本家与商业资本家之间的关系。资本主义生产的本质特征是扩大再生产，它必然要面向世界市场。生产与市场的日益分离使更大数量的产品作为商品进入流通领域，商业资本家自有资本不足以支撑这么大数量的商品资本，因而产业资本家也必须借助于商业信用，先将这些商品资本赊销给商业资本家，由此商业票据应运而生。

商业票据毕竟只是一种私人票据，仅仅用于媒介商品资本周转的商业流通领域，只在有限程度上替代了货币的职能，因而属于商业货币。然而，商业票据要想成为真正的票据①，必须去银行贴现，此时，银行已经成为货币资本借贷双方的中介人。银行用自己的票据（银行票据或银行券）代替他们贴现的那些商业票据，因为银行的票据背后是银行信用，代表更一般的信用。由此可知，这些银行票据（银行券）属于信用货币，适应于一般的流通领域，从这个意义上说，"商业票据的流通又是银行券据以产生和流通的基础"②。

在自由资本主义时期，货币制度以贵金属本位为基础，而商业票据又是银行券发行的基础，因此，贵金属或贴现的商业票据都是银行券发行的真正保证。由此可见，在职能资本家私人利益基础上产生的商业信用和银行信用，本质上属于资本主义法权平等的私人信用，它们共同构成了统一的"私人信用制度"③。

如前所述，资本主义私人信用制度内生于资本主义生产方式。事实上，资本主义经济中的一切问题都根源于资本主义生产方式内蕴的基本矛盾。自然地，经济危机也根源于资本主义的基本矛盾。然而，资本主义私人信用制度在扩张资本主义生产的同时，又加剧了机器化大生产基础上的资本主义对抗性矛盾。由此可见，固定资本大规模更新奠定了经济危机周期性的物质基础，但是，私人信用制度才使这种周期性变为现实。周期性经济危机是通过资本主义工业周期的剧烈波动来体现的，因此，探讨私人信用制度在资本主义工业周期的不同阶段中所起的作用，以及分析周期性危机各个阶段的特征就十分必要了。作为一个完整的工业周期，经济危机是作为结果、作为工业周期的完成而出现的，因此，分析就从紧接危机之后的那个阶段开始，它标志着新的经济周期的开始。

---

① 任何情况下都能当作流通手段和支付手段。

② 卢森贝.《资本论》注释Ⅲ［M］.北京：生活·读书·新知三联书店，1963：264.

③ 在此将银行信用归为私人信用，是基于在自由竞争资本主义阶段，银行主体仍然是私人企业，尽管个别银行拥有发行银行券的权利，但这种银行并不承担财政功能，因此，在这个阶段，现代意义上的中央银行还没有出现。

　　一是萧条阶段。危机过后，市场信心被重挫，商品滞销致使库存商品积压严重，商品价格跌无可跌，生产开工严重不足，作为固定资本的诸多机器设备停工、闲置、老化，商业信用极大萎缩。大量先前用在生产阶段和销售阶段的货币资本回流银行，借贷货币资本供应相对充足，而对借贷货币资本需求却绝对下降。正是由于作为基础的商业信用不足，银行信用自然无法扩张，以致整个私人信用萎靡不振，市场利率下降到最低点，这是萧条阶段的特点。由于现实需求的不足，作为固定资本的更为先进高效的机器设备急剧贬值以致价格极低。因此，这个阶段唯一能动的因素就是，那些规模大的企业未雨绸缪，为在将来市场竞争中占得先机，大规模更新固定资本。正是固定资本的大规模更新引发了对这类机器设备的需求，使它的库存下降，推动了机器设备的生产，从而也就推动了萧条阶段转入复苏阶段。

　　二是复苏阶段。固定资本更新成为掀起经济波动的引擎，一方面是由于更新后的固定资本提高了生产资料生产部门的生产潜能，另一方面是由于生产资料生产部门的发展引起对生活资料的需求。并且，经过漫长的萧条阶段，库存商品消耗殆尽，在新技术基础上装备起来的生活资料生产部门较之以前具有更大的潜在产能。为应对上升的社会消费需求，全体企业逐步扩大生产规模，作为有机整体的社会生产逐步升温。为加快资本周转，商业信用迅速介入生产活动。工商企业依靠自有资本实现生产扩张，工商业资本之间的赊销活动日益频繁。市场信心逐步恢复，使得此时资本循环较为顺畅，借贷资本的供给则由于生产扩张而增加。除了商业信用扩张所引起的银行贴现增加以外，这个阶段对银行信用的需求并不强烈，表现为利率水平处于缓慢上升过程中。因此，这个阶段的资本主义生产规模扩张主要是由商业信用推动的。

　　三是繁荣阶段。复苏阶段的生产扩张带来了可靠、稳定的剩余价值流，资本家的财富不断膨胀，最终激发了工商业资本的狂热，一个新的繁荣阶段来临。在商业信用的推动下，工商业资本极力扩张，但仍然赶不上社会需求的提高。商品价格快速上涨，大批发商业的跨期交易套利活动日益增多，这种以囤积居奇来牟取暴利的做法带来了市场的虚假繁荣。商品热销的局面使先前基于自有资本的商业信用根本不敷所用。鉴于商业信用存在着流转方向和自身规模等局限性，工商企业不得不通过银行信用来借贷别人的资本，即社会资本，于是市场利率的上涨越过了平均水平。由此，银行信用成为整个私人信用体系的上层建筑，它以货币资本为标的物，作为信用货币的银行信用凭证（银行券）一举突破了商业信用的上述障碍，产业资本周转时间中的流通时间极大下降，从而极大地促进了工商业的扩张，造成一种产销两旺的局面。

　　四是危机阶段。繁荣阶段极度膨胀的私人信用加剧了商业投机，市场利率继续攀升，虚假繁荣推动了生产的疯狂增长，生产远远超过了有支付能力的需求，生产严重过剩。上升的利率增加了批发商还贷的压力，而受制于资本主义积累规律的有效需求相对下降，双重压力使某些杠杆过度的批发商破产清算，这就引爆了周期性的经济危机。批发商根本不能偿还自己债权人以及银行的债务，因为整个生产体系都是通过信用体系连接起来的，支付危机引起商品价格的雪崩，多米诺骨牌效应显现。每个产业资本家都担心自己交易对手的偿债能力，都试图收缩商业信用，商业信用崩溃，商品滞销和生产停工，大量企业破产。商业信用又拖累了银行信用，银行流动性出现困难，银行信用也崩溃了，大量资不抵债的中小银行破产了。资产价格一落千丈，整个市场现金为王，工商业资本都试图将生产资本和商业资本转换成货币形式。然而，市场信心的逆转使其成为不可能，于是利息达到极高水平[①]。

资本主义基本矛盾剧烈冲突，使前述的周期性生产危机完整地经历了萧条、复苏、繁荣和危机四个阶段，资本主义存在的问题得以充分暴露，因而它们属于发育完全的经济危机，马克思、恩格斯等经典作家也将其称为总危机。周期性生产危机爆发的历史条件是建立在机器大工业的物质技术基础上，此时工业革命基本完成，机器大工业已完全建立，工业生产在国民经济中占据统治地位，世界经济体系基本形成，资本主义竞争能够在比较充分的基础上进行，产业资本在社会生活中占据主导地位，这个时期也被黑格尔称为典型的市民社会。因此，周期性生产危机是一个资本主义工业革命完成以后才出现的历史范畴，因而也可将其称为资本主义成熟期的周期性生产危机。

3.2.2 金融资本基础上的银行信用——独立的货币危机

按照资本积累的内在逻辑，借助竞争和信用，自由竞争的资本主义必定走向集中，这种集中首先是工业资本在生产领域的集中。通过兼并、收购、成立股份公司等方式，工业寡头垄断资本开始出现。与这个过程相伴始终的，便是银行资本的集中。银行也遵循与工业资本集中相同的路径，因为大工业资本集中相应需要大银行提供信用，银行也需要兼并重组且不断壮大，这些高度集中起来的银行资本便是银行寡头垄断资本。事实上，只有银行寡头才能担负起为大工业资本提供信用的重任，这也标志着资本主义进入私人垄断资本主义阶段。

银行信用是在商业信用的基础上产生的，银行信用一开始就表现了高度发达的资本主义关系。然而，银行信用毕竟不同于商业信用，它的对象是货币资

① 卢森贝.《资本论》注释Ⅲ［M］.北京：生活·读书·新知三联书店，1963：310-311.

本，而商业信用是以商品资本作为对象，因而两者之间还是存在着巨大的差异。以货币为借贷对象的活动不一定能产生银行信用，而银行信用却是在货币借贷运动的基础上历史地发展起来的。高利贷是最早的货币借贷活动，然而，它形成的却是古老的寄生性的高利贷信用。银行制度是历史的产物，银行信用则是现代银行制度的产物。随着世界市场的形成，资本主义生产方式逐渐得以确立，先前的高利贷信用越来越不适应资本主义生产方式的需要了。产业资本家通过设立信用组合、储蓄银行或存款银行等手段①，不断打击和削弱高利贷的势力，资本主义生产方式日益巩固，最终迫使高利贷资本服务于产业资本的需要，高利贷资本转型为资本主义的借贷资本。

然而，在这种以货币资本家为一方、以职能资本家为另一方的纯粹生产体系中，依然不能产生银行信用。社会中还必须形成一个超脱于货币资本家和职能资本家以外的银行资本家，他成为货币资本家和职能资本家的中介人，银行信用方能得以产生。早期银行是以存款银行或储蓄银行的面貌出现的，然而，这类银行还不是真正的银行，因为它还不能从事现代商业银行的资产负债业务，它的作用类似于托管机构，仅仅为寄存在其中的客户金块或金币出具收据。因此，这些银行收据是以十足的黄金等贵金属块或黄金铸币为保证的，它不能在市面上流通。随着商品经济的发展，商业票据大量流通，然而，受单个资本家实力和商品流转方向的限制，商业票据所体现的商业信用局限性日益凸显。

存款银行开始用自己的银行票据贴现商业票据，贴现的银行票据流通标志着存款银行转型为商业银行。由于银行信用的社会化程度更高、应用范围更广，并且银行票据有黄金和真实商业票据双重保证，银行票据得以大量流通。然而，早期的银行票据需要记名和背书方可流通，它的流通范围还是有限。随着银行之间竞争的加剧，有些实力强大的银行发行的银行票据接受程度越来越高、受众面越来越广，其他的银行也开始经营这些大银行发行的银行票据，于是这些大银行票据格式日益规范和固定，无须记名就可流通，这是一个巨大的进步。无记名的银行票据就是银行券，它的发行有黄金和真实商业票据的双重保证，社会接受程度更高，实质就是一种信用货币，而那些能够发行银行券的大商业银行也就成为发行银行。由于发行银行能够获取巨额的铸币税，这进一步加剧了银行的竞争，使得银行集中程度越来越高。竞争的最终结果就是发行银行越来越集中，最后集中到一家发行银行手中，此时的发行银行就是中央银行②。

---

① 马克思.资本论（第三卷）［M］.北京：人民出版社，2004：681-683.

② 林与权，陶湘，李春.资本主义国家的货币流通与信用［M］.北京：中国人民大学出版社，1980：190-196.

随着中央银行的出现，一个由中央银行和众多商业银行组成的现代银行体系才得以架构完成，真正的现代银行制度出现。很显然，中央银行发行的银行券背后有国家权力作保证，体现了国家的意志。由于当时的货币制度还是金本位制，银行券的发行虽然不再需要百分之百的黄金等贵金属作发行担保品，但也不能发行无担保品的空头票据。中央银行发行的银行券还是具有黄金和商业票据双重保证，银行券随时可以兑换黄金，其本质上依然是一种信用货币。尽管银行信用属于一般信用范围，但由于国家公权力涉入有限，因此，单纯的银行信用依然属于私人信用范围。

在成熟的资本主义生产方式下，货币具有额外的使用价值，即其将来无论用于生产性用途还是商业性用途，都具有带来平均利润的使用价值，因此，货币都是潜在的资本。然而，要实现货币的额外使用价值，即将潜在的资本变为现实的资本，有赖于银行制度。银行制度能够最大限度地将货币转化为资本，特别是对于资本积累而言数量尚不足够的货币额，正是通过银行制度才使它们变成了借贷货币资本。

现代银行制度赋予银行信用以神奇的力量，它能够极大地扩张借贷资本的来源：首先，产业资本在循环过程中需要在货币资本、生产资本和商品资本等不同形态上进行合理配置，即它们必须在空间上并存。由于产业资本周转期限长短不一，产业资本就会在其循环周转过程中形成暂时闲置的货币资本，借助银行信用，这些闲置货币资本能够转变为借贷货币资本。其次，现代经济生活中的商业支付制度造成货币收支不同步，如收入的一次性和支出的经常性。包括雇佣工人的工资收入、小商品生产者的个人收入以及资本家的消费基金等在内的社会各阶层都会有小额储蓄，这些单个金额较小且极为分散的小额储蓄，由于人数众多，通过银行信用能够形成一个数额较大的货币资金以供借贷资本之用。

更为重要的是，在资本主义生产方式下，不但借贷资本运动能创造信用，银行信用也能孕育"资本"。因为作为商业货币的商业票据应用范围还是有限，如果想商业票据更广泛地被应用，就必须去银行进行贴现以换取银行票据（或银行券）；而作为信用货币的银行票据（或银行券）应用范围更广，银行票据（或银行券）这种特殊作用使人们甘愿为它付出利息，它们仿佛成了生息资本。为获取更多利息收入，银行就有激励发行更多没有十足保证的银行票据（或银行券），这就开启了债务作为资本的先河。事实上，它们并非真正的现实资本，而是一种虚拟资本[①]。

---

① 此处虚拟资本的生成基础是私人债务，因此，我们将它称为第Ⅰ类虚拟资本或银行类虚拟资本。

银行信用不但增大了现实的借贷资本，而且也增大了虚拟资本。银行信用在资本主义经济发展中作用巨大。首先，银行信用的广泛应用，使资本的流动不再像以前那样受固定资本躯壳的羁绊。借贷资本货币化意味着借贷对象的抽象化，这就使得借贷资本可以轻装上阵、迅速转移，且总是趋向利润率高的部门，在这个逐利过程中利润率平均化了。其次，银行信用的广泛应用，使银行票据在流通中大量使用，提高了资本的生产效率①。再次，银行信用的广泛应用，既加快了买的过程，又加快了卖的过程。由于银行信用的介入，资本循环过程中无论是 G—W′ 阶段还是 W—G′ 阶段，即生产资料的购买和商品的销售等活动，都不再受制于缺乏贵金属货币的限制，这极大地缩短了流通时间，加快了资本的循环周转。最后，银行信用的广泛应用，极大地促进了股份公司的发展。因为资本主义生产的不断积聚，生产力得到了巨大发展，它与资本的个人形式不相容，生产力的发展强烈要求资本变革，股份资本就是适应这种需求产生的，其实质就是以资本职能社会化的方式取代了职能资本家。股份公司是在银行信用的基础上发展起来的新生事物，银行也利用其广泛的社会联系，越来越多地介入股票承销活动中。股份公司借助银行信用募集巨额的社会资本，推动了铁路、重工业等事业发展，从而在一定程度上促进了资本主义生产的发展。

银行信用随着自由竞争资本主义的发展而日益发展，不断下降的平均利润率使资本主义生产领域出现资本绝对过剩，大量资本以闲置货币资本的形态从生产流通等领域逃逸出来，变身为借贷的货币资本。

在资本主义经济发展中，银行信用的作用犹如硬币的两面：一方面它促进资本主义生产扩张；另一方面它的积极作用是有限的。超过必要的限度，银行信用就会引起货币危机形式的资本主义经济危机，因为信用是投机活动的经济基础，它会极大地刺激投机活动，也会进一步加深资本主义的基本矛盾。

首先，作为商业信用的衍生信用而言，银行信用的扩张会引起作为周期性生产危机特定阶段的货币危机。因为信用使得买和卖的行为时空分离，当周期性危机发展到繁荣或高涨阶段，远期贸易和远地贸易得以盛行。商人为牟取暴利经常借助信用大肆购买商品以囤积居奇，这就造成一种人为的需求，它促使产业资本家也通过彼此授信的方式，不断扩大生产规模。信用快速扩张，生产社会化程度不断提高，资本主义再生产过程由于流通过程的缩短而不断加速，

---

① 其一，节省了流通中所必需的大量贵金属货币，贵金属货币只用于结算债务差额。其二，大量的贵金属货币作为准备金储存在银行里，极大地减少了贵金属货币的磨损。其三，产业资本循环中货币资本比例极大地下降，最大限度地转化为生产资本和商品资本。

资本主义生产与消费的鸿沟越拉越大。当银行信用不能继续压缩流通过程时，支付手段问题就开始出现，现金为王，商品价格体系坍塌，周期性货币危机爆发。一方面，这种周期性货币危机以毁灭性的方式发展了生产力：资本家借助银行信用扩张生产并不是为了满足正常的资本主义生产或生活的需要，纯粹是为了达到资本主义快速赚钱的目的。另一方面，银行信用极大地助长了投机活动，"银行和信用同时又成了使资本主义生产超出它本身界限的最有力的手段，也是引起危机和欺诈行为的一种最有效的工具"①。

其次，作为整个私人信用体系的上层建筑而言，银行信用具有很大的能动性，银行信用的膨胀会引爆一种危机，马克思称之为独立的货币危机。事实上，从资本家的眼光来看，资本主义"生产过程只是为了赚钱而不可缺少的中间环节，只是为了赚钱而必须干的倒霉事。因此，一切资本主义生产方式的国家，都周期地患一种狂想病，企图不用生产过程作中介而赚到钱"②。作为信用上层建筑的银行信用提供了这种可能性，它被广泛地用来进行买空卖空的投机勾当，帮助资本实现快速赚钱的梦想。货币资本作为银行信用的借贷对象或载体，它的运动是最独立、最抽象的，最符合资本主义的快速致富的目的，以至于资本家为了套现，颠倒了商品与汇票的手段与目的，"人们已经不再是因为购买了商品而签发汇票，而是为了能够签发可以贴现、可以换成现钱的汇票而购买商品"③。

这些虚假的商品交易作为银行票据（或银行券）的发行保证，意味着银行票据（或银行券）的发行基础不断被虚化，资本价值运动由此脱媒。"一旦劳动的社会性质表现为商品的货币存在，从而表现为一个处于现实生产之外的东西，独立的货币危机或作为现实危机尖锐化的货币危机，就是不可避免的。"④投机赌博等因素在这类危机中占据了极其重要的地位，因而马克思把这种货币危机称为特种危机，并将其与前述的作为经济危机特定阶段的货币危机区别开来。独立货币危机只是以抽象的、独立的价值运动为其表现形式，活跃在银行、期货交易所或金融机构等场所。马克思准确把握了上述两者的差异："本文所谈的货币危机是任何普遍的生产危机和商业危机的一个特殊阶段，应同那种也称为货币危机的特种危机区分开来。后一种货币危机可以单独产生，只是对工业和商业发生反作用。这种危机的运动中心是货币资本，因此它的直接范

---

① 马克思.资本论（第三卷）[M].北京：人民出版社，2004：686.

② 马克思.资本论（第二卷）[M].北京：人民出版社，2004：67.

③ 马克思.资本论（第三卷）[M].北京：人民出版社，2004：461.

④ 马克思.资本论（第三卷）[M].北京：人民出版社，2004：585.

围是银行、交易所和金融。"① 后来这种独立的货币危机日益频繁，也引起了恩格斯的高度关注，1890 年，恩格斯在致康拉德·施米特的信中明确指出："金融市场也会有自己的危机，工业中的直接的紊乱对这种危机只起从属的作用，甚至根本不起作用。"②

---

① 马克思.资本论（第一卷）[M].北京：人民出版社，2004：162.

② 马克思，恩格斯.马克思恩格斯选集（第四卷）[M].北京：人民出版社，1995：699.

第4章

资本主义公共信用：金融危机

随着生产过剩危机的破坏性越来越大，私人信用已不足以推动资本的积累。直接形式的生产资料私人占有已越来越不适应生产社会化（特别是全球化）的发展。为适应生产社会化范围的扩大，生产资料私人占有的表现形式必须与时俱进，作为资产阶级总代理人的政府应时而出，垄断资本主义时代来临，这也进一步丰富了信用的内涵。一种新的信用形式——资本主义公共信用诞生了，它的基质是生产资料一定程度上集中在资本主义国家手中，相应地，公共信用的运动最终也改变了资本主义危机的形态。

4.1 资本主义财政信用——货币体系危机

4.1.1 消耗性财政信用——信用货币危机

不断频发并日益加剧的生产危机表明私人垄断资本主义的发展遭遇到历史瓶颈，因为建立在第二次工业革命物质技术基础上的私人垄断资本广泛采用更加先进的技术和设备，社会生产力得以大幅度提高。在资本主义私人信用的刺激下，资本周转速度加快，社会生产远远超出有支付能力的需求，资本主义生产相对过剩成为常态。产品的实现问题没有办法解决，这表明在资本主义私人信用制度的基础上，即使是私人垄断资本形式，也难以解决资本主义生产过剩问题。显而易见，资本主义生产方式决定了私人信用制度的局限性，私人信用难以进一步推动社会生产力发展。

　　独立的货币危机作为生产危机的对立表现形式，表明私人垄断资本在实体经济领域遭遇增值困境，这意味着古典经济学理论破产，其所鼓吹的自由市场理论、无形之手能够最高效率地配置资源等，都已经不能解释私人垄断资本之间残酷竞争的现实。例如，为争夺商品销售市场，私人垄断资本之间相互倾轧，进入彼此的私人垄断领域而恶性竞争，这种惨烈的无序竞争使资本主义经济波动过大，极大地造成资源的浪费和过高的社会运行成本，这种不平稳的经济形态破坏了社会生产力的发展。

　　独立的货币危机作为一种过渡的危机形态，也预示着资本主义社会形态的可能变革方向。基于最大限度地攫取剩余价值的目的，私人垄断资本总是陷入一种怪圈，即妄图摆脱实际生产经营的束缚，直接将货币资本从产业资本中抽离出来，单纯用作借贷资本，通过借贷资本循环形式在金融领域内实现增值①。然而，若没有产业资本职能形态变化，在以坚硬的金形体为内核的私人信用的范围内，这种以独立价值形式呈现的借贷资本是无法在金融领域实现价值持续增值的。历史发展到私人垄断资本主义这个阶段，资本主义矛盾也累积到了一个新的冲突点，私人信用已经没有办法解决私人垄断资本进一步积累的问题。

　　势所必然，资本主义国家作为"公共利益"的总代表必须出场，政府作为财政主体发行公债的能力势必扩张，这就要求坚决打破为坚硬的金形体所制约的私人信用制度。于是，资本主义信用制度也就由私人信用转化为公共信用，资本主义私人信用是整个信用制度的基础，而资本主义公共信用则是整个信用制度的上层建筑。资本主义信用制度演变为公共信用引导私人信用，资本主义国家也借此来协调私人垄断资本之间的利益关系，由此，私人垄断资本主义阶段就过渡到了国家垄断资本主义阶段。资本主义公共信用的出场在一定程度上解决了在私人信用范围内私人垄断资本之间的矛盾，特别是私人信用失效的公共投资领域。例如，那些投资周期长、收益低、风险大，然而又是全体资本积累所必需的基础设施建设等，私人垄断资本既不愿意对其进行投资，也不愿意对其进行授信活动，这些领域使资本主义公共信用制度有了用武之地。

　　马克思指出："公共信用制度，即国债制度，在中世纪的热那亚和威尼斯就已产生，到工场手工业时期流行于整个欧洲殖民制度以及它的海外贸易和商业战争是公共信用制度的温室。"② 而公共信用的早期形式——财政信用是商品经济发展到特定阶段的产物，这个历史范畴的内涵与国家政权的性质密切相关。一般地说，财政信用，又称国家信用或政府信用，是政府为弥补财政赤

---

　　①　马克思.资本论（第二卷）[M].北京：人民出版社，2004：67-68.

　　②　马克思，恩格斯.马克思恩格斯文集（第五卷）[M].北京：人民出版社，2009：864.

字，以其统治权为担保向社会举债的经济行为，其信用对象是政府发行的公债、国债等，公债则是政府信用或财政信用的主要形式。财政信用特征是政府按照有借有还的商业信用原则，以债务人身份来取得收入，或以债权人身份来安排支出。

如前所述，财政信用历史悠久，它最早产生于封建社会末期。随着统一的封建集权国家的形成，商品经济关系发展到相当程度，国家政权在社会生活中的重要性得以扩张。相应地，封建国家的社会矛盾也不断加剧，对内镇压和对外战争等非常规支出远远超出了以税赋为主体的财政收入；再加上王室穷奢极欲的消费开支，国家财政就会处于入不敷出的财政赤字窘境。这种财政亏空以及突发的财政支出，很难通过预先确定的税赋来加以解决，而且增加税赋也会引起社会的强烈抵制。因此，国家不得不向全社会发行公债以筹资，最早的财政信用由此诞生。封建社会中发行的公债主要是满足上层统治阶级过度奢靡的消费需要，这类公债发行目的局限在使用价值运动范围内，因此我们将基于这类公债的财政信用称为消费性财政信用。总的说来，在封建社会里，宗法等级关系极大地限制了财政信用的应用，财政信用居于非常次要的地位。随着封建社会的解体以及向资本主义社会的过渡，商品经济得到了极大的发展，特别是在资本原始积累过程中，以公债为主体的财政信用是荡涤封建生产关系以及助推资本原始积累的最强有力手段之一。

随着资本主义生产方式的确立，商品经济发展迅速，资本主义信用制度蓬勃发展。然而，在自由竞争资本主义阶段，公共信用范围被私人信用极度挤压，其中缘由很大程度上是由于政府角色定位的变化。自由竞争资本主义社会推崇"小政府，大市场"的思想，鼓吹市场万能、无形之手配置资源效率最高，政府只充当"守夜人"角色，奉行无为而治，仅仅为市场竞争维持秩序、进行国防建设等。古典经济学家认为公债的发行会扭曲经济结构和排挤生产，这种"排挤效应"使他们一般都反对发行公债。因此，在自由竞争资本主义时期，政府谨守量入为出的年度平衡预算的财政政策。如果遇到诸如自然灾害或突发战争等意外事件，财政出现入不敷出的局面，常规的税收手段难以解决，原因是税收更具刚性，税种以及税收范围都需通过立法程序预先确立，税法更改需要通过非常繁复的法律程序。

对于紧急的财政支出，政府只能通过发行公债的方式，弥补这个财政缺口。这种财政信用主要是适应平衡预算的财政政策，其目的或用途主要也是非生产性的，为此，这种对应于自由竞争资本主义时期、仅仅服务于国家最基本职能而实施的财政信用，就被称为资本主义适应性财政信用或消极性财政信用。无论是封建社会的消费性财政信用，还是自由竞争资本主义的消极性财政信用，尽管性质不一致，但都是弥补国家财政赤字的手段，因而，这些财政信用的形式都属于被动性财政信用。考虑到封建社会末期的财政信用实际上加速了封建社会向资本主义社会的过渡，资本主义社会的财政信用才是我们考察的逻辑起点。然而，自由资本主义时期的财政信用尚属自在性质，在此，我们将这个时期的财政信用称为资本主义财政信用个别。

财政信用作为早期公共信用形式，只是在 20 世纪初——私人垄断资本主义向更高形式的垄断资本主义过渡时期，开始作为驱动资本主义经济增长的杠杆，财政信用在资本主义生产方式的基础上才具有积极意义。第二次工业革命的科技成果广泛应用，社会生产力飞速地发展，生产相对过剩状况趋于严重。生产社会化和生产成果资本家私人占有之间的矛盾，在国内私人垄断资本层面无法解决，资本主义的市场问题就凸显出来。

私人垄断资本开始寻求同资产阶级国家政权相结合，作为私人垄断资本利益总代理人的国家顺势出场[1]。由于资本主义国家之间经济发展的不平衡规律，新兴资本主义工业国要求获得更多的市场份额。然而，在老牌帝国已经将世界市场瓜分完毕的背景下，这些新老帝国主义列强之间不可避免地爆发重新瓜分殖民地与世界市场的霸权战争。为了迎合战争的需要，私人垄断资本将诸多科技成果由先前的民用转向军事用途，诸如民用飞机改造成战斗机、拖拉机改造成坦克、商船改造成战舰等，大规模生产造成的高度发达社会生产力转向军工领域。为了扩军备战，资本主义列强着手干预经济活动，其国家政权出现强烈的顶层设计军事化倾向。20 世纪前半叶的两次世界大战，各参战国必须集中全国人力、物力支持战争，国家经济生活相应地开始实施军事管制，国家政权和私人垄断资本开始融合生长。

各国政府纷纷设立战时经济管制机构，控制军工相关部门的私人垄断资本的生产、分配、交换和消费等全部环节，调节它们借以表现的金融、贸易、物价和工资等。为此，政府在常规增加税收的基础上，更多地通过增发公债来扩张财政信用，又不断通过债务货币化的方式变相增发货币，即更多地依靠提高政府财政预算赤字的方式实现军事管制的目的。例如，政府给私人垄断资本提供财政贷款，以提供津贴的方式资助私人垄断资本，增加向私人垄断资本的军事采购，还将部分军工领域的私人垄断资本国有化，甚至新建与军备相关的钢铁厂、造船厂、铁路以及军工厂等，并交由私人垄断资本经营。

这些与国家政权融合生长的私人垄断资本的实质就是国家垄断资本的最初表现形式，与其相适应的国民经济军事化过程彻底改变了私人垄断资本主义的

---

① 列宁.帝国主义是资本主义的最高阶段［M］.北京：人民出版社，2014：78-81.

社会性质，赋予资本主义社会以新的历史内涵。列宁依据这些历史事实，断言资本主义社会在国家垄断方面已经"大大地前进了一步"①，实质是一种不同寻常的、带有军事性质的国家垄断资本主义，这种国家垄断资本主义条件下的国民经济军事化构成一种新的历史形态，列宁对此以"军事国家垄断资本主义"②称谓之。国家垄断资本主义最初采取军事国家垄断资本主义这种特殊的表现形态，表明军事国家垄断资本主义是介于私人垄断资本主义和国家垄断资本主义之间的一种过渡社会形态。在坚持资本主义基本制度的范围内，军事国家垄断资本主义对资本主义生产关系进行了积极的自我扬弃，使资本主义基本矛盾在一定程度上获得了缓解，同时又在更高层面上加剧了资本主义基本矛盾。

显而易见，军事国家垄断资本主义运转必须有一个强有力的政府，而政府的操控力量就在于其手中必须垄断相当的经济资源。一般而言，作为私人垄断资本总代理人的资本主义政府，服务于私人垄断资本获得更多剩余价值的目的，其本质上不会与私人垄断资本争利。军事国家垄断资本主义政府本身具有非生产性质，所以无法通过自身生产创造经济资源。然而，作为上层建筑的任何政府都可以凭借国家统治权向社会征税来获得财政收入，这是政府的一般权力。

资本主义政府不同于前资本主义等级社会政府之处在于，它还可以通过经常性发行政府公债来获得财政收入。较之于常遭社会抵制的税收形式的财政收入，公债形式的财政收入对社会具有很强的麻痹性，因而更受资本主义政府青睐。

有为才能有位。资本主义政府的地位重要性，关键在于资本主义政府必须有所作为。这就要求政府在社会经济生活中必须更多地进行政府购买，支撑政府购买的货币收入就来自它的财政赤字。资本主义政府为达到其扩军备战的战略目标，需要向军工领域的私人垄断资本进行大量的军事采购。常规税收的财政收入难以负担巨额的军备开支，政府大量发行公债来填补财政赤字缺口。资本主义财政信用得到扩张，这种财政信用因为服务于军备目的，故称之为军事财政信用。这些公债销售给谁呢？一般而言，作为政府机关的央行是不能直接购买政府公债的，而这种有固定收益的政府公债特别受金融机构，特别是商业银行的青睐。于是，政府向那些金融机构、商业银行销售这些公债，这个过程中财政信用得到了扩张。当然，这些金融机构也可以按有利可图的价格转售这些公债，将它们销售给全社会有暂时闲置货币资本的资本家。同样，由于公债

---

① 列宁.列宁全集（第二十八卷）[M].北京：人民出版社，1990：346.

② 列宁.国家与革命[M].北京：人民出版社，1964：27.

的流动变现能力强，政府一般都会持有相当部分的公债以备急需。

作为财政信用发起方的政府，就可把发行公债募集到的货币收入进行军事采购或直接建设军工企业等。为了保证军工私人垄断资本的利润，政府采购时都会给军工品制定一个垄断高价，军工品与一般工业品之间存在很显明的价格剪刀差。再加上政府军事订单非常稳定，军工产品销售前景特别被看好，这些军工企业便加大马力进行生产。为加快资本周转，那些有密切联系的军工企业之间通过赊购赊销让渡军工产品，由此形成的债权债务关系扩张了军工企业之间的商业信用，这种商业信用是整个信用制度的根基。

作为商业信用工具的商业票据还不是真正的信用货币，这些商业票据只有经过了银行贴现，即得到银行信用保证的商业票据才是真正的信用货币——因贴现而发行的银行券。因此，随着军工商业信用的扩张，商业银行信用也随之扩张。商业银行对商业票据贴现后，也可能出现银行准备金不足，商业银行又会将先前购买的政府公债再转卖给中央银行，或将已经贴现的军工商业票据拿到中央银行进行再贴现，中央银行就会放出基础货币，这就实现了财政赤字货币化的过程。在这些过程中，中央银行信用得到了进一步的扩张 [1]。

整个军事财政信用机制是以财政信用为先导，以商业信用为基础、以银行信用为中介来扩张全社会信用的过程。需要强调的是，军事财政信用实质是资产阶级政府企图用战争的方式摆脱生产过剩危机，它畸形地发展军事毁灭力量。尽管社会生产力发展了，但生产力发展是以毁灭人力、物力等破坏社会民生为代价的。因而，军事财政信用的非生产性指明它是一种消耗性财政信用，同时它又是资产阶级政府第一次为解决生产过剩危机的主动施为，是自为性质的财政信用，故也属于主导性财政性信用范畴。另外，由于军事财政信用的实施领域非常局限，故将这种财政信用称为资本主义财政信用特殊。

军事财政信用通过债务货币化有效地扩张了作为债务人的资产阶级政府权力，然而，经常性的、大规模的债务货币化却存在一个痼疾，即容易引发恶性通货膨胀。这种通货膨胀因其引发原因为军备扩张，故被其称为军事性通货膨胀 [2]。事实上，资产阶级政府基于军事目的发行政府公债，通过这种军事财政信用扩张政府权力，这种财政信用本质上是与贵金属货币基准——货币发行基础和准备的稳定性相冲突的。我们可以回顾资本主义货币金融史，自 16 世纪之初资本主义开始登上历史舞台，货币发行保证一直非常稳定，先后经历了银本

---

① 林与权，陶湘，李春.资本主义国家的货币流通与信用［M］.北京：中国人民大学出版社，1980：209-211.

② 张永东.通俗政治经济学［M］.成都：四川人民出版社，1982：254.

位制、金银复本位制、金本位制三种货币体系，它们均是以贵金属材料作为货币发行保证，也称为贵金属货币基准。这些贵金属货币具有自由铸造、自由兑换和自由输入输出三个特点，这就保证了自由资本主义需要币值稳定的内在要求，也限制了政府滥发公债而扩张财政信用的权力，因而这也是与作为"守夜人"的小政府角色相一致的。

狭义的金本位制——金币本位制始于 1816 年的英国，到 19 世纪 80 年代，主要资本主义国家都采用了金币本位制，因而金币本位制成为私人垄断资本主义时期的国际货币制度。金币本位制的货币发行保证由黄金和真实的商业票据承担，借此保证了币值的稳定，从而为当时的世界经济和贸易的扩张提供了一个稳定的金融环境。当历史发展到军事帝国主义阶段，贵金属货币基准发生了重大改变。特别是随着 1914 年第一次世界大战的揭幕，运行近百年的金币本位制被废弃。各主要资本主义国家需要财力支撑的军事管制权力，而金币本位制下银行券与金币共同流通，银行券随时可以兑换黄金，政府权力的扩张受到了坚硬的金形体的束缚，这就发生了军事国家垄断资本主义时期的第一次货币体系危机。这次危机中金币本位制被废除，作为货币基准的黄金不可自由兑换和自由流动。

然而，"一战"期间恶性的军事性通货膨胀极大地破坏了社会经济秩序，战争结束后，资产阶级政府既希望扩张政府权力，又希望获得金币本位制下经济秩序的稳定，毕竟恶性的通货膨胀是它们无法承受之重。在这种背景下，极少数资本主义国家金币本位制得以复活，而各主要资本主义国家采取了一种有利于私人垄断资本利益的、变形的金本位制——金块本位制。在金块本位制下，金币不再流通，以黄金和真实商业票据作为保证的银行券得以流通，但银行券只有达到规定的数额才可以向银行兑换黄金，故金块本位制又称生金本位制。由于有相当数量的黄金掌握在政府手中，因而政府可以发行一定数量的政府公债来扩张财政信用。然而，即使是这样，政府发债还是受到限制，难以满足资产阶级政府扩张其权力的欲望。金汇兑本位制 —— 一种更加变形的金本位制 —— 诞生了，这就意味着军事国家垄断资本主义时期的第二次货币体系危机 —— 金块本位制货币体系危机。

金汇兑本位制建立在前两种金本位制形式的基础上。金汇兑要求将本国的黄金存在实施金币本位制和金块本位制的国家银行中，国内不流通金币，银行券的发行以存放在外的黄金以及外汇为保证，国内不能兑换黄金，只能通过兑换外汇，再用外汇在国外兑换黄金，因而金汇兑本位制也被称为虚金本位制。在金汇兑本位制下，资产阶级政府就有更大的空间发行公债，扩张财政信用。由此可见，在广义金本位制（金币本位制—金块本位制—金汇兑本位制）序列中，黄金自由兑换难度不断加大，相应地，政府掌握的黄金储备也就越多，政府通过发行公债扩张财政信用的基础就越雄厚。即使政府财政信用不断扩张，对于欲壑难填的政府权力而言，金形体所赋予的硬性约束还是如鲠在喉，必予除之而后快。这样，在军事性通货膨胀、两次世界大战以及 1929～1933 年资本主义世界的经济大危机的冲击下，金汇兑本位制也被各主要资本主义国家抛弃。渴求更大权力的资产阶级政府纷纷以财政赤字货币化方式，发行不可兑换的信用货币——纸币。货币基准第一次由作为虚拟资本的公债承担，这就发生了军事国家垄断资本主义时期的第三次货币体系危机。

由此可见，随着军事国家垄断资本主义[①]的矛盾深入发展，军事财政信用畸形化趋势加剧，债务货币化导致货币发行保证不断虚化，先后经历了贵金属货币基准、真实商业票据货币基准以及政府公债货币基准等，这极大地削弱了货币基准所要求的价值稳定性功能，最终触发了一系列的货币体系危机。

4.1.2 生产性财政信用——流通货币危机

军事国家垄断资本主义时期，各国政府发展民族经济、推进资本积累的目的是服务于军备建设的需要，因而具有明显的军事性质，我们称这种资本积累方式为积累的军事渠道。

然而，这种积累存在很明显的弊端：首先，军事积累容易引起恶性的军事性通货膨胀，造成社会财富的再分配效应，社会财富向代表私人垄断资本利益的政府积聚。这种私人资本借助国家政权的经济掠夺，加剧了普通群众生活的窘境，而长期累积的民怨民愤易引起此起彼伏的群众运动，进而引起社会剧烈动荡，扰乱正常的社会经济秩序，最终也会干扰各参战国军事战略目标的实现。其次，军事积累会破坏社会再生产的正常条件。扩军备战使大量劳动力脱离生产一线，军人数量及其比例急剧飙升使在岗劳动者的负担不断加重。因劳动者要供养这么庞大的不事生产的军事人员，故劳动力的正常再生产会受到阻碍，正常的社会再生产条件也被严重破坏。再次，军事积累扩大了现代军事战争规模，放大了战争的破坏性、毁灭性以及战争后果的不可预测性。比如，两次世界大战造成了灾难性后果，这种玉石俱焚的战争后果让各参战国对此心生忌惮。最后，军事积累会带来产业结构的严重畸形化。在工业中优先发展重工业，一般工业严重滞后；而在重工业中优先发展军事工业，其他与军工联系不

---

① 郭吴新.军事国家垄断资本主义，还是"军事社会主义"——论列宁和第二国际修正主义者关于凯撒德国战时经济制度观点的原则分歧 [J].武汉大学学报（人文科学版），1964（3）：53-72.

密切的重工业发展滞后。这种畸形化的产业结构必然不可持续。

因此，长期的军事积累会阻碍社会生产力的快速发展，反过来也使自身难以持续，军事国家垄断资本主义的非生产导向一定会破坏社会生产，阻碍整个社会资本的积累。事实上，这些都可以从两次世界大战中主要资本主义参战国的民族经济所遭受重创的历史统计数据得到印证，这就凸显了军事国家垄断资本主义具有历史上的过渡性质。

"二战"后，各主要参战国经济千疮百孔、百废待兴，医治战争创伤、重建民族经济、加速其经济现代化已成为这些资本主义国家的当务之急。而先前的军事积累中，资本主义国家政权所发挥的核心领导作用，折射出政府全面介入经济生活的可能性和必要性。因而，"二战"后资本主义国家政府的作用非但没有被削弱，反而得到了进一步加强。为此，国家政权实现了同私人垄断资本在经济领域的全面结合，国家政权所内蕴的主导性通过强力稳固社会经济秩序，换取了民族经济发展的高效率，因而一个全面干预经济生活的全能政府得以产生。

全能政府使先前的军事管制经济模式转变为全面管制经济模式，这就意味着典型的、成熟的国家垄断资本主义形成，也意味着军事国家资本主义全面向国家垄断资本主义过渡的历史终结。由此可知，国家垄断资本主义从广义来看，既包括 20 世纪前半叶的军事国家垄断资本主义，也包括 20 世纪 50 年代至 70 年代的国家垄断资本主义，后者是前者的进一步发展形式；从狭义来看，它专指 20 世纪 50 年代至 70 年代的国家垄断资本主义（以下简称国家垄断资本主义）。

在国家垄断资本主义背景下，政府为了顺利推进社会资本的积累，不断扩大政府支出规模，扩大集体消费、干预经济生活，这就为生产相对过剩提供了一个全新的政府需求市场，我们称这种资本积累方式为积累的经济渠道。这种经济积累需要得到全能政府的支持，而全能政府力量的一个主要来源就是政府财政信用的支持，因此，特殊的消耗性财政信用（军事财政）转向一般的生产性财政信用（公共财政）是一个自然历史过程，它伴随着军事国家垄断资本主义转向国家垄断资本主义而完成，这就是资本主义财政信用转向的历史背景[①]。

战后破败的经济状况削弱了资本主义列强对先前殖民地的控制能力，民族独立和解放运动风起云涌，因而迫切需要资本主义国家政权的全面介入，将关注重心放在发展国内经济上。全能政府一方面引领战争中一定程度上遭到破坏的资本主义生产关系的重构，另一方面扶助先前被军事垄断资本长期压制的民

用领域的私人资本。

于是，国家垄断资本多领域出击，这就为国家垄断资本主义的全面兴起提供了巨大支撑，至少表现在以下三个方面：首先，诸多军事技术开始转为民用，如原子能技术就是军转民的典型案例，科学技术进步与国民经济发展的联系日益密切，特别体现在规模庞大、功能先进的固定资本上。正如马克思所说："固定资本的发展表明，一般社会知识，已经在多么大的程度上变成了直接的生产力，从而社会生活过程的条件本身在多么大的程度上受到一般智力的控制并按照这种智力得到改造。"[①] 尽管体现在固定资本身上的科学技术对国民经济有着巨大促进作用，但由于基础科技的前期投资巨大，风险也大，收益未知且有外溢性，私人垄断资本不愿涉足基础科技领域。其次，基础设施建设尽管对于国民经济长远发展意义重大，同理，由于投资规模巨大，周期长且收益低，私人垄断资本不愿涉足基础设施领域。最后，随着社会的发展，文化、教育、卫生以及社会保障等领域的投资有利于社会的稳定和社会总资本的再生产，但这些领域的投资有很强的外部性，私人垄断资本也是不愿涉足此类领域的。

正所谓私人垄断资本有事，国家政权服其劳，作为私人垄断资本总代理人的国家政权全面介入经济生活。因此，战后国家政权的作用不是被削弱了，而是大大地加强了，它深入介入社会、经济、生活的方方面面。于是，一个有着稳定秩序的全面管制的国家资本主义得以产生。

然而，国家垄断资本主义的体系内核源于先前军事国家垄断资本主义所孕育的等级森严的垂直指挥体系。军事战争中奉行"绝对服从命令、无条件执行"的原则，以及通过摒弃自由、民主、人权等人性化因素，以保证战争机器的高效杀戮性等。作为其具体体现，泰勒制一改工厂生产中沿袭下来的传统经验管理，通过科学分析建立起了标准化作业体系，由此开启了科学管理时代。上述因素被汽车巨头福特应用在汽车生产上，形成了福特制流水线生产过程，其主要特点如下：在实行产品标准化和生产自动化的基础上，利用高速传送装置连续不停地运转，强迫工人跟上传送带的节奏快速操作，这极大地提高了劳动生产率和产出数量。福特制通过调节传送带速度操控生产工人，其实质是妄图实现无人身的生产操作过程。福特制生产模式的标准化、规模化的特征，型构为垂直一体化的企业内部控制秩序。这种稳定秩序极大地提高了企业生产效率，随后福特制生产在全社会大规模推广，流水线生产成为国家垄断资本主义的物质技术基础。

在国家垄断资本主义条件下，福特制生产模式极大地增加了生产，促使商

[①] 马克思，恩格斯. 马克思恩格斯文集（第八卷）[M]. 北京：人民出版社，2009：198.

业信用以及与之相伴的银行信用膨胀，反过来进一步增加了产出。然而，如前所述，商业信用和银行信用作为债权人主导的私人信用，只会越来越加剧资本主义生产与消费之间的矛盾。因此，仅凭单纯的私人信用必定会加剧经济的波动，破坏经济秩序的稳定，即企业内部稳定秩序所带来的狂野社会生产力又会造成企业外部秩序的失衡。为了稳固经济秩序，吸收私人垄断资本的过剩生产，国家强行作为全社会消费者的总代表，举债扩大公共消费（或集体消费）。借助债务人导向的公共财政信用，才能暂时消弭生产与消费之间的鸿沟，国家必须采用积极的债务人导向的公共财政信用来对冲债权人导向的私人信用需要。因此，从性质上来讲，这种积极的公共财政信用是生产性的，当然属于主导性财政信用的范畴。显而易见，公共财政信用也是自为性质的财政信用，因其应用领域有别于局限于军事一隅的军事财政信用，故被称为资本主义财政信用一般。

实际上，早在军事国家垄断资本主义时期，面对 1929～1933 年资本主义世界经济大危机，主要资本主义国家已经在理论上和实践上对公共财政问题做了初步探索。所谓"行先知后"，美国政府率先实施了涵盖一揽子公共支出计划的"罗斯福新政"，其主要举措包括加大政府在公共工程和基础设施等方面的支出、建立社会保障体系、建立劳资双方工资协商制度、对私人垄断资本进行一定程度的管制等，美国借此最早走出了那次经济大危机的泥潭。当然，这场经济大危机也引起了远在大洋彼岸的英国一位经济学家的反思，他就是新古典经济学创始人马歇尔的得意门生凯恩斯，其所信奉的新古典经济学教条——自由市场能够达成充分就业均衡，难以解释经济大危机的残酷现实。由此，他对新古典经济学自由放任经济思想发起了所谓"凯恩斯革命"，提出了一套新的有效需求不足理论来解释危机。为此，他的政策主张是国家必须积极干预经济生活，通过相机抉择财政政策和货币政策组合来管理有效需求，使经济摆脱危机和实现充分就业产出。待到国家垄断资本主义时期，伴随全面干预经济生活的大政府出现，凯恩斯主义经济学开始居庙堂之高，公共财政信用所依托的就是以财政政策和货币政策为内核的凯恩斯主义需求管理政策[①]。

如前所述，在私人信用扩张的推动下，福特制使生产远远超出了有效需求，国家必须以政府需求补充私人有效需求的不足，将相对过剩的私人产出转移到基础设施建设或社会保障体系等公共领域。这样做有个前提，就是政府必须获得足够的资金才能扩大其支出。毫无疑问，征税是一种常规手段。然而，国家垄断资本主义时期的资本主义政府更倾向于通过扩张财政信用——发行公

---

① 章先春.试论"反凯恩斯革命"的国际垄断资本主义背景［J］.经济纵横，1987（4）：53–57.

债来募集资金。较之税收，公债不形成即时负担，因而公债形式更具有迷惑性。于是，为吸纳规模日益扩大的相对过剩生产，政府实施积极财政政策——赤字财政政策，不断向全社会发行公债、募集资金，以支撑政府支出规模的扩张。

然而，公债需要到期还本付息，同时又必须避免通过征税来伤害私人垄断资本的生产积极性。政府只能通过发行更大规模的新公债，补偿上一期的公债并支持私人垄断资本的发展。当然，这种"发新债，还旧债"的方式在实施初期会有一定成效，因为战争破坏致使当时资本主义经济总量较小，公债发行量不大，因而利息负担也不重。但随着生产过剩的加剧，公债规模也必须扩张，为募集更多的资金，就需要提高公债收益率。通过利滚利方式，公债利息负担就会越来越重，为填补这个黑洞所必须增发的公债规模也就越来越大。当然，羊毛出在羊身上，这些公债利息负担最终都要以增税的形式转嫁到包括工人、小生产者在内的劳动群众身上，"于是形成一个恶性循环：借债产生新的借债并使租税增加"①。

作为全社会基础利率的公债利率（特别是国债利息率）不断提高，意味着对货币借贷资本需求的增加，必定会影响整个市场利率。反过来，高利率又会伤害私人垄断资本的生产积极性，作为私人垄断资本总代理人的资产阶级政府当然不能坐视不管。为了降低市场利率水平，与赤字财政政策相配合的积极货币政策随之出场，各国中央银行通过三大货币政策工具释放流动性：一是直接在公开市场上买入公债以放出货币；二是间接通过降低存款准备金率或再贴现率，商业银行便有足够货币储备，从而能够向全社会购买公债以放出货币；三是降低再贴现率，通过降低贴现成本而增加货币供给。凯恩斯主义的需求管理导致财政政策和货币政策大行其道，实质上造成了财政赤字或债务的货币化，随着时间的推移就会形成累积性的通货膨胀。

由此，我们就能看清公共财政信用的本质，尽管公债名义上是向全社会发行，然而只有工商业或金融业等领域私人垄断资本家能够购买这些公债并获益，广大雇佣工人的收入仅限于劳动力价值，他们不能购买公债，但最终必须承担公债利息的负担。因此，公共财政信用的本质为：通过政府举债方式进行集体消费，这种预支未来、提前消费将使雇佣工人为主体的劳动群众长期处于经济奴隶地位。列宁早在 20 世纪初就曾说过，公债"必然会使劳动群众由于

---

① 谢·阿·达林.第二次世界大战后美国国家垄断资本主义 [M].北京：生活·读书·新知三联书店，1975：393.

要向资本家缴付数十亿借款利息而遭受几十年的奴役"①。

诚然，战后各资本主义国家都冀图尽快恢复和发展本国经济，都倾向于扩张各自的公共财政信用。而公共财政信用到底能在多大程度上促进这些国家的经济发展，还有待于国际经济秩序的配合。因此，就公共财政信用作用而言，一个稳定的外部经济环境是必不可少的。然而，两次世界大战彻底改变了各主要资本主义国家的相对经济实力，总体而言，各参战国的经济遭战争破坏严重，疮痍满目，而几乎置身事外的美国却大发战争横财，此消彼长致使美国经济实力跃居世界首位。"西欧各国在资本主义工业生产中的比重从 1937 年的 38.3%降至 1948 年的 31%，在世界出口贸易中所占比重从 34.5% 降至 28%；而美国在工业生产中所占比重在 1948 年达到 54%，在商品输出方面达到 33%。"②

鉴于在两次世界大战中，参战双方都积极向中立国的美国采购军需设备，因而这些国家基本上都对美国呈现贸易逆差状态。清偿贸易赤字的最终结果就是大量黄金流入美国，全球黄金分布不平衡情形加剧，这进一步削弱了主要资本主义国家的货币基础。据统计，美国"掌握了当时资本主义世界集中黄金储备的 73.4%，总额达 246 亿美元"③。美国利用其新获得的优势地位趁火打劫，充分利用其债权国地位，欲推翻以英国为代表的西欧列强主导的国际经济旧秩序，重新制定符合美国利益的国际经济新秩序。美国强推美元霸权以取代英镑霸权，昔日资本主义列强由于经济实力的下降以及随之而来的货币削弱，难以抗衡财大气粗的新贵美国。

1944 年 7 月，44 个国家代表在美国新罕布尔州布雷顿森林召开了"联合国家及联盟国家国际货币金融会议"，通过了以美国财政部长助理怀特所拟方案为基础的《联合国家及联盟国家国际货币金融会议最后决议书》《国际货币基金组织协定》和《国际复兴开发银行协定》，这些协定俗称为"布雷顿森林体系"。布雷顿森林体系宣称通过固定汇率制结束战时国际金融的混乱局面，其主要举措体现在黄金、美元和其他货币双挂钩的国际货币制度上：其一是美元和黄金按照 35 美元兑 1 盎司直接挂钩，国际货币基金组织成员国的央行可将其持有的美元按照这个官方定价向美国兑换黄金。当然，各成员国也有义务和美国一起维护 35 美元 / 盎司这个官价。其二是国际货币基金组织成员国的

---

① 列宁 . 列宁全集（第二十四卷）[M].北京：人民出版社，1957：277.

② 林与权，陶湘，李春 . 资本主义国家的货币流通与信用 [M]. 北京：中国人民大学出版社，1980：435.

③ 林与权，陶湘，李春 . 资本主义国家的货币流通与信用 [M]. 北京：中国人民大学出版社，1980：436.

货币与美元挂钩，即各成员国货币必须以其含金量（或货币发行的黄金保证）与单位美元的含金量（0.888671 克黄金 / 美元，即 35 美元 / 盎司）进行比较，以确定成员国货币与美元的兑换比率。外汇市场汇价波动上下限不得超过 1% 的范围，否则各国央行必须入市干预以维稳。

由于黄金退出货币流通领域，这种双挂钩体系变相地将美元等同于黄金，实质上取消了黄金、货币的基准地位，美元正式成为各成员国的结算货币和储备货币，这种以美元为中心的国际货币体系确立了美元霸权地位。应该说，布雷顿森林体系所凸显的稳定、秩序的特性是与国家垄断资本主义的内在精神相契合的，它为战后世界资本主义经济的发展提供了一个平稳、有序的环境，事实上也确实为战后世界资本主义经济的繁荣做出了一定贡献。

当然，布雷顿森林体系初期的成功还有赖于以下两个基本历史事实：其一是苏联社会主义计划经济模式的巨大成功。作为"二战"时同盟军，战后美国和苏联开始分道扬镳，分别组建了社会主义和资本主义两大对立的阵营，以美国为核心的资本主义阵营也开始重新审视计划经济模式对于稳定秩序的作用。其次，为遏制和抗衡以苏联为首的社会主义阵营的影响，美国积极扶持作为"二战"重灾区的欧洲同盟军，推行了规模巨大的"欧洲复兴计划"，通过经济援助和对外贷款等资本输出方式来推动欧洲经济复兴，缓解了西欧资本主义同盟国战后所遭遇的"美元荒"。在布雷顿森林体系下，美元—黄金双挂钩意味着黄金退出货币流通领域，而其他货币和美元挂钩则意味着美元储备成为这些货币的发行保证。美元的输出也变相地增加了其他货币基金组织成员国的货币发行保证，成员国匮乏的黄金对公共财政信用扩张的束缚就得以解除。因此，各国可以通过积极的财政政策和货币政策追求本国经济的内部平衡，从这个意义上，布雷顿森林体系在战后一段时间内促进了资本主义世界经济的繁荣。

然而，国家垄断资本主义背景下的布雷顿森林体系存在着权责不对称的天生痼疾。从形式上看，"其他货币—美元—黄金"双挂钩货币体系是一种金汇兑本位制，各国发行的都是在国内不可兑换的信用货币。然而，它却是仅针对其他国家货币而言的、单向的、依附性的国际金汇兑制。其他国家如需兑换黄金，必须经由该国央行依照严格的兑换条件，以其储备的美元外汇向美联储兑换黄金，这些国家货币发行的黄金保证进一步虚化。"美元—黄金"二元本位使美元处于超脱的、不受约束的国际储备货币地位。当然，在美国国内，美元也是不可兑换的信用货币。由此可见，美元发行与黄金保证之间的对内联系被切断，而对外联系则难度加大。美元这种特殊优越的霸权地位给予美国极大的好处，美国法币作为等同黄金的、唯一的国际储备货币，可以无限制地被用来弥补美国国际收支逆差。在布雷顿森林体系下，以美元为中心的国际货币体系赋予美国与其贸易伙伴国不对等的权利和义务，美国可以基于其国内经济形势需要持续实施赤字财政政策，放纵财政赤字扩大，并通过发行公债的方式扩张公共财政信用，借此填补财政赤字缺口。

反过来，这种以美元为中心的国际货币体系，对于那些国内经济遭受战争破坏而亟待恢复的资本主义参战国而言，其通过赤字财政政策以扩张公共财政信用的能力遭到极大的限制，这些国家货币与美元之间保持固定汇率的硬性规定外在地约束了它们扩张公共信用的能力。一般而言，这些国家扩张公共财政信用的能力会遭遇到两种力量的制约：一是本国的货币政策，如果本国货币供给扩张过快，货币贬值压力加大，就会限制这些国家扩张公共财政信用的能力；二是美国的货币政策，如果美国的货币供给收缩，那么美元就会面临巨大的升值压力，美国贸易伙伴国就不得不紧缩货币政策，以消除美元升值压力的影响，这样也限制了这些国家的公共财政信用能力。由此可见，美国和其伙伴国之间形成了一种不对称的双层国际公共财政信用体系，美国公共财政信用是整个信用体系的上层建筑，而其他各国的公共财政信用则受美国公共财政信用支配，是整个信用体系的基础。因此，这些国家必须合着美国的公共财政信用的节拍来发展本国经济，不能随意放纵其公共财政信用，否则，那些财政纪律不严的国家就会受到通货危机①的惩罚。

总的来说，布雷顿森林体系初期运行良好，这得益于战后美国超强的经济实力以及雄厚的黄金储备。彼时西欧各国与美国之间有着巨额的贸易逆差，他们自身的黄金—外汇储备根本不足以弥补这个贸易赤字缺口，"黄金—外汇储备的不足给西欧各国造成严重的通货危机，这种通货危机是以'美元荒'这一特殊形式表现出来的"②。因此，美元储备不足而又需要偿还美元债务成为西欧各国最为尴尬的心头之痛，尽快获取美元外汇也成为西欧各国所面临的最为紧迫的任务。为解决美元荒危机，美国积极采取对外援助、发放贷款和对外投资等资本输出形式，放出了大量的美元外汇。美国这样做的目的有二：其一为美国过剩的资本和商品提供了一个合适的出口，从而促进了美国国内的再生产过程；其二美国借此攫取了更多的国际话语权和规则制定权。

然而，事物总是辩证地发展，膨胀的美国霸权使美国不断军事干预他国，

---

① 所谓通货危机就是在市场上大量抛售不稳定的通货，抢购黄金和硬通货，从而引起黄金价格和外汇行市的剧烈波动，甚至导致外汇市场的暂时关闭，实行通货贬值或升值。转引自：林与权，陶湘，李春.资本主义国家的货币流通与信用［M］.北京：中国人民大学出版社，1980.

② 林与权，陶湘，李春：资本主义国家的货币流通与信用［M］.北京：中国人民大学出版社，1980：436.

特别是朝鲜战争和旷日持久的越南战争，使美国财政赤字日益扩大，美元流出规模巨大。而随着美元外汇储备的增加，西欧各国实施公共财政信用的基础扩大，因此，在以公债发行为主体的公共财政信用扩张的支持下，西欧各国积极采取政府采购和订货、兴办公共工程、减税和退税等凯恩斯需求管理政策，使西欧各国经济快速复苏。物极必反，美国放纵财政赤字的结果就是累积性的通货膨胀，贸易赤字也随之增加，为回收过多的流动性，美国公债发行规模越来越大，美国也由先前的债权国转变为债务国。伴随美元的流出，黄金也随之流出美国，这极大地破坏了美元发行的黄金保证，而西欧各国美元泛滥以致形成了一个欧洲美元市场。在金融创新的支撑下，欧洲美元为获利差四处乱窜，引起各国输入性通货膨胀，此时的凯恩斯需求管理政策火上添油，致使全球蔓延的通货膨胀形势加剧。在国际金融垄断资本的冲击下，那些财政纪律松弛的国家便遭受到通货危机的惩罚，如 20 世纪 60 年代末至 70 年代初，英国和法国便爆发了英镑危机和法郎危机。随着 35 美元兑换 1 盎司黄金的官方承诺日益不可信，美国爆发了十次美元危机。各国对美元信心彻底逆转，金融创新又不断突破监管，冲击固定汇率制，凯恩斯需求管理政策使财政赤字不断货币化，进一步加剧了通货膨胀，通货危机演变为滞胀危机，最终导致布雷顿森林体系破产。这也意味着国家层面难以协调资本主义基本矛盾，国家垄断资本主义遭遇历史的终结。

4.2 资本主义主权信用——主权债务危机

4.2.1 个别主权信用——自在的主权债务危机

"风起于青萍之末，浪成于微澜之间。"[1] 1971 年 Intel 公司生产的全球第一个微处理器芯片 Intel 4004 改变了整个资本主义历史走向。20 世纪 70 年代以降，微处理器技术、TCP/IP 协议以及 Internet 国际互联网等相继出现并成功商业化推广，带来了人类社会的生产生活方式的重大革命，深刻地影响了国际社会、政治、经济、文化领域的互动交往模式，这场建立在微电子技术基础之上的信息技术革命标志着第三次科技革命来临。一日千里的信息技术给现代化生产生活方式处处打上信息技术的烙印特征，人类社会由此进入了"信息与远程通信时代"。在信息技术革命的冲击下，金融业的面貌发生了翻天覆地的变化，各种先进的信息处理和传输技术在金融领域广泛应用，极大地推进了金融行业

---

① 出自楚国宋玉《风赋》。

的信息化。发达的信息网络、众多的国际金融机构、灵活的交易平台，它们在全球形成一个高效的一体化国际金融市场，金融业也成为了日新月异的信息科技的试验新场所。信息技术发展推进金融全球化进程，而金融反过来又通过诸如风险投资等方式促进信息技术大发展。

信息技术涉入国际金融程度之深、范围之广、速度之快，彻底打破了传统金融业的空间封闭、市场分割、主体单一的局面，也带来了崭新的国际金融业生态。从地域广度来看，现代金融是真正意义上的全球金融市场一体化，因特网将全球主要金融市场和金融机构联结起来，形成一个24小时不间断营业的国际金融市场。从业务范围来看，由于数据库技术和结算交割系统的发展，巨额的资金在货币市场、资本市场、黄金市场、外汇市场以及金融衍生品市场高速、快捷地交易、清算，使这些市场内部实现了高度的统一。从营运模式来看，基于开放的因特网技术的另类交易系统，其成本低、交易对象广、难以监管、流程也更简捷，这使得场外交易发展速度远远超过场内交易 ①。开放的因特网使先进的现代信息技术能够快速被应用和推广，从而不断突破金融市场的时空束缚，大大地促进了全球金融一体化。因特网技术的发展能够不断降低资本在金融市场转移的成本，使巨额资本能够迅速便捷地在世界各国金融市场上转移，从而各国金融市场不断被整合，它们的一体化程度也在不断地提高。由此可见，信息技术借助全天候、一体化的数字通信网络，高效地进行数据的存储、传输、检索以及利用，从技术基础上提供了全球金融深化发展的前提，从此，金融业的发展一日千里，金融资本影响程度达到了一个历史新高。

然而，信息技术革命进一步强化了资本的独立价值表现，金融资本的流动性和操控性增强，形成了金融全球化的新格局。事实上，管制资本主义时期自始至终都充斥着去管制化运动的冲击，两者相伴相生。资本管制在国内和国际两个经济领域效果并不一致：就国内经济生活而言，由于资本主义治权的作用，资本管制作用显著；就国际经济生活而言，作为民族国家的法外之地，国际经济领域属于管制资本主义监管的灰色地带，主要依赖于布雷顿森林体系维持。但是，布雷顿森林体系存在着所谓"特里芬困境"②的痼疾，国际经济秩序的稳固性会遭遇到此消彼长的各国经济实力变动的冲击，各国经济利益的冲突使国际经济领域的资本监管经常流于形式。作为独立价值形式的金融领域是最不甘受羁绊的，它与资本管制化要求格格不入，因而金融领域的去管制化最为

---

① 刘爱文.西方主权债务危机形成机理研究［M］.武汉：武汉大学出版社，2014：59–60.

② "特里芬困境"（Triffin's Dilemma）是指美元作为本位货币，供给太多就会有不能兑换黄金的危险，发生信心问题；供给太少则不能满足国际经济发展对清偿能力的需求。

强烈，信息技术革命为金融资本的全球扩张提供了技术基础，从而也加速了管制资本主义的解体。

美国长期贸易赤字引起了巨额美元外溢。许多国家都持有巨额美元外汇，比如中东地区巨额的石油美元，尤其是苏联和东欧等社会主义国家。在美苏冷战的历史背景下，苏东国家害怕美国冻结他们所获得的美元外汇收入，迫切需要将这些美元外汇存放在安全地带。即使是美国国内的美元资本，也迫切需要转移资本以逃避美国国内严格的金融监管，而低税收、少监管的欧洲金融市场就成为这些美元的栖身天堂，这样就在美国本土之外形成了一个活跃的离岸金融市场——欧洲美元市场。事实上，为逃避资本管制，更多类型的逐利金融资本涌向欧洲美元市场，包括欧洲日元、欧洲马克等，离岸金融市场蓬勃发展起来。为获取国际金融市场利差，在信息技术的支持下，金融资本以惊人的规模和速度流窜于国际金融市场，由此成为了国际金融垄断资本的最初表现形式。应该说，欧洲美元市场对于资本主义转型具有指标性意义，它撕开了管制资本主义的第一个缺口。

如前所述，在欧洲美元的连续冲击下，风雨飘摇的布雷顿森林体系摇摇欲坠，管制资本主义的解体最终以通货危机的形式表现出来。20 世纪 70 年代，西方资本主义国家集体陷入经济停滞状态，凯恩斯主义需求管理政策却药不对症，致使经济停滞和通货膨胀并存，通货危机的频繁爆发加速了布雷顿森林体系的解体。产业资本出现绝对过剩，流动性过剩加剧了产业资本金融化趋势，银行信用日益转向非生产性用途，有序的管制资本主义最终由于其不可调和的内在矛盾而遭到终结。

然而，作为替罪羊的凯恩斯主义却遭到诸如货币主义学派、供给主义学派、奥地利学派、芝加哥学派等各种所谓新自由主义思潮的强力讨伐。新自由主义思潮以市场原教旨主义为思想内核，强力鼓吹经济、金融领域的市场化、自由化和私有化。应该说，新自由主义的"三化"主张，尤其是金融领域的去监管主张，契合喜好乱中取利的欧洲美元和日益远离生产的美国华尔街金融垄断资本的利益诉求。最终，美国本土的金融监管也出现了些许松动，华尔街也能开展美元的离岸金融业务。在这些不甘羁绊的金融垄断资本相互融合的基础上，一个新的国际金融垄断资本集团诞生了。

国际金融垄断资本迫切需要一个更加广阔、更加自由的国际舞台，而新自由主义主张内在地契合国际金融垄断资本的诉求。新自由主义和国际金融垄断资本之间相互依存，因而新自由主义也就成为后者的思想上层建筑，国际金融垄断资本也通过成立各类基金反哺新自由主义学派的发展。国际金融垄断资本大力赞助各种自由主义的研究会，同时也加大了新自由主义精英人才的培养力度以及向各国政府决策层的渗透等。迅速崛起的国际金融垄断资本深深地介入资本主义社会的各个领域，追逐更有利可图的投资场所，积极活跃在各类国际金融市场。

在国际金融垄断资本的强力推动下，牙买加体系——新国际货币体系取代了布雷顿森林体系。牙买加体系主要特征如下：一是黄金非货币化。黄金既不再作为货币发行的保证，也不再作为国家之间债权债务的硬性清偿物，由此彻底切断了黄金与货币之间的联系。黄金非货币化使其在国际储备中的地位急速下滑，多元化国际储备体系得以形成。二是汇率制度安排多样化。布雷顿森林体系下单一的固定汇率制被彻底放弃，新体系允许各国自行选择汇率制度，涵盖："硬钉住汇率"（Hard Pegs），如货币联盟制、货币局制度等；"软钉住汇率"（Soft Pegs），如传统的固定钉住制、爬行钉住制、带内浮动制和爬行带内浮动制等；"浮动汇率群"（The Floating Group），如实施不同程度管制的各种浮动汇率制以及完全浮动汇率制。因此，牙买加货币体系的最终目标是在全球建立完全自由的浮动汇率制[1]。三是美元主导的国际储备多元化。布雷顿森林体系下"美元—黄金"二元本位制的坍塌，作为主要国际储备货币的美元地位遭到一定程度的削弱。然而，战后长期军事帝国主义所引起的美国贸易赤字，形成了以美元计价的历史债务，许多美国伙伴国都持有巨额的美元外汇储备，美国成为全球最大负债国。牙买加国际货币体系被美元定价的巨额外债所劫持，形成了美元主导的多元化国际储备体系，包括美元、马克、法郎、英镑和日元、黄金储备、国际货币基金组织（IMF）的普通提款权（GDRs）和特别提款权（SDRs）等，其中美元作为国际储备货币主体，其他储备都具有强烈的美元依附性。

尽管布雷顿森林体系崩溃了，美国依然凭借超强的军事和先进的科技维持了美元的国际地位。在国际投资和世界贸易中，美元依然取得了战略资源和大宗商品的定价权，特别是对石油贸易，由此形成了以美元金融霸权为基础的国际货币体系。应该说，牙买加体系的实质是以国际金融垄断资本利益为导向的：黄金非货币化的必然结果就是债务货币化，货币发行保证的虚化在一定程度上扩张了政府权能[2]，形成一种操纵性国际货币制度。

多元化的国际汇率制度加剧了国际金融市场的动荡，依托信息技术的货币虚拟化和金融数字化使巨额逐利国际金融资本全球游荡。以美元为首的多元国际储备改变了全球财富度量权，在美国强大的政治经济军事实力的帮助下，美

---

① 刘爱文.人民币汇率制度选择的战略思考［M］.武汉：武汉大学出版社，2014：32-33.

② 权能，指权力与职能。

元窃取了国际价值基准的地位，又通过对少数关键资源和核心技术的掌控，取得了全球财富的度量权。如上所述，牙买加体系标志着布雷顿森林体系下国际金汇兑制的彻底终结，不兑现的信用货币制度兴起，以全面管制为特征的国家垄断资本主义谢幕，国际金融垄断资本主义最终来临。

在国际金融垄断资本主义下，公共信用的范围进一步拓展，主权国家为了发展本国经济，能够以本国主权为担保，在国际金融市场上发行公债、借贷等，以主权债务形式筹措发展资本。由此可见，主权信用是国内财政信用的国际延伸，与资本主义金融全球化同步形成，本质上是一个历史范畴。前资本主义等级社会中，国家之间的关系表现为民族压迫和民族奴役这种显性态的臣服隶属关系，因而各民族之间主要存在的是超经济强制这种直接形式的国际掠夺。只有在资本主义法权体系下，取得民族独立的国家之间才可能在资本主义商业原则基础上形成基于主权信用的主权债务①。

"二战"后，深受帝国主义压迫和掠夺的亚非拉国家开展了如火如荼的民族解放运动，纷纷取得了民族独立。然而，由于长期作为帝国主义政治殖民地，这些发展中国家百业萧条、经济凋敝，经济结构性问题突出，因而迫切需要借助外部资本发展民族经济。这些发展中国家希望凭借主权债务来发展民族经济，最终能够实现本国经济上的独立。因而，在新自由主义国际经济秩序和新自由主义思潮的蛊惑下，亚非拉国家在国际金融市场借助主权信用来筹措发展资本。

在国际金融垄断资本主义背景下，美欧等发达资本主义国家普遍呈现"国穷民富"的境况。国家财政窘迫巨大，私人垄断资本却富可敌国，公权与私利的博弈结果，就是私人垄断资本全面掌控国家政治经济生活的局面。然而，在全球滞胀的氛围下，发达资本主义国家资本呈现严重过剩，大量产业资本以货币资本形式闲置下来，更多地变身为生息的借贷资本。囿于本国市场已经饱和，发达国家资本市场利率保持很低的水平，国际金融垄断资本以借贷资本为主要形式，亟须向外输出。鉴于当时国际借贷市场利率极低，发展中国家急需美元为主体的国际金融垄断资本；以欧洲美元和华尔街金融垄断资本为主体的国际金融垄断资本也有强烈愿望，向那些发展中国家的商业银行进行国际放贷。

国际金融垄断资本先后以单一国内商业银行、国内银团、国际银团等形式向发展中国家的商业银行提供短期的、浮动利率的商业贷款。然而，这些发

---

① 郑佩玉.试论发达资本主义国家与发展中资本主义国家的经济关系 [J].逻辑学研究，1991（26）：93–99.

中国家由于历史原因，经济发展相对落后，缺乏可资抵押的其他资产。国际资本便要求各国政府给这些外债以各种优惠条件，其中最重要的就是要求发展中国家政府为外债偿还作担保。于是，发展中国家的私人外债变成了政府外债，国内私人金融机构的外债变成了国家和公众的外债，商业贷款变为发展中国家的主权债务。相对而言，由于有其国家主权作为担保，国际金融垄断资本向发展中国家私人部门发放商业贷款的积极性更高，获利也更加可靠和更有保证，因而主权信贷深受这些国际金融垄断资本的青睐。于是，在金融去管制化的大背景下，发展中国家金融机构和发达资本主义国家的金融机构之间的实质性主权债务如火如荼地开展。

随着低利率的国际金融垄断资本源源不断地输入，主权信用的扩张极大地推动国内信用的膨胀，低廉的国外资本弥补了发展中国家建设资金短板。发展中国家利用这些借贷资本进口了一些急需的关键工业设备，这一方面暂时解决了制约发展中国家经济结构升级的瓶颈，加速推进了发展中国家的工业现代化进程，其结果就是这些发展中国家在 20 世纪 70 年代经历了一轮经济快速增长黄金期；另一方面为发达国家的工业制造品提供了一个销售市场，也为发达资本主义国家的相对过剩生产找到了一条实现渠道。

纵观历史，一个以美元为主体的国际金融垄断资本循环的三角关系得以形成。中东地区和其他注重积累的苏东等社会主义国家通过出口石油或其他商品获得美元外汇收入，然后将这些美元外汇收入存放在欧洲离岸金融市场或美国华尔街；而欧洲离岸金融市场和美国华尔街反过来又将这些吸纳来的外部美元存款借贷给外围的发展中国家。美元三角循环的正反馈相互推动，进一步加强了资本主义世界经济的联系。

在信息技术革命的支撑下，全球金融一体化趋势加速推进，国际信贷规模迅速扩张，国际金融垄断资本主导的信息技术最终奠定了主权信用基础上主权债务膨胀的物质技术基础。在此基础上，发展中国家商业金融机构的短期外债规模迅速扩大。然而，尽管隐含着发展中国家的主权担保，这种面向国外私人金融部门的主权信用在这个阶段尚不具有典型意义。原因在于，发展中国家和发达资本主义国家的私人金融机构是上述短期外债的借贷主体，国家政权只是以担保者角色间或地参与到它们的金融借贷活动中。对作为借方的发展中国家政府而言，这只是一种或有[1]的主权债务。因此，金融垄断资本私人性质导向的主权信用尚处于潜伏状态，它们只是为后来的主权债务危机的爆发埋下了伏笔，这种主权债务危机的潜伏状态就被称为自在的主权债务危机。

---

① 或有是个法学术语，意指或许有、可能有。

4.2.2 特殊主权信用——自为的主权债务危机

20 世纪 80 年代之交，撒切尔和里根所代表的保守势力先后在英国和美国——金融资本大本营取得了政权，这意味着新自由主义资本主义体制在政府层面全面接管凯恩斯主义管制资本主义体制，更意味着代表极少数金融寡头利益的新自由主义主导了资本主义中心区域。新自由主义成为西方发达资本主义国家的主流意识形态，这是"二战"后新自由主义全面复兴的一个重大标志。毫无疑问，作为国际金融垄断资本的意识形态，新自由主义必定要为金融寡头利益服务，新自由主义政府通过全面调整其国内外经济政策开启其布道旅程。新自由主义国内政策的一个重大内容，就是打破管制资本主义时期所形成的较为完善的公共福利和社会保障体系，大力削减公共福利和社会保障等领域的政府支出，将公共服务领域事务交由市场决定等。犹如政府烹饪的饕餮盛宴供免费享用，国际金融垄断资本涌入公共服务领域，从而使得该领域成为国际金融垄断资本攫取丰厚利润的原始丛林。其国际政策和国内政策一样，也是服务于国际金融垄断资本的利益，意图为国际金融垄断资本掌控全球生产资料控制权服务。发达资本主义国家的新自由主义政府不遗余力地向外围的发展中国家政府灌输新自由主义思想，通过各种手段在发展中国家培育自由市场精英人士，并且在这些国家内部扶持了那些依附国际金融垄断资本的、买办性质的金融垄断资本集团，通过后者影响和左右这些发展中国家的经济决策。

显而易见，发达资本主义国家的新自由主义政府的历史使命就是重新建构和推广新自由主义的国际经济秩序，为国际金融垄断资本全球逐利保驾护航，因而作为国际金融垄断资本运行载体的发达资本主义国家的政府必须强而有力。在此，我们有必要指出一则影响甚广且貌似正确的新自由主义谰言，即在经济市场化、自由化和私有化的背景下，新自由主义的资本主义国家呈现"强市场、弱政府"的格局。然而，事实并非如此，服务于国际金融垄断资本利益的新自由主义政府必须具备足够的权能[①]，方能建构和维护新自由主义的国际经济秩序。如果说政府权能弱化，那也仅是指政府缩减了它们本应承担的诸如社会保障、公共服务等民生方面的政府开支。由此可见，新自由主义的崛起并不意味着政府权能的绝对削弱，更多的是指政府权能的一种结构性调整。

然而，在新自由主义语境中，资本主义政府的权能如何得到强化？正如前所述，在美元—黄金二元本位制下，国家垄断资本主义下的全能政府日趋破产，黄金非货币化方式彻底摧毁了国际金汇兑本位制。货币发行的保证由黄金

---

① 权力与职能。

全面转向债务，即债务货币化，加之金融信息技术的推波助澜，金融工具创新层出不穷，这就彻底改变了资本主义政府权能的经济基础。即使政府预算赤字已经难以为继，政府在会计学意义上已然破产，但只要资本主义政府没有垮台，它就总能够通过大规模发行公共债务而扩大政府支出。不仅如此，发达资本主义国家的政府纵然负债累累，但由于它们掌握了国际金融规则的决策权和话语权，通过巧妙的国际金融机制设计，不但能够继续向外国政府举债而扩张其所负外债，还能够通过向外国政府贷款而成为他们的债权人。

至此，赤字财政失去羁绊，债务经济成为资本主义经济生活新常态。债务经济反而全面扩张了资本主义破产政府的权能，作为黄金非货币化的反动，债务货币化成为政府权能扩张的基础。然而，资本主义政府权能的扩张只是就其一般意义而言。事实上，在以霸权主义和强权政治为基础的现代世界体系中，真正能够通过自主发行公债而扩张政府权能的，只能是处于世界体系中心区域的发达资本主义国家政府，外围地区发展中国家政府是无法染指这种权能的，这是由新自由主义国际经济秩序的性质决定的。在这种不平等的国际经济秩序下，外围的发展中国家只能是中心的发达资本主义国家的经济附庸，这种依附性地位决定了外围发展中国家难以扩张政府的权能，因而发展中国家并不能按照自己的经济形势而主动地扩张或收缩公共债务，它们只能按照发达的资本主义国家经济周期的节拍而被动地扩张或收缩公共债务，不得不罔顾自己的经济状况。如果发展中国家也想自主地扩张或收缩公共债务，在新自由主义经济秩序生成的惊涛骇浪般的国际金融资本运动过程中，很有可能会遭遇灭顶之灾，这也成为后来频发的自为的主权债务危机的痼疾所在。

新自由主义作为思想上层建筑，还有赖于其经济基础的夯实和推广。发达资本主义国家调整其国内和国际两个层面的经济政策，其目的还是在于形成国际金融垄断资本的全球循环体系，特别是美元的国际循环。在世界体系的中心地区私人金融垄断资本前期大规模输出的基础上，发达资本主义国家基于国际金融垄断资本利益，希冀按照新自由主义模式改造那些外围的发展中国家，努力在这些发展中国家的改革或转轨的路径设计过程中贯彻自己的意图。于是，以中心地区发达资本主义国家政府为发债主体，以外围地区发展中国家政府为举债主体，基于举债国家主权信用的政府贷款迅速增加。并且，随着国际经济形势的变化，先前那些发展中国家私人部门所举借的国际银团商业贷款的担保形式发生了转变，由发展中国家政府的或有担保转变为政府的强制担保，因而这些商业贷款实质上很大一部分变成了主权信用的政府贷款。

然而，如果美元定价的主权信用政府贷款规模扩张过大、过快，它终究是不利于国际金融垄断资本的长期利益的。因为单向的美元输出必然会引起全球流动性过剩，加剧全球性通货膨胀，进而引起美元急剧贬值，这将最终侵蚀美元的国际价值基准地位[①]。由此可见，单纯的美元输出总是有一个限度的，要突破这个限度，还必须回笼美元资金；对国际金融垄断资本而言，有进有出的美元国际循环路径方为长久之计。

在国际金融垄断资本主义的早期阶段，美元的国际循环主要是围绕着回笼石油美元而设计的。彼时中东石油生产国积累了大量的石油美元外汇储备，最初它们存放在欧洲美元市场。随着国际金融资本主义的逐步确立，美国也放松了对金融资本流动的监管，并积极拓展离岸金融市场业务。这些石油美元开始转存于美国金融市场，特别是华尔街，这些美元存款主要是以购买美国国库券和美国国债的形式出借给美国或其他发达资本主义国家。随着这些石油美元的回流，以美国为主体的发达资本主义国家又能将这些美元以主权信用政府贷款的形式出借给外围的拉美地区发展中国家。通过控制这些主权信用政府贷款的去向和途径，使这些发展中国家经济依附于中心的发达资本主义国家，这种"中东地区—华尔街地区—拉美地区"的美元循环被称为美元旧三角循环。

到了国际金融垄断资本主义成熟期，国际金融垄断资本的统治地位不断稳固，美元旧三角循环地位有所下降，东亚新兴经济体则迅速崛起，通过外向的出口导向政策积累了大量的美元外汇储备。东欧剧变导致那些中东欧国家的社会主义事业遭遇溃败，经济秩序遭到极大的破坏。在新自由主义的蛊惑下，中东欧国家加速向所谓的自由市场经济转轨，迫切需要巨额美元资金进行经济重构。随着转轨国家的接入，美元国际循环的主体也发生了相应的改变。此时的美元国际循环主要是以回笼东亚新兴经济体美元外汇为中心而进行的，东亚新兴经济体积累了丰富的美元外汇储备，并通过购买美国国库券和美国国债的形式出借给美国政府；而美国政府再将这些美元外汇转而出借给俄罗斯、东欧等前社会主义转轨国家。一种全新的美元循环形成，这种东亚新兴经济体—华尔街地区—转轨国家的美元循环被称为美元新三角循环。

当然，在国际金融垄断资本主导的两种美元循环模式中，囿于中心地区的资本过剩状况，这些发达资本主义国家发放的主权信用政府贷款利率通常较低。然而，天下没有免费的午餐，发展中国家要想获得这类主权信用政府贷款，一般都得附加苛刻的政治、经济条件。客观地讲，这类主权信用政府贷款对发展中国家的经济建设曾经起过积极的作用。随着发达资本主义国家发放的主权信用政府贷款的增加，那些深受结构性问题制约的发展中国家，能够借助稀缺的外汇资源进口一些关键的装备和引进相关的技术等，特别是交通运输方

---

① 刘爱文, 刘振林, 艾亚玮. 国际价值基准与廉价美元政策 [J]. 江苏商论, 2009 (4): 171-173.

面的技术和装备。这在一定程度上突破了制约经济结构优化升级的瓶颈。因为交通运输技术和装备有助于改善它们的基础设施建设，为这些发展中国家的商品进出口规模扩张奠定基础。另外，随着美元定价的主权信用政府贷款的输入，以美元外汇占款形式发放的基础货币也会相应增加，发展中国家的国内信用能够在一定程度上被动扩张；银根放松导致市场利率下降，国内需求增加，这也能在一定程度上促进发展中国家的国内经济发展。因此，伴随主权信用政府贷款的扩张，发展中国家起初都经历过一段经济繁荣期，因而这类主权信用政府贷款具有一定的积极意义。

如前所述，在国际金融垄断资本过剩的历史大背景下，美元三角国际循环规模日益扩张。中心地区发达资本主义国家提供的主权信用政府贷款初始利率通常较低，因而这些政府贷款客观上促进了外围地区发展中国家经济建设。在新自由主义思潮的蛊惑下，GDP 主义全球弥漫。这些发展中国家政府奉行"肥水快流"①的政策导向，优先发展了资源禀赋丰裕的矿产、石油等初级产品粗加工产业，相应地也带动了国内其他产业的快速发展。特别是以股市、房地产为主体的资产泡沫被迅速吹起来，国民经济财富效应特征明显，发展中国家经济出现虚假繁荣。

然而，发展中国家经济增长的幻象是建立在单一的、粗加工的畸形产业结构的基础之上，其本身就构成国际金融垄断资本全球布局中关键一环。因为中心地区的发达资本主义国家向外围地区的发展中国家出借的主权信用政府贷款，大部分都是通过向国际金融市场发行公共债券的方式筹集的，对国际金融垄断资本而言，发达资本主义国家的政府是它们的总代理人，这些政府在资本对外输出过程中具有壳的重要价值，因此，发达资本主义国家的政府行为在相当程度上代表国际金融垄断资本的行为。如果发展中国家的初级产品出口下降，或者外部的主权信用政府贷款减少，这些发展中国家就会遭遇灭顶之灾，原因在于无论是初级产品的定价权还是主权债务的定价权，都不掌握在发展中国家自己手中，而是由国际金融垄断资本操纵的，因此，发展中国家经济发展的命脉掌握在国际金融垄断资本手中。

发展中国家主权债务驱动的经济增长模式具有极大的脆弱性以及对外部经济强烈的依赖性。对发展中国家而言，这种主权债务驱动经济增长模式有如饮鸩止渴，短期的发展甜头最终必将以其产业结构的完整性和国家经济主权的丧失为代价。然而，国际金融垄断资本运动也有其内在规律，美元国际循环规模越大，意味着美元越是走弱，会冲击美元的国际价值基准地位，因此，美国视

---

① 李慎明. 全球化背景下的中国国际战略［M］. 北京：人民出版社，2011：98.

需要交替使用强势美元和弱势美元政策。主权信用政府贷款一般都是短期浮动利率的贷款，国际金融垄断资本倾向于前松后紧的操纵手法，前期采用弱势美元政策，不断扩大政府贷款的规模，扩张美元流动性以降低利率，这就是所谓的放水养鱼；后期则采用强势美元政策，不断减少美元定价的政府贷款，缩减美元的流动性，提高政府贷款利率，人为造成美元紧张。

建立在高利率水平上的强势美元对国际金融垄断资本有诸多好处：其一，发达资本主义国家通过提高利率，清理本国过剩的生产能力，特别是常规生产能力，引起了中心地区发达资本主义国家所谓"产业空心化"问题，为这些国家的金融资本积累打下了基础。其二，政府贷款利率提高，发展中国家主权信用的政府贷款利息负担急剧增加，短期外债状况恶化。反过来，这种状况又降低了这些发展中国家的信用评级，国际金融垄断资本回流，发展中国家初级产品的外部需求急剧下降，进一步引起它们的国内信用紧缩。发展中国家的国际收支平衡表急剧恶化，主权债务违约大量增加，主权债务危机在发展中国家此起彼伏地爆发①。

主权债务危机的爆发意味着国际金融垄断资本开始"剪羊毛"。在危机救助过程中，国际金融垄断资本借由国际经济组织（如国际货币基金组织、世界银行等）的名义趁火打劫，提出非常苛刻的、屈辱的救助条件，诸如要求这些主权危机爆发国家全面开放资本项目，缩小公共领域范围，实行全面的市场化、自由化和私有化等。这样就极大地便利了国际金融垄断资本大肆掠夺这些危机国家的公共财产和自然资源等，造成这些国家前期辛勤劳动取得的经济成果化为乌有。因此，每一次外围地区发展中国家主权债务危机的爆发，就意味着外围地区的发展中国家主权的进一步丧失。

如果说自在的主权债务危机尚处于潜在的、偶然的形态上，主要是为将来的主权债务埋下了危机种子，为主权危机爆发准备好了相应的条件，那么中心和外围地区的政府部门之间的主权债务危机就是国际金融垄断资本通过国家政府而有意为之。国际金融垄断资本兴风作浪，借助金融一体化，使巨额资本快速从发展中国家流进、流出，引起外围地区发展中国家频繁爆发主权债务危机，进而攫取这些国家石油、矿产等战略资源的控制权。因此，这种主权债务危机具有明显的自为性质，故称之为自为的主权债务危机。事实上，主权债务危机成为国际金融资本操纵发展中国家的手段，在主权债务危机中，发展中国家一次次被国际金融垄断资本劫掠，最终不得不屈从于这些国际金融垄断资本的统治，这些被驯服的发展中国家将不得不走上产业资本积累的道路。

---

① 刘志强.论拉美和欧洲主权债务危机及其民粹主义政策风险［J］.经济纵横,2013（9）：64-67.

4.2.3 一般主权信用——自在自为 [①] 的主权债务危机

频繁的外围地区发展中国家的主权债务危机，就是国际金融垄断资本推广新自由主义国际经济秩序的契机。正是在新自由主义国际经济秩序成型的过程中，外围地区主权债务危机不断被催爆。如前所述，外围地区发展中国家主权债务危机实质是国际金融垄断资本全球布局的结果，相应地，每次外围地区发展中国家主权债务危机爆发后的善后救助工作，都是由国际金融垄断资本所操控的国际经济组织（如国际货币基金组织、世界银行、世界贸易组织等）操盘的。这些国际经济组织千方百计地维护国际金融垄断资本的利益。

国际经济组织为外围地区主权债务危机发生国所开药方中，严格遵循新自由主义的"自由化、私有化、市场化"的原则，并且提出了一个系统体现新自由主义"三化"原则的所谓"华盛顿共识"十项具体举措 [②]：①加强财政纪律，压缩财政赤字，降低通货膨胀率，稳定宏观经济形势；②把政府开支的重点转向经济效益高的领域和有利于改善收入分配的领域（如文教卫生和基础设施）；③开展税制改革，降低边际税率，扩大税基；④实施利率市场化；⑤采用一种具有竞争力的汇率制度；⑥实施贸易自由化，开放市场；⑦放松对外资的限制；⑧对国有企业实施私有化；⑨放松政府的管制；⑩保护私人财产权。

"华盛顿共识"的十项措施完完全全体现了新自由主义精神内核，它的达成标志着新自由主义的国际经济秩序更趋成型。这种国际经济秩序以霸权主义和强权政治为基础，以掠夺性和欺骗性为特征，它在实践应用中体现着双重标准 [③]。与此相印证，外围地区发展中国家主权债务危机爆发以后，无论是拉美地区发展中国家的结构性改革，还是苏联、东欧前社会主义国家的激进转型转轨改革，抑或东亚地区新兴市场经济的治理方式改革，目的都是以全面市场化改革为导向，以全面贯彻新自由主义的"自由化、私有化和市场化"为宗旨。

事实上，对于国际金融垄断资本而言，每次外围发展中国家的主权债务危机的意义，都是在完成一块新自由主义的资本主义世界体系的拼图。正如大卫·哈维所言："对于任何权力的资本主义逻辑而言，其普遍性的推动力并非来自阻止非资本主义区域发展资本主义，而是这些区域应当一直保持开放的态

---

① 黑格尔提出的哲学术语，"自在自为"有独立、完整、无限、具体等意思，即自己不依靠别的而存在，自己就是自己的全部原因。

② 陈平. 从华盛顿共识失败看经济变革方向［J］. 红旗文稿，2005（11）：13–15.

③ 刘爱文. 西方主权债务危机形成机理研究［M］. 武汉：武汉大学出版社，2014：70–71.

势。"① 所以，外围地区发展还是不发展资本主义是次要的，关键是要对国际金融垄断资本保持开放态势，并且要求这些地区的市场化改革一步到位。国际金融垄断资本甚至不能容忍以中国为代表的东亚新兴经济体实施国家主导下渐进的、有序的市场化改革。

在历次外围地区发展中国家的主权债务危机救助过程中，美国经济学家杰弗里·萨克斯（Jeffrey Sachs）所提出的"休克疗法"成为国际货币基金组织等推荐的标准药方。对于深受债务危机困扰的外围发展中国家而言，休克疗法无异于饮鸩止渴，其实质就是把危机国变成中心地区发达资本主义国家的经济殖民地。然而，新自由主义的自由化、私有化和市场化要求对外围地区和中心地区却不是完全对等的。以美国为核心的中心地区作为国际金融垄断资本的主要宿主和驻留港湾，其内部市场只实施有条件、有限度的自由化。对于前沿技术和尖端设备，中心地区发达资本主义国家是绝对不会实施自由化和市场化的，即使是对于一般性生产和消费领域，中心地区发达资本主义国家也是实施市场准入制度。对于那些被贴上非市场经济地位标签的国家，发达资本主义国家千方百计地进行遏制，不允许这些标签国产品进入他们的国内市场；只有那些完全依附于他们的发展中国家产品，才被允许有条件地进入中心地区发达资本主义国家的内部市场。这就是新自由主义所鼓吹的自由化思想。

至此，国际金融垄断资本主义才真正过渡到完全成熟的典型发展阶段。美联储成为全世界实质上的中央银行，美国财政部的信用成为全球主权信用的策源地，华尔街成为国际金融垄断资本的集散地，而国际货币基金组织等则成为执行国际金融垄断资本使命的工具。正如马尔萨斯说地主、官僚和牧师等组成的"第三者"的存在对资本积累至关重要一样，金融投机家、跨国公司总裁、食利者集团的存在对于国际金融垄断资本的国际循环至关重要。"华尔街—财政部—国际货币基金组织"体制型构了一种新型的帝国主义，它建基于国家权力的政治/领土逻辑（保守主义）和资本逻辑（新自由主义）的错位发展基础之上。在新型帝国主义主宰的国际经济秩序下，中心地区的消费成为拉动全球经济增长的发动机，新自由主义的世界体系的外围和中心形成一种以新型贡纳关系为特征的依附关系。

外围地区发展中国家的主权债务危机与中心地区发达资本主义国家去过剩产能是同步的，因为它们系出同源。在国际金融垄断资本操纵下，中心地区发达资本主义国家紧缩货币政策，信贷市场基准利率提高。一方面，中心地区基准利率提高引爆外围地区发展中国家主权债务危机。危机的结局就是堕入国际

---

① 大卫·哈维. 新帝国主义 [M]. 北京：社会科学文献出版社，2009：113.

金融垄断资本的彀中，被迫接受"华盛顿共识"，缩小政府调控范围，全面开放资本项目，实施出口导向的外贸政策等。"华盛顿共识"实质就是迫使外围地区发展中国家节衣缩食，发展对外贸易型生产，更廉价地向发达资本主义国家出口商品，以换取所谓国际储备货币，特别是美元外汇。发展中愿意接受"华盛顿共识"的目的有二：其一是拉动本国经济发展，其实是一种依附于中心地区的畸形发展；其二主要是防范来自中心地区的国际金融垄断资本掀起的主权债务危机袭击。因此，外围地区发展中国家全面陷入单一的、粗放的、失控的产业资本积累轨道。事实上，在新自由主义国际经济秩序下，"剥夺性积累"是国际金融垄断资本通行法则，外围地区发展中国家普通群众自然是在劫难逃，即使在中心地区发展资本主义国家，普通群众也难逃这种剥夺性积累的命运。诸如住房、教育、医疗、养老等公共领域不断被纳入国际金融垄断资本的业务范围，普通大众的衣、食、住、行等个人资产负债表都被金融化了。发达资本主义国家信贷消费成为社会生活的普遍形态，伴随着全社会信贷规模的膨胀和金融资产规模的剧增，规模巨大且发展迅速的金融部门在国家经济生活中举足轻重[①]。另一方面，中心地区基准利率提高也导致中心地区发达资本主义国家的产业空心化和金融化问题。因为长期资本积累的结果就是产业资本利润率下降，当产业资本追加投资所带来的利润量少于利润率下降所导致的利润量下降时，产业资本就出现绝对过剩。提高的基准利率增加了产业资本的运营成本，进一步加剧了产业资本的过剩，特别是中小产业资本过剩问题。数量众多的中小产业资本遭到破产清算，中心地区陷入所谓"产业空心化"。因此，国际金融垄断资本的剥夺性积累，不仅剥削外围地区发展中国家和中心地区发达资本主义国家的普通群众，而且连中心地区发达资本主义国家的中小产业资本也难逃厄运。在剥夺性积累下，发达国家的一般生产开始向发展中国家转移。

然而，资本的生命在于运动，资本是不能够停止追逐利润的，中心地区发达资本主义国家留存下来的产业资本必须寻求突破。这就引出了问题的另一方面，高利率增强了中心地区发达资本主义国家金融资产的吸引力，大量的国际金融垄断资本蜂拥而至，追逐这些发达资本主义国家货币定值的金融资产。那些产业资本寡头也出现金融化势头，纷纷将其主业由实体经济领域转向金融领域。诸如银行、证券、保险与房地产等金融部门在发达资本主义国家经济结构中的主导地位由此奠定，金融资本积累取代以工业资本为主体的产业资本积累，形塑为发达资本主义国家主要的资本积累模式。

---

① 何秉孟 . 美国金融危机与国际金融垄断资本主义［J］. 中国高校社会科学，2010（6）：28-44.

在新自由主义国际经济秩序下，外围地区发展中国家以产业资本积累为主，中心地区发达资本主义国家则以金融资本积累为主，资本异化积累模式形成一种互耦关系，这种秩序运作的一个前提是美元充当国际基准货币。这样，美元一方面通过贸易赤字流出中心地区，另一方面通过购买美元金融资产方式再回流到中心地区，一个完整的美元外部环流就形成了。

在异化资本积累模式下，焦点集中在金融资本积累的内部循环上，矛盾开始向中心地区发达资本主义国家之间转移。各个发达资本主义强国在外围地区拥有作为自己势力范围的经济殖民地，这些国家的金融资产实际上都代表着对于外围发展中国家的产业资本的二次方、三次方等的控制权，通过所谓层出不穷的金融创新，打包形成复杂的资产组合。因此，相对于外围地区原始的产业资本而言，各个发达国家的金融资产更具投资价值。

在此背景下，各个发达国家公共部门之间相互购买和交叉持有对方公共债券，如扬基债券、欧洲债券和武士债券等，国际债券市场迅速发展起来。此时，作为国际金融垄断资本代理人的中心地区发达国家政府之间组成一个团结的共济会。此外，世界银行贷款项目、国际货币基金组织贷款以及其他国际经济组织的定向贷款也迅速增加。因此，以中心地区公共部门、国际经济组织等为主体的主权债务日益膨胀，成为当前国际经济生活的新焦点。而这也改变了异化的全球资本积累模式下美元国际循环模式，先前的三角美元国际循环也被中心—外围的双边美元国际循环所取代，甚至演变为一种全新的全球被迫向美国进贡的单极美元国际循环模式①。

在新自由主义国际经济秩序下，美联储实质上成为世界各国的中央银行，它能够通过负债的方式发行美元，相当于向外围国家征收铸币税，换取外围地区廉价的商品和服务。因此，外围国家为了积累更多以美元定价的金融资产而进行大规模的产业资本积累，而中心地区发达资本主义国家则因金融资本积累能够超前过度消费。更为重要的是，中心地区发达资本主义国家这种超前过度的债务消费成为全球经济增长的发动机，扩张对外经济规模成为全球，特别是外围发展中国家经济生活的主题。

由于绝大部分国际金融与贸易的定价与结算都是以美元来进行的，借此独特的地位，以美国为首的中心地区发达资本主义国家在处理本国经济问题时只需考虑自己内部的情况，而其他外围地区发展中国家面对此种情况投鼠忌器，不得不被他们拥有的美元外汇资产所劫持，被迫牺牲本国人民的福祉，以保持

①　马淮. 从美元国际循环看次贷危机爆发的必然性［J］. 中国特色社会主义研究，2009（1）：69–76.

与中心地区发达资本主义国家经济周期一致。

为了顺利实现美元国际大循环，中心地区发达资本主义国家两手抓：一方面，借助世界贸易组织，对外抑制外围地区美元外汇储备资产无序过快增长。这些发达资本主义国家经常对外围发展中国家发起贸易制裁，设置各种贸易壁垒，动辄挥舞如反倾销调查、关税或关税壁垒（特别是绿色贸易壁垒）等大棒，攫取国际经济交往中的议价权。外围地区发展中国家被迫做出更大的让步，以恶化自己的对外贸易条件为手段，向中心地区的发达资本主义国家提供优质低价的普通商品。另一方面，对内实施有管理的货币制度。借助所谓的"泰勒规则"扩大公共债务的发行，发达资本主义国家以此吹起各类金融资产的价格泡沫，因为按照泰勒规则，发达资本主义国家的货币政策不再以货币发行量或利率等直接指标作为监控对象，仅仅监控这些国家特制的通货膨胀指标。

事实上，构成上述通货膨胀指标的主体是普通消费品或一般生产资料等，剔除了最为主要的资产价格的因素，这就为建立在公共债务基础上的金融资产膨胀奠定了基础。由此，中心地区发达资本主义国家金融导向的债务经济，进一步拓展了国际金融垄断资本的食利者之路。因此，在新自由主义国际经济秩序下，中心地区发达资本主义国家的金融资本积累与外围地区发展中国家的产业资本积累是受同一规律制约的，都是建立在公共债务基础之上的。这种畸形的全球资本积累结构是以霸权主义和强权政治为政治基础，以美元霸权为经济基础，以国际经济规则制定权为决策基础的。美国前财长约翰·康纳利曾经说过这样一句话："美元是我们的货币，却是你们的问题。"[1]这句最直白地道出了美元霸权的实质。任何侵蚀美元霸权的行为都是美国等发达资本主义国家所不能容忍的；否则，美元国际循环难以为继，中心地区金融资本积累进程将被打断，它将会摧毁以美国为代表的中心地区所主导的不公正国际经济秩序。

然而，"新自由主义所固有的易变性最终重返美国的核心地带"[2]，中心地区金融资产虚化的债务基础日益同全球实体经济相背离，这种状况恶化到如此程度，以至于美元国际循环难以为继。先前的国际价格均衡体系就被打破，价值革命势在必行，中心地区的发达资本主义国家就会引爆自己的危机。所谓自在自为的主权债务危机，这不仅是因为其债权人主体广泛——既包括外围地区发展中国家，也包括中心地区发达资本主义国家，且在中心地区发达资本主义国家中，既包括金融垄断资本所代表的私人部门，也包括以政府机构为代表的

---

① 转引自：郑鼎文.大变局与东亚经济战略［M］.北京：人民出版社，2013：27.

② 大卫·哈维.新帝国主义［M］.北京：社会科学文献出版社，2009：157.

公共部门；更是因为发达资本主义国家可以操控这种主权债务危机的爆发，因为这种发达资本主义国家的主权债务危机爆发后，危机救助过程中这些国家纷纷通过量化宽松政策印发钞票，使外围发展中国家所持有的美元外汇资产不断缩水，以此逃废他们所欠的主权债务。

由此可知，主权信用只是在国际金融垄断资本主义阶段才具有典型的意义，故称这种发达资本主义国家的主权债务危机为自在自为主权债务危机。因此，中心地区发达资本主义国家的主权债务危机将会每隔一段时间就爆发一次，背后原因就在于中心地区极少数国家垄断了国际最前沿的技术和最尖端的设备（特别体现在军工技术产品上），占据了国际价值链的高端，能够在同外围发展中国家进行经济交往时实现不等价交换。因而每一次发达资本主义国家的主权债务危机，都将进一步扩大这些国家所垄断的尖端技术设备同外围发展中国家所生产的一般产品之间的价格剪刀差，从而通过这些尖端技术设备的更高定价来吸收国际储备货币的过剩流动性，危机相当于重新洗牌。从这个意义上来说，发达资本主义国家的主权债务危机就意味着外围地区发展中国家的债权危机，它是发达资本主义国家债务消费驱动经济模式的自然结果，其实质是一种新型帝国主义的贡纳模式。

第5章
主权债务危机范畴的初步规定

5.1 主权债务危机溯源

主权债务危机是资本主义信用关系发展到一定历史阶段才出现的，它是一个历史范畴。如前所述，资本主义信用是借贷资本的运动形式，资本主义信用的背面就是债权债务关系的形成。然而，债权债务的最原初的内涵却是来源于前资本主义等级社会。

第二次社会大分工后，父系社会出现，在个体家庭生产单位的基础上形成了私有制。生产过程中生产资料特别是生产工具的借还成为经常性活动，这就出现了最初的借还活动。这些活动不以获取利息为目的，其之所以能够进行就是依赖于人们日常交往活动中所建立起来的信任或信誉，通过社会公序良俗形成有借有还、天经地义的信念。但由于当时社会生产力不发达，人们对神鬼莫测的大自然力量特别畏惧，进而产生自然神崇拜这种朴素的情感。因此，人们之间信任或信誉关系都间接地表现为对自然神的敬畏。早期这些生产资料借还活动如果出现纠纷，也都是在宗教神庙等场所通过非常庄严的仪式进行解决。

第三次社会大分工出现的商人阶层，标志着原始社会的解体和阶级社会的形成。在私有制的基础上，商人阶层发展了古老的商人资本，它加快了商品经济的发展，特别是丰富了货币的职能。为了获取更多的利润，商人资本更多地从事远地贸易和跨期贸易。相对而言，这类贸易风险相对也大，促使货币经营业迅速发展起来。商人资本由此分化为商品经营资本和货币经营资本。为减少商品经营资本的在途风险，从事远地或跨期贸易的商人经常将商品经营资本储存于货币经营业者的处所，并且向后者支付期间保管费，这就形成了价值单向运动基础上的货币支付职能。随着商品货币关系的发展，货币在社会生产生活中的作用越来越大，在满足等级社会中小生产者的生产生活需要，特别是贵族对奢侈品需求时，货币作用日益重要。借贷货币成为一件有利可图的事情，于是获利巨丰的货币经营业者化身为货币借贷者，在货币支付职能的基础上借贷活动开展起来。由于货币借贷利息畸高，高利贷资本——生息资本早期形式出现，债权债务关系开始形成。

随着商品经济的发展，货币功能不断丰富。在前资本主义等级社会中，土地、牧场等自然形态财富是主要形态，其不动产性质限制了货币功能的深化，尚不存在形成债务危机的土壤。地理大发现加速了世界市场的形成，建立在私人利益至上的市民社会形成。国际交往发展到相当规模和程度，怀揣致富梦想的工业资本打破一切藩篱禁忌，驱使各国或主动或被动地走出封闭自守的独立王国，抛却自然经济的外衣，形成一个有机联系且相互依赖的资本主义世界经济体系。由此，货币职能也越出国界发展为世界货币，货币支付手段也就有了世界意义，债权债务关系的保证也由先前的宗法等级制转变为资产阶级法权。然而，由于足值的黄金等贵金属货币充当世界支付手段，其内在约束性使国际债务难以持续累积，主权债务危机也就无从爆发。

主权债务危机形成条件只是在晚期资本主义阶段才发展成熟。经济金融全球化进一步深化了世界分工体系，各国经济交往更加频繁密切，国际货币体系中霸权国家法币取代黄金等贵金属货币的基准地位，成为国际支付与结算的主要支付手段，国际投资贸易成为主权独立国家发展民族经济不可或缺的部分，国家主权的经济属性不断强化，主权债务成为各国经济增长的引擎。然而，对抗性的资本内在逻辑形成主权债务的瓶颈，而不平等的国际经济秩序以及在世界经济体系中各国所嵌入位置差异，又使主权债务危机的性质与内涵千差万别。

5.2 本币主权债务危机与外币主权债务危机 [①]

5.2.1 外币主权债务危机

按照主流经济学的观点，一般认为主权债务（Sovereign Debt）的定义是

---

① 刘爱文．主权债务危机的范畴规定性探讨［J］.黑龙江社会科学，2016（6）：43-47.

指一国以自己的主权为担保向外，不管是向国际货币基金组织还是向世界银行，还是向其他国家借来的债务。然而，主权债务危机研究视角差异较大：有的从负债过多角度，认为主权债务危机是"一国在国际借贷领域中大量负债，超过了该国自身的清偿能力，造成无力还债或必须延期还债的现象"①；有的从自身经济基础的薄弱性来看，"主权债务危机是指一国政府不能及时履行对外债务偿付义务的违约风险"②。尽管主流经济学对主权债务危机定义不一而足，然而，按照马克思主义观点来看，主权债务危机是一个国际金融垄断资本主义阶段出现的历史范畴，实质是国内财政危机的国际延伸，是在货币发行保证债务化的背景下，以国家主权作为担保所举借的外部债务超过该国支付能力而引起的国际支付危机。

由此，我们就能认识外币主权债务的实质内涵，就是指本国政府出于发展本国经济的需要，囿于本国资本存量不足，在没有其他物资或服务可资交换的情况下，不得不以其国家主权信用作为担保，在国际资本市场上向其他国家或国际经济组织（如国际货币基金组织、世界银行）等外部主体借贷以外币定值的国际债务。而作为这种以外币定值的国家主权债务需要以外币按时还本付息为条件，一旦以外币还本付息这个基础条件在本国遭到破坏，造成无力偿还这些外币主权债务或需要对这些外币主权债务进行展期的窘境，那么不断恶化的外债压力将直接危及本国主权的稳定与存在，我们将这种外币定值的债务危机称为外币主权债务危机。

外币主权债务危机经历了两个不同的发展阶段：列强的外币主权债务危机和外围外币主权债务危机。这里我们只分析列强的外币主权债务危机，至于后者，我们将在外围主权债务危机中予以分析。资本主义发展到国家垄断资本主义阶段，"银行资本和工业资本已经融合起来，在这个'金融资本'的基础上形成了金融寡头"③。它逐渐控制了本国的政治经济生活，借助国家机器为其获取高额垄断利润服务。由于老牌资本主义国家经济发展水平参差不齐，金融垄断资本家就驱使国家机器向外扩张，重新划分殖民地以攫取巨额的经济利益。因此，从某种意义上来讲，世界大战是外币主权债务危机的催化剂。外币主权债务危机肇端于第一次世界大战，交战双方均为资本主义列强。为进行这场不义战争，这些列强积极扩军备战，先后采用了两种方法。他们为准备战争，首

---

① 谢地，邵波.欧美主权债务危机的经济政策根源及我国的对策［J］.山东大学学报（哲学社会科学版），2012（1）：8–13.

② 谢世清.历次主权债务危机的成因与启示［J］.上海金融，2011（4）：62–65.

③ 列宁.列宁选集（第二卷）［M］.北京：人民出版社，2012：651.

先，人为地切断金币与价值符号之间的联系，禁止黄金的自由输入输出，大举发行超越黄金储备的战争公债，实质上使得黄金非货币化。由于没有黄金等贵金属货币特有的内在约束，战争国国内通货膨胀加剧，战争物资匮乏，日益严重的通货膨胀恶化了本国的经济秩序。在不得已的情况下，他们还得求助于第二种方法，即以本国主权信用为担保，大规模向战争中保持中立的美国举借美元外债，购买美国的战备物资，从而更深地陷入了战争泥潭。

这种人力、物力的资源消耗战使这些昔日列强的经济实力严重受损，而作为后起之秀、新兴资本主义国家，美国却在第一次世界大战中大发战争横财。美国通过向交战双方发放大量美元贷款，使后者得以购买美国的战略物资，主要是武器装备，从而为美国过剩商品找到了最好的出路。"一战"结束后，战败国面临国家破产是本来之义，战争赔偿引起的巨额外债负担，使这些战败国根本无力承担。但是，作为战胜一方也面临着国家破产，因为这些战胜国向美国所举借的美元贷款，主要用于战争这种非生产性用途，惨胜如败，战胜国经济实力极大受损。

后期参战的美国不将战争债务摊派在战败者身上，却坚持按照商业原则将债务摊派在战胜国身上[①]，而这些战胜国根本无力偿还如滚雪球似的美国政府债务。这些作为战胜国的债务国所欠的美元主权债务，尽管没有黄金等内在约束，但却是以美元这种外币定值的，它受制于美国的经济政策，因此存在着外在约束。战后美国加紧向这些债务国逼债，使这些作为战胜国的债务国家面临国家经济濒临崩溃的命运，他们不得不让渡部分经济主权才能够继续得到美国的战后贷款。在国际事务中，债务国唯美国马首是瞻，这实质上也是外币主权债务危机的表现。美国利用债权人的地位，使美元取代了英镑昔日的霸主地位，一跃成为世界货币新霸主。因此，我们将此种主权债务危机称为列强的外币主权债务危机。

5.2.2 本币主权债务危机

现实生活中，人们提到主权债务危机，下意识地认为就是指外币主权债务危机。事实上，在当前国家主权信用本位的情形下，主权债务既可以用外币来计价，也可以用本币来计价。而计价货币的法权差异对于主权债务性质的影响却是天壤之别，因此，我们有必要界定一下本币主权债务危机的内涵。

---

① 迈克尔·赫德森.金融帝国：美国金融需要的来源和基础［M］.北京：中央编译出版社，2008：37.

笼统地讲，本币债务危机，就是政府以本币计价定值所欠的债务（包括内债和外债），超过本国法律规定的法定债务上限，从而产生以围绕债务上限提高与否，并以府院党派争执为主要表现形式的债务危机。如果本国一味放纵其主权信用，致使本币债务中外债部分占比过大，而又不能制订合理的外债偿还计划，致使外国债权人面临潜在的呆账损失或威胁，从而引起本国主权信用降级，此时的本币债务危机就会演变为本币主权债务危机。

本币主权债务性质较为特殊，其计价货币的法权与债务宿主的主权存在行权主体的一致性问题。按照传统主权债务的分类标准中内债和外债的区分标准，我们很难定位本币主权债务。如以债权人的所在地为标准，本币主权债务显然属于对非居民的负债，这样看，本币主权债务好像属于外债。然而，按照外债所适用的准据法规定，它本应受该国域外法律支配和管辖；本币主权债务的定价货币法权的特殊性质，却决定了本币主权债务只受本国法律支配和管辖。

本币主权债务很明显具有以下两大特征：

其一是欺骗掠夺性。历史上的帝国或霸权国家，将被征服地区变为政治殖民地，直接地以繁重的苛捐杂税公开劫掠被征服国家或地区，所到之处呈现荒芜废墟状。此类帝国模式难以长期从政治殖民地中得到利益，因而自身也难以长久存在。随着世界经济发展到一个新的历史阶段，一种新型的帝国或霸权国家应运而生了，它不以占领领土为目标，而是发展一种依附型的世界经济体系，[①]也即霸权国家将政治殖民地转变为经济殖民地。这样，各个国家在形式上是主权平等的。由于历史原因，这些经济殖民地大多数比较贫穷落后，发展民族经济的良好愿望就被霸权国家所利用。霸权国家不再采取先前的暴力劫掠形式，而是采取不断扩大本币主权债务形式，使这些债务成为全球经济增长的引擎。在形式上，这些本币主权债务的发行也需要经过民主法律程序，也需要授予主权信用评级。这种形式公平性取代赤裸裸的公开劫掠，极大地激发了外围国家生产的积极性，积累起巨额的霸权国家的本币债权。债务国却利用其法统地位和铸币权不断印钞，以一张不值一文的纸币换取债权国的实实在在的商品和劳务，由此获取巨额的铸币税。为使这些货币回流，债务国又不断进行金融创新，设计各种金融产品供给债权国购买。因此，本币主权债务国实质上起到了世界中央银行的作用，通过不断放出本币基础货币，使债权国被动地以外汇占款的形式增加本国货币供给。反过来，本币主权债务国又通过金融创新获取廉价融资。

---

① 刘爱文.主权债务危机的范畴规定性探讨 [J].黑龙江社会科学，2016（6）：43–47.

其二是弱约束性。历史上随着价值基准的改变，资本主义主权债务共经历了外部约束、混合约束和内部约束三个阶段。第一阶段就是金本位时期，以足值的黄金等贵金属货币作为价值基准。足值的黄金贵金属货币作为主权债务的准备，这种贵金属基准形成超脱于债权债务利害双方信用之外的外部约束。债权债务双方受黄金硬壳的硬性制约，从而使主权债务不能过多积累，也就保证了这种主权债务能够得以贯彻执行，而主权债务的重新调整也会相应地改变各国的相对地位。第二阶段是一个过渡阶段，它将足值的黄金贵金属货币和可兑换的信用货币结合在一起，价值基准本质上是一种双本位货币体系。这种体系将外部约束和内部约束相互结合，形成一种混合约束。其早期典型形式就是构成布雷顿森林体系的黄金—美元挂钩的国际货币体系，此时的主权债务都由与黄金捆绑在一起的美元定价。混合约束的现代表现形式就是以欧元为代表的区域共同货币体系，欧元对其成员国来说，既独立又不独立，成员国对欧元的发行都有部分的控制权，所以欧元也算是一种混合约束。第三阶段就是当前我们所处的阶段，即以不兑换的信用货币为价值基准，本币主权债务就是以国家信用为基础的信用货币来定价。因此，对于信用货币发行国来说，这是一种内部约束或软约束，它的运行完全依赖货币发行国的自我约束和道德约束。本币主权债务发行国既做裁判又做运动员，使其债务上限不断被突破，又不断被重置，对其发债总额并不能形成有效的硬性约束。在这里，一切外部约束都失效了。本币主权债务国肆意印钞和提高债务上限，如果产生问题，债务国又将这些问题全球化，将主权债务危机后果转嫁给其债权国。因此，本币主权债务危机还具有可转嫁性。

5.3 外围主权债务危机与中心主权债务危机 [①]

5.3.1 外围主权债务危机

一般认为，主权债务危机是 21 世纪以后才出现的一个新生事物或新现象，并且将西方主权债务危机（也称中心主权债务危机）等同于主权债务危机。这种观点其实是不完全正确的，主权债务危机不但包括西方主权债务危机，而且包括外围主权债务危机。当然，两类危机范畴并不是完全对立的，它们之间存在着内在逻辑沿承。当货币越出国界，开始发挥世界货币职能时，主权债务危机就已经有了可能性。而当资本主义经济联系日益密切，国际债权债务关系日

---

① 刘爱文 . 主权债务危机的范畴规定性探讨［J］. 黑龙江社会科学，2016（6）：43-47.

益发达，主权债务危机才有了现实可能性。因此，主权债务危机的物质基础在于世界经济体系的形成。

到了新自由主义阶段，主权债务危机的爆发才日益频繁和明显。例如，20世纪80年代困扰拉美地区十年之久的拉美债务危机，1994年墨西哥比索危机，1997年亚洲金融危机，1998年俄罗斯债务危机，1999年的巴西金融危机，2001年阿根廷金融危机等。尽管名称各异，但这些危机实质都是主权债务危机。这些危机后果如此严重，开始引起世人的普遍关注。按照历史发生顺序，主权债务危机总是先从世界体系的外围开始，然后再向世界体系的中心地带转移。这都源于不平等的国际经济秩序下，国际金融垄断资本的全球重新布局，也是帝国权力的资本逻辑的必然结果[①]。

"二战"后，西方资本主义经历了其发展史上长达20多年所谓"黄金期"的繁荣，终致垄断资本积累过度，平均利润率不断下滑，导致了利润率危机。其根本原因在于，国家垄断资本主义遭遇到了其发展的历史界限。因此，在20世纪80年代，西方发达资本主义国家为了摆脱利润率下滑的窘境，不得不将过剩资本重新布局——向外围地区输出这些过剩资本。

同时，广大殖民地半殖民地国家，经过民族解放运动洗礼，逐渐获得了民族独立，它们构成了世界体系的外围发展中国家。尽管政治上独立了，但是由于先前宗主国的劫掠，外围各国经济状况基本上是个烂摊子。因此，这些外围国家迫切需要改变经济落后的现状，强烈渴望迅速发展民族经济。然而，多年的殖民统治使这些外围国家资本主义发展不充分或不健全，国内资本特别缺乏，因此不得不求助于外部资本。

在这种背景下，发达国家向那些外围发展中国家发放了大量的贷款。由于当时发达国家资本过剩，这些贷款的利率自然也是非常优惠的。但是天底下没有免费的午餐，这些贷款附加了两个条件：其一，它们的利率是浮动的，并且利率的高低由这些贷款的来源国决定；其二，这些贷款都是以其母国的货币来定价的，实质上是外币定价的主权贷款。因此，尽管在贷款初期，那些外围发展中国家经历了一段经济快速增长的繁荣期，如20世纪60～70年代的拉美地区和20世纪70～80年代的东亚地区。然而，两个附加条件却给这些外围地区经济发展留下了相当大的隐患。

随着代表国际金融垄断资本利益的保守主义势力在英、美等发达资本主义国家重新崛起，新自由主义政策立即在国内外贯彻执行。这些政策一方面从内部加强对劳工的进攻，另一方面从外部加强对外围地区的盘剥。20世纪80年

---

① 大卫·哈维. 新帝国主义 [M]. 北京：社会科学文献出版社，2009：29-31.

代中期，发达国家为了治理通胀、维护金融垄断资本利益，大规模紧缩货币，利率急剧提高，国内大量中小产业资本破产、工人失业，金融资本以消灭国内中小产业资本为途径壮大自身[①]。更为重要的是，借助利率水平的急剧提高，金融资本盘剥外围地区的产业资本，举借外债的外围地区深陷主权债务泥潭。例如，1983 年，发展中国家的外债形势非常危险。就外债总额相对于国内生产总值的比率，墨西哥为 44%，巴西为 44%，委内瑞拉为 47%，乌拉圭为 63%，阿根廷为 66%，秘鲁为 76%，智利为 103%，而哥斯达黎加更是高达 120%。"这些外围地区的发展中国家面临着国家破产的窘境，拉美国家在整个 20 世纪 80 年代经历了迷失的十年。1982 年 8 月，由于到期的 100 亿美元外债无法及时偿还，墨西哥开启了拉美债务危机序幕，接着阿根廷、巴西等在内的 40 多个国家都不能及时偿还到期主权债务。据世行公布的报告，1982 年发展中国家外债规模为 5000 亿美元，而到 1998 年外债增加到 2 万亿美元，在利滚利的盘剥下，发展中国家主权债务越还越多。"[②]

至此，我们就可以概括外围主权债务危机的内涵了，它就是指在不平等的国际经济秩序下，外围地区为发展民族经济，不得不向中心地区发达资本主义国家所举借的，以债权国货币计价定值的浮动利率的主权债务。由于债务定价权的丧失，债权国利率上升导致这个外围地区债务负担急剧上升，以至不能按时偿还这些主权债务的危机，其造成的客观结果就是这些外围地区重新沦为中心地区的经济殖民地。事实上，通过亚洲金融危机，亚洲地区最终也沦为西方国家的经济殖民地，这里不再赘述。

5.3.2 西方主权债务危机

当前世界经济体系被区隔成两极，一极是发达的资本主义国家集团，另一极是落后的发展中国家集团，它们共同型构为"中心—外围"世界经济体系。在新自由主义国际经济秩序下，世界经济体系中心地区的发达资本主义国家倚仗其经济和军事实力，对外围地区大力推行霸权主义和强权政治，操纵国际经济金融规则制定权以及垄断国际事务的话语权，借助"华盛顿共识"意识形态工具，威逼利诱外围地区开放资本市场和金融市场。国际金融垄断资本在国际资本市场和外汇市场操纵利率和汇率，在外围地区掀起了一系列的主权债务危

---

① 罗伯特·布伦纳.繁荣与泡沫：全球视角中的美国经济［M］.北京：经济科学出版社，2003：107—110.

② 刘爱文.西方主权债务危机形成机理研究［M］.武汉：武汉大学出版社，2014：70.

机。为防范主权危机，外围地区不得不储备那些中心地区发行的所谓"国际货币"。由此，西方发达资本主义国家就攫取了世界财富度量权和债务定价权①。

外围地区被迫进入实体产业资本积累轨道，而中心地区的国际金融垄断资本则在驯服了外围地区以后，放开手脚地进行虚拟资本积累，或者说金融资本积累，一种畸形的积累模式由此形成。中心地区的国家开始超前过度消费，而外围地区宁可自己少消费，也要将他们拥有的自然资源和辛勤劳动生产的商品供奉给中心地区，换取那些不名一文的所谓的"硬通货"。外围各国通过被迫向中心地区市场缴纳"入场费"的方式，以换取国家免遭破产清算的窘境，这就是西方主权债务危机的历史前提。

在新自由主义国际经济秩序下，世界经济发展的逻辑发生了重大改变，世界经济由债权增长逻辑转变为债务增长逻辑。中心地区的超前、过度消费成了世界经济增长的前提条件，中心地区发达资本主义国家处于极为有利的地位。这些发达资本主义国家利用其作为世界经济增长引擎的优势地位，不断扩大公共财政支出、增加集体消费②，放任财政赤字和贸易赤字的扩大。应该说，作为世界经济增长的"火车头"，中心地区的发债额度一定程度的增长符合世界经济增长所需。然而，随着主权债务的增长，全球经济也就被这些债务绑架，中心地区发行新债更加不受羁绊。

按照资本主义基本矛盾所处的发展阶段不同，西方主权债务危机也可分为两个阶段：阶段性西方主权债务危机和总体性西方主权债务危机③。就前者而言，世界体系中心地区的西方发达资本主义国家，以其主权信用为担保，放纵公债的发行，公债最终突破其法定的债务总额上限。这种状况引起了公债国外持有者的恐慌，市场信心动摇，主权信用遭到降级，最终发达资本主义国家的主权债务危机爆发。对西方国家而言，此类危机只是"茶壶里的风暴"，其性质还属于阶段性西方主权债务危机，原因在于中心地区的经济独立性相对较强，它们特别重视国民经济结构的完整，这些经济基本因素依然可以支撑外围地区的希望。更为重要的是，西方主权债务危机实质上就是外围地区的债权危机。中心地区通过债务稀释向外围地区转嫁危机，将危机的后果很大程度上转嫁给外围地区的人民，从而挑动国家民族之间的对立，这就进一步恶化了外围

---

① 刘仁营，裴白莲.国际金融危机的理论和历史意义［J］.红旗文稿，2009（24）：4-7.

② Castells M.Collective consumption and urban contradictions in advanced capitalism.// Susser I.（Eds）. The Castells Reader on Cities and Social Theory［M］. Blackwell Publishers，Oxford，2002.

③ 应雪燕.主权债务危机是金融资本主义的主要危机形态［J］.马克思主义研究，2011（7）：94-99.

地区的贸易条件。因此，阶段性的西方主权债务危机的实质就是以民族矛盾掩盖国际金融垄断资本和全球无产者的阶级矛盾。

在国际金融垄断资本视野里，阶段性西方主权债务危机只能通过政府金融救助计划解决，即通过印钞救市——实质是将主权债务货币化。储备货币贬值造成外汇资产缩水，这种压力迫使外围地区外汇储备国不得不接盘中心地区不断增发的新公债，也为将来更大规模的西方阶段性主权债务危机准备了条件，由此表明，中心地区借助主权债务绑架了外围地区。然而，通过危机解决危机只是治标方法。这种惯例化的政府救市行为只会使政府债务不断增加，国家信用被滥用，过度膨胀的国家主权信用不断吹大资产泡沫，最终主权信用必将反伤自身。西方阶段性主权债务危机不断侵蚀国家信用基础，也不断缩小中心地区发达资本主义国家应对主权债务危机的回旋余地，最终必然削弱"硬通货"国际货币的地位。这些"硬通货"大幅贬值，全球流动性过剩严重，从而凸显国际经济旧秩序的合法性和合理性基础不再，总体性西方主权债务危机势所难免。

总体性西方主权债务危机表明，中心地区以主权债务控制外围地区实体经济的方式最终将失效，这种建基于虚拟资本的畸形积累模式遭遇其历史界限。随着信息技术突飞猛进，全球金融一体化趋势日益明显，最终必然形成这样一种局面：一方面，中心地区欠外围地区大量的主权债务；另一方面，无论是中心地区还是外围地区的政府都会负债累累。越来越多的国债集中于极少数的国际金融寡头的手里——中心地区的国际金融垄断资产阶级和外围地区的买办金融垄断资产阶级，此即"国穷民富"的实质。最终，金融掠夺必然以更直接的阶级对抗形式表现出来，国际金融垄断资本通过自身或外围地区的买办资本来控制、掠夺和剥削全球无产阶级，民族斗争让位于阶级斗争。因此，总体性西方主权债务危机的到来，表明资本主义基本矛盾发展到了一个新的阶段：国际金融垄断资本与全球被剥削者、被压迫者的阶级斗争深化，阶级斗争以直接对抗的形式显现出来。

5.4 欧洲主权债务危机与美国主权债务危机 [①]

5.4.1 欧洲主权债务危机

第二次世界大战结束以后，欧洲大陆四分五裂，其命运惨遭美、苏两大帝

① 刘爱文.主权债务危机的范畴规定性探讨［J］.黑龙江社会科学，2016（6）：43-47.

国的摆布，形成了西欧各国依附于美国、东欧各国依附于苏联的撕裂局面。这种尴尬境地激发了欧洲各国，特别是昔日列强的民族尊严。基于共同文化遗产和心理认同感，他们迫切希望形成一个共同体与美、苏抗衡，这个共同体以西欧发达资本主义国家为中心，其组织形态历经"欧洲煤钢共同体—欧洲共同体—欧洲联盟"的历史沿革。迄今为止，其成员国也经过五次扩张。按照经济先行原则，欧盟的宗旨就是在其内部实现人员、货物、服务、资本的自由流动，试图形成欧盟单一市场。欧洲一体化进程中一个重大成果就是，1999年欧洲中央银行统一发行欧盟区域共同货币——欧元，实行统一的货币政策。然而，欧盟内部政治改革和经济改革是不同步的，由于各国政治经济利益的差异，政治一体化程度远远滞后于经济一体化程度。因此，欧盟政策层面上表现为财政政策和货币政策的不协调，这使得欧洲一体化进程难以最终完成。另外，欧盟成员国的多次扩张，特别是随着东欧和南欧许多国家的加盟，破坏了作为世界体系中心区域的欧盟先前经济文化的高度趋同特质，欧盟内部经济异质性问题不断加剧其社会文化心理的冲突。以上这些都为欧洲主权债务危机的爆发埋下了隐患。

作为世界体系中心区域的欧盟，其内部也有中心与外围之分。根据经济发展水平的差异，德、法、英等属欧盟中心国家，希腊、爱尔兰、葡萄牙等则属欧盟外围国家。松散结构彰显了加入欧盟的各国动机也不一致，那些欧盟强国都想从欧盟统一市场中渔利，像德国、法国等发达资本主义强国想领导或左右欧盟的决策，而那些外围小国也想从共同体中沾光，如希腊、爱尔兰等小国，则希望享有和欧盟中心国家同样高的社会公共福利水平。然而，体现经济主权的货币政策与体现政治主权的财政政策存在不协调的问题。加入欧盟以后，成员国都已失去了独立的货币政策，财政政策成为他们唯一的权柄。欧盟尽管制定了《稳定与增长公约》(SGP)[①] 和《欧盟过度赤字程序》等，然而，这些措施无法对他们的财政政策形成硬性约束。这种不稳定的共同体结构，使成员国各有算盘，都想机会主义行事，即存在所谓"道德风险"。例如，在处理德国、法国等欧盟大国违反欧盟的《稳定与增长公约》时，欧洲理事会却否决了欧盟提出的对德法等国实施"过度赤字处理机制"的决议。欧盟外围国家也跟帮学样，急于放松财政纪律，为赤字财政大开绿灯。

另外，在人员、货物、服务与资本四大资源自由流动的背景下，欧盟中心

---

① 《稳定与增长公约》规定，欧元区各国政府的财政赤字不得超过当年国内生产总值（GDP）的3%、公共债务不得超过 GDP 的 60%。按照该公约，一国财政赤字若连续 3 年超过该国 GDP 的 3%，该国将被处以最高相当于其 GDP 之 0.5% 的罚款。

国家对外围国家存在虹吸效应 ①，劳动力等要素资源都趋于流向中心国家。然而，欧盟作为"全球民主典范"，这些欧盟外围国家也必须大量发行公债，特别是主权债务，以保持较高的公共集体消费水平，从而满足西方选举政治周期的需要。其结果就是，自 2003 年以后，欧盟各国公共部门向外部借贷行为激增，公共开支不断扩大，使南欧各国迎来了公共支出的热潮。主权债务日积月累以至难以为继，次贷危机使深陷其中的欧盟外围国家的金融部门面临大面积坍塌，外债沉重的欧盟外围国家出手救助其私人金融部门，但又陷自己于更严重的主权债务危机。因此，欧洲主权债务危机首先在欧盟外围国家爆发是有其内在逻辑的。

主流经济学经常将诸如人性贪婪、市场信心逆转、高福利水平、超前消费、社会的非生产性、财政政策和货币政策不匹配等因素作为欧洲主权债务危机的原因，这是由于这些因素在时间上总是发生在危机爆发前，在现象层面容易表现为危机的肇因。诚然，这些因素对于危机的爆发有推波助澜或催化的作用，然而，如将这些因素界定为欧洲主权债务危机的根源，那就是本末倒置，将现象混同于本质，这些观点极其浅薄荒谬。实际上，欧洲主权债务危机背后隐藏着深刻的社会政治经济因素，那就是美国对欧洲全方位渗透与控制下的欧洲非完全主权。不完全主权主要体现在欧盟政治经济态势上：政治上，欧洲依附于美国。美国借助北约军事同盟，保持在欧洲各地的军事存在，欧洲许多地方都有美国的军事基地；经济上，欧盟的很多经济组织都有美国影子普遍存在，美国金融资本通过控股参股的方式广泛参与欧盟金融机构的决策。因此，欧盟这种超国家组织，名义上是主权独立，实际上是依附于美国，并不存在完全独立主权，它们在国际事务中唯美国马首是瞻，美国对欧盟政治、经济、生活的多重控制使欧盟各国难以形成自己的独立判断与主张。

作为跨国家政治体系，欧盟不完全主权使其在全球竞争中处于劣势。例如，欧盟较高的社会福利是欧洲人民长期斗争的成果，但在美国主导的新自由主义国际经济秩序下，这些福利成果却成了欧盟与美国竞争的羁绊与负担。美国能够通过削减美国工人的社会福利或将生产转移到世界体系的外围国家，从而降低劳动力成本。因此，美国在全球竞争中能够轻装上阵，欧盟却必须背负很大的社会福利负担，这无形中增加了欧盟的财政压力。因此，欧盟不完全主权才是欧洲主权债务危机的深层次原因。

---

① 虹吸效应，是指中心区域强大的吸引力会将外围区域的人才、资本等生产要素吸引过来，从而减缓外围区域的发展。

5.4.2 美国主权债务危机

美元成为国际价值基准，这是国际货币本位制度历史演变的重大结果。如前所述，美国在两次世界大战中，利用中立国地位大发战争横财，使交战双方都成为它的债务人。美国操纵其债权国地位并最终取代了英国，成为新的世界霸主，美元也一跃成为新的世界货币霸主。因此，在国际经济活动中，美元垄断了计价货币地位，当前国际交易活动（投资、贸易等）90%以上需要通过美元来进行结算。于是，美国利用美元的国际价值基准地位，肆意攻击其外围世界的资本市场，掀起多起金融危机。外围世界为了防备金融危机，不得不向美国输出商品和劳务，借此方式储备防范危机的弹药，世界由此进入畸形的双重资本积累模式。外围世界从事产业资本积累，美国专事金融资本积累（或虚拟资本积累）。

事实上，全球双重资本积累模式是美国长期放纵其贸易赤字的结果。20世纪70年代初以来，美国经常项目赤字成为常态。随着美元持续地流出，美国也由先前的债权国转变为债务国。美元流出过多又会损害美元声誉，于是，美国不断增发美元定值的主权债务，回收富余的美元流动性，美元主权债务通过这种方式实现货币化。在这个过程中，美联储俨然成了世界中央银行，它与美国财政部联手唱双簧，前者放出流动性，后者则回收流动性。美国主权债务作为本币定值的外债，本来是不受外部约束的，然而，长此以往，洪水般剧增的美元主权债务将不断削弱美元的国际价值基准地位。随着外围债权国的觉醒和认清其危害，他们必将联合一致拒斥美元，最终引起美元主权债务被清算。到那时，美国主权债务将全面爆发。

主权债务危机由世界体系的外围转移到中心地区的欧洲，最终转移到核心地区的美国，这么一条逻辑进路也是与主权债务危机的客观历史演变相符合的。主权债务危机发展到美国主权债务危机，实际也就到了其最后阶段。尽管现在还没有到达最后阶段，但次贷危机引发美国量化宽松政策的出台，就意味着美国联邦政府已经难以驾驭美元主权债务这只猛兽，这也已经显示出美国爆发主权债务危机的端倪。

相比于其他类型的主权债务，美国主权债务更具特殊性，它至少具备以下几个特征：其一，软约束性。美国主权债务是以本币作为计价单位，而本币又是以本国信用作为担保。美国信用本位摆脱黄金等贵金属的硬约束以及债权国货币的外部约束，但却充当国际信用，借此成为美国所欠外债的基础。在新自由主义国际经济秩序下，美国又是金融市场最稳定、最有吸引力的国家，从而使得美国主权债务能够不断突破法定债务上限，美国债务总额上限的立法规定形同虚设。其二，高度独立性。首先是经济独立性强：作为世界体系核心国家，美国经济的基础就在于其经济独立性强，它有着全球最为完整的产业结构。美国重视国防军备、科技创新、教育等领域的独立发展，尤其重视作为国民经济基础的农业安全。美国强调以军事、科技为基础的综合国力建设，如美国严格审查本国研发活动的外移。其次是政治独立性强：经济上的独立决定了其政治的独立。美国的主权在全球是最完整和最独立的，这一点有别于欧洲主权债务。因此，美国能够自主地运用其财政政策和货币政策，发行公债仅着眼于美国国内，完全不受外部牵绊。其三，隐蔽掠夺性。美联储名为中央银行，实为私营的中央银行，它的全部资本均属于私人股份。然而，在新自由主义国际经济秩序下，这个私人所有的中央银行却充当起世界中央银行。它发行的美元不断通过经常项目赤字被外国政府持有，然后后者又通过购买美国政府发行主权债券形式回流，从而形成美元的国际环流。美国主权债务的规模不断扩张，外围国家被美国征收的铸币税的规模也越来越大[①]。其四，消费至上性。在新自由主义国际经济秩序下，外围世界进行产业资本积累，中心世界进行金融资本积累，这种积累模式的分野导致消费主义流行。消费即生产，美国过度消费成了全球经济增长的发动机。能否获得美元成了外围世界融入"现代文明世界"的通行证，外围世界积累起来的规模巨大的美元外汇储备，不得不购买以国库券为主体的美国主权债券，这反过来进一步支撑了美国的过度消费和超前消费。

美联储发行的每一张美元都代表美国政府所欠的债务。从这个意义上来说，美国尽管欠了外围世界巨额的主权债务，但由于美国华尔街巨富云集，这些金融寡头们富可敌国，他们掌握的金融资产数量更是惊人，因此，这些金融寡头们才是美国政府的最大的债主。从现实情况来看，美联储通过美元的汇率、利率波动的方式使一些金融公司破产，从而逃废所欠债务。这种方式可以赖掉部分外债，但其所欠内债却是逃不掉的。不管金融公司破产与否，这些金融寡头们总是获利颇丰，"富了和尚穷了庙"的事实揭示了"藏富于民"口号的虚伪。因此，华尔街金融寡头们才是美国真正的主人，他们主宰了美国国内外政策，美国政府只是他们的工具而已。

为了维护这些金融寡头们的利益，美国将重要的国际组织总部都设在美国境内，在世界体系中建构了一个"核心—中心—外围"的多层次的官僚层级控制体系。例如，美国在联合国特别是安理会中一票否决权的政治控制；美国实施战略产业安全审查，以及将高新技术、研发活动控制在本国的经济控制；美

---

① 刘爱文. 西方主权债务危机形成机理研究［M］. 武汉：武汉大学出版社，2014：151.

国在世界各地建立军事基地或军事同盟，保持其在全球军事存在的军事控制；美国在全球强力推广"华盛顿共识"的思想文化控制；美国在全球实施网络监控，即使最亲密的欧盟也不例外，这就是美国的互联网监控。美国全方位的控制为其发行主权债券奠定了政治、经济和意识形态的基础。通过这些监控措施，美国是"两手抓，两手都要硬"，不但鱼肉本国国内的劳动人民，而且掠夺外部世界的劳动人民。

为了提高美国主权债券的需求，美国经常是穷兵黩武，在世界各地到处挑起战事，其他国家的危机就是美国的契机。动荡不安的世界中只有美国最稳定，美国主权债券就有了避险功能，从而产生政治风险溢价，美元外汇储备国对这些美国主权债券趋之若鹜。

然而，美国主权债务危机何以可能呢？从现象上看，美国在国际交往活动中奉行的霸权主义，以及国际事务中的双重标准，其他国家逐渐反感和觉醒。实际上，经济殖民主义政策削弱了美国统治的合理性和合法性基础，日益膨胀的美国主权债务与美元国际价值基准地位相矛盾，导致美国主权信用破产，这才是美国主权债务危机的根本所在。因此，美国主权债务危机的历史根源在于，在新自由主义国际经济秩序下，国际金融垄断资本推行经济殖民主义，它表明国际金融垄断资本主义发展遭遇不可逾越的历史界限。

5.5 小结

在新自由主义国际经济秩序下，新型帝国主义国家权力的领土逻辑与资本逻辑造成民族国家主权分裂①，政治、经济两张皮形成错位：一方面，民族独立解放运动收回了民族国家的政治主权；另一方面，经济全球化和金融自由化却瓦解了民族国家的经济主权。民族国家为稳固其统治、加速经济发展，不得不以国家主权为担保向国际资本市场融资借贷。国际金融垄断资本却乘虚而入，在国际金融市场兴风作浪，使民族国家入其彀中。新自由主义逻辑赋予国际金融市场操控特征，它奉行"大鱼吃小鱼、小鱼吃虾米"的丛林法则。主权债务与上层建筑捆绑在一起，是金融资本操纵掠夺的最有力手段。当然，高风险伴随高利润，只要回报丰厚，金融寡头就是风险偏好的追风者，他们到处煽风点火以便火中取栗。相应地，基于操控目的的金融部门也就成为经济生活中最重要的部门，他们的寄生性和食利性侵蚀实体经济部门，当二者矛盾绷紧到一定程度，主权债务危机自然爆发。

---

① 大卫·哈维.新帝国主义［M］.北京：社会科学文献出版社，2009：29-31.

综上所述，主权债务危机范畴规定是逻辑自洽的，它符合资本主义历史发展，是资本内在逻辑演进的自然历史过程。布雷顿森林体系破产导致黄金非货币化，新自由主义国际经济秩序中关键货币的发行保证被置换——资产货币转化为债务货币，国际经济交往活动的债权主导原则被债务主导原则所取代。相应地，在传统的外币主权债务危机之外，定值货币变化诱发了新的本币主权债务危机。由此，世界经济体系在爆发外围主权债务危机的基础上，西方主权债务危机接踵而至。资本主义矛盾继续深化，西方主权债务危机又会由于主权独立与否，进一步细化为欧洲主权债务危机和美国主权债务危机。

因此，主权债务危机范畴规定性演变的实质表明，主权债务不是民族国家解困的手段，而是国际金融垄断资本基于逐利目的操控民族国家的手段。为此，国际金融垄断资本到处挑动民族、种族和宗教等纷争，以便从中渔利。这些情形一方面反映了世界经济联系的加深和生产社会化程度的提高，另一方面反映了国际金融垄断资本集中化程度的提高。从这个意义上来说，西方主权债务危机实质是国际金融垄断资本主导的新自由主义国际经济秩序的产物，是民族争端遮蔽金融寡头与全球无产阶级的经济矛盾的结果，表征资本主义基本矛盾发展到一个新的高度。

第三部分
当代特质的内涵逻辑机理

  本部分具体刻画西方主权债务危机的当代特质性。新型帝国权力的政治／领土逻辑与资本逻辑的错位发展，促使西方主权债务危机形态不断升级变换。国际金融垄断资本首先引爆了外围地区的主权债务危机，而不同地区经济结构的差异形塑了不同的危机表现形态。拉美地区属于比较典型的主权债务危机，俄罗斯和亚洲分别以财政危机和货币危机的形式表现出来，但这些外围地区最终都以不能偿还短期国际外债的形式表现出来，因而都属于外围地区主权债务危机。这些外围主权债务危机型构为西方主权债务危机的外部逻辑起点。外围地区被驯服以后，危机中心也伴随国际金融垄断资本而内移。中心地区放手进行金融资本积累，致使经济虚化过度，私人信用的界限又引起了中心地区私人部门金融危机，它们就型构为西方主权债务危机的内部逻辑起点。中心地区私人部门金融危机不断恶化，迫使作为国际金融垄断资本使命执行人的西方政府出手相救。巨额的金融救助超出了西方国家财政支撑的极限，最终引爆了两类不同的西方主权债务危机：一类是经济主权不平等生成的欧洲主权债务危机，另一类是金融霸权拟制的美国主权债务危机。

第6章

西方主权债务危机的外部逻辑起点

外围地区主权债务危机是伴随新自由主义国际经济秩序成型过程而爆发的，事实上，每次外围发展中国家的主权债务危机都是在完成一块资本主义世界体系的拼图。新自由主义的扩张"既可能由内部所驱动（如中国），又可能为外部所强加（如东南亚出口加工区新殖民主义的发展，或布什政府现在计划附加于穷国援助项目的结构改革方案）"①。无论哪种原因，它们最终都会使主权债务危机内移，形成一种自在自为的西方主权债务危机。

6.1 自由化导向的拉美主权债务危机

6.1.1 进口替代战略

由于历史原因，拉美地区长期遭受美国和欧洲等新旧殖民主义者的奴役。第二次世界大战以前，拉美地区主要作为旧资本主义帝国——英国的殖民地；而在第二次世界大战之后，拉美地区则成为了资本主义新霸主——美国的势力范围。拉美地区绝大部分国家的经济命脉如铁路、矿藏、出口贸易和石油等，甚至大量国土，都被控制在这些新旧殖民主义帝国的跨国公司手中。拉美地区遭受着骇人听闻的殖民剥削和掠夺，因而拉美地区各国历来存在着强烈的反帝反殖的民族意识，进口替代战略就是它们试图摆脱新老殖民帝国奴役的重

---

① 大卫·哈维.新帝国主义［M］.北京：社会科学文献出版社，2009：125.

要尝试。

进口替代工业化战略由拉美结构学派代表人物、阿根廷经济学家劳尔·普雷维什在 20 世纪 40 年代后期系统提出。进口替代，顾名思义，就是指建立和发展本国的工业，进而替代国外进口工业品，最终目的是实现本国工业化和拉动本国经济增长。学界将这样一种工业化模式称为进口替代工业化模式或战略，它的实质内涵是指，"摒弃之前的自由主义经济政策，主张国家干预经济，通过限制某种工业产品的进口，限制外资，刺激和保护弱小的民族工业，以此促进本国的工业化"①。实际上，早在 20 世纪 30 年代，阿根廷、乌拉圭、智利拉美三国率先采取进口替代战略，以图实现本国工业化的历史任务；而在 20 世纪 50 年代左右，拉美地区绝大部分国家竞相采取进口替代战略，该战略才真正具有世界性影响。"二战"后，进口替代战略掀起了拉美地区工业化浪潮，拉美地区经济以较高速度持续增长达 30 年之久，其工业化成就斐然。例如，它们建立了一定门类的水泥、化工、钢铁等基础工业，建立了一定规模的非耐用消费品工业，甚至建立和发展了部分耐用品工业；拉美工业部门中就业人数在全部就业人数中的占比长期增加；伴随工业化而来的拉美城市化进程快速推进；加工制造业在拉美经济生活中地位日益凸显，"制造业占 GDP 的比重呈现上升趋势，从 1950 年的 19.9% 增至 1973 年的 28.3%"②。

20 世纪 70 年代左右，拉美地区主要国家的工业自给率高达 80%。据统计数据，这一时期拉美国家的制造业增长率高于经济增长率，且两者之间呈现高度同步性，这些都表明拉美地区经济增长的动力源发生改变，制造业成为经济增长的发动机。以拉美地区最大的国家巴西为例，"1968 ～ 1974 年这 7 年间，国内生产总值平均增长 11% 以上，其中工业平均增长达到 12%，钢产量增长 69%，汽车增长 248%"③。经济高速增长使巴西成为拉美地区经济规模最大的国家，而且它也跻身于世界第十大工业国。事实上，同期拉美绝大部分国家都经历了所谓的"经济起飞"的美好时光，即拉美"辉煌的十年"。拉美各国通过进口替代这种反求诸己的内向型发展道路，试图建立自己的完整工业体系，意图摆脱国际资本的控制，很明显，拉美地区的进口替代战略与资本主义列强的利益相抵触。

---

① 牧川.拉美历史之鉴——私有化与国有化之争的实质是国家主权之争 [J].环球财经，2011（6）：46-57.

② 苏振兴，张勇.从"进口替代"到"出口导向"：拉美国家工业化模式的转型 [J].拉丁美洲研究，2011（4）：3-13.

③ 张家唐.论拉美的"现代化"[J].理论参考，2003（4）：10-15.

"道高一尺，魔高一丈"，随着国际情势的变化，资本主义列强也在不断改变全球控制策略。例如，第二次世界大战以后，特别是 20 世纪五六十年代，随着拉美地区民族独立和解放运动的蓬勃开展，英国先前那种赤裸裸的殖民主义掠夺方式显得不合时宜。因而，作为资本主义世界新霸主，美国对拉美地区的剥削方式与时俱进，它以"救世主"传播福音的姿态，向拉美地区传布所谓"普世价值""现代文明"的新自由主义意识形态。美国利用拉美发展中国家处理领土、民族、宗教问题以及发展经济等所遭遇的内部结构性问题，采取"胡萝卜"和"大棒"两手抓的策略：一方面，美国通过培植和扶持亲美军政府的暴力分子，采取暗杀、制造动乱、发动政变等非常规手段，颠覆推翻拉美地区许多国家的民选政权，千方百计地扼杀左翼化趋势。另一方面，美国又通过设立各类特殊目的学术基金、慈善基金等和平演变手段，收买国内精英阶层，控制新闻媒介并操纵民粹，形成国内反对派。美国通过这些方式在拉美地区内部广植新自由主义的"特洛伊木马"。阴谋一旦得逞，美国就着力培训拉美的"芝加哥男孩"[①]，并且通过后者指导拉美买办政府的经济改革。

在拉美地区的外部市场上，拉美地区主要出口国际价值链低端的初级产品。国际金融垄断资本操纵美元的国际定价权，刻意压低这些产品的国际价格，恶化拉美地区的贸易条件，致使拉美各国的国际贸易赤字不断扩大。因此，20 世纪 70 年代末，拉美地区各国的经济发展普遍遭遇困境，经济结构性问题不断被放大，拉美地区的困境被西方主流经济学家称为"中等收入陷阱"，而进口替代战略则被认为是拉美结构性问题的罪魁祸首。

6.1.2 结构性困境

应该说，拉美地区结构性问题既有其内部原因，也有外部原因，表现在拉美各国的国内外市场都普遍狭小。就国际市场而言，长期的殖民统治造成拉美地区经济基础非常脆弱，拉美地区绝大部分国家的独立时间也不长。即使在 20 世纪 70 年代，进口替代战略已经实施几十年，拉美地区的工业化水平依然较低，工业体系很不完整。由此，拉美地区的工业产品价高质次，缺乏国际竞争力的拉美工业品难以打开国际市场，这也意味着拉美地区的国际市场狭小。就国内市场而言，拉美地区绝大部分国家经济体量较小，人口规模有限且较贫穷。落后的社会生产力难以提供足够的经济利润，也就不能满足产业升级和技术创新之需，致使拉美难以在扩大再生产的基础上推进资本积累。反过来，低

① 梁孝.美国文化软战争的实质、运用及其防范［J］.南京政治学院学报，2012（4）：72-76.

水平资本积累限制了拉美工业化水平的提高，拉美难以扩张生产，也就难以持续增加就业人口，就此而言，拉美各国的国内市场也是非常有限的。

鉴于狭小的国内外市场以及不完整的国民经济体系，拉美地区陷入一种经济落后的诅咒，由此可知，拉美地区本质上依然是一种依附型经济。当然，拉美各国也看到了市场问题，试图建立一个拉美地区统一市场，并为此付出巨大努力。然而，即使在 1972～1974 年，拉美各国之间的互惠贸易额在整个拉美地区对外贸易总额中的占比，尚不及与以美、日、欧为首的中心地区之间贸易额占比的五分之一，可见，拉美区域经济一体化对整个地区经济增长贡献十分有限。相应地，拉美困境进一步影响了拉美地区的出口商品结构，"拉美的农产品出口 1974 年占出口总量的 17.4%，原料商品出口 1975 年占出口总量的 80%"①，工业品出口占比微乎其微，其创汇能力几乎可以忽略不计。因此，拉美地区外汇收入主要依赖于农产品、原材料等出口，这些产品又处于全球价值链的低端，贸易条件极为不利。

反过来，作为拉美地区进口替代战略的支撑条件，一些关键的技术、装备和原材料等还依赖于国外进口。另外，拉美地区（委内瑞拉、玻利维亚等少数国家除外）总体上是一个贫油地区，而作为工业血液的石油却是拉美地区工业化进程必不可少之物，因而拉美地区还需要从国际市场大量进口原油。这样，拉美地区一方面外汇能力供给不足，另一方面对外汇的需求又非常大，因而拉美地区存在大量的贸易逆差。1973 年 10 月爆发的第一次石油危机，受此影响，石油价格飙升，进一步扩大了拉美地区贸易逆差。"1973 年，拉美地区的贸易赤字达到 2.37 亿美元；1975 年，其贸易赤字达到 99 亿美元"②；如何弥补这个巨大的缺口呢？拉美只能求助于国际贷款。然而，国际贷款都是附有政治条件的，即以拉美各国放开资本项目为条件。迫于形势，向来对国际金融垄断资本心存戒备的拉美各国也不得不接受这些条件。

在自由化导向的驱使下，拉美各国大肆举借外债。20 世纪 70 年代初，中心地区发达资本主义国家资本出现绝对过剩，大量产业资本转变为国际借贷资本，国际金融市场基准利率较低。较低的利息负担使拉美地区经济出现亢奋状态，拉美地区出现了奇特的财富幻象，因此，20 世纪 70 年代也被称为拉美"辉煌的十年"。然而，20 世纪 70 年代中期以后，在美国政府的强力干预下，拉美地区的国际贷款来源出现了变化。先前的利率低、期限长的政府贷款、国际经

---

① 维·沃尔斯基. 拉丁美洲概览［M］. 北京：中国社会科学出版社，1987：154-155.

② 牧川. 拉美历史之鉴——私有化与国有化之争的实质是国家主权之争［J］. 环球财经，2011（6）：46-57.

济组织贷款（如世界银行、国际货币基金组织和经合组织等），被浮动利率、期限短的商业银行贷款所取代。引人入毂的国际金融垄断资本通过债务劫持了拉美地区经济，"1975～1982年，拉美国家欠商业银行的贷款以每年20.4%的速度增长。外债规模从1975年的750亿美元增加到1982年底的3312亿美元，占该地区GDP的50%以上，相当于当年出口（875亿美元）的3.8倍"①。

6.1.3 主权债务危机

拉美地区随着国际贷款总额的不断增加，利息负担不断加重。尤其是在1979年第二次石油危机的冲击下，美国联邦储备系统（以下简称美联储）急剧提高基准利率，1979年9月基准利率仅为11.25%，而到1981年6月，美联储基准利率水平飙升到19%，极大地增加了拉美各国还本付息的压力。从1975年到1982年，拉美各国的还本付息额由120亿美元增加到660亿美元，其中1982年拉美地区还本付息额高达当年整个地区出口收入的75%。拉美还本付息速度远超其出口增长速度，"出口增长速度大约为12%，而外债还本付息增长速度高达24%……拉丁美洲各国实际上已经失去还债能力"②。1982年8月12日，墨西哥因外汇储备量不足以偿还到期的主权债务还本付息额，不得不宣布关闭汇兑市场，暂停偿付外债本息。墨西哥率先引爆了拉美主权债务危机的引信，紧随墨西哥债务危机之后，巴西、阿根廷、委内瑞拉、智利、秘鲁等拉美各国也纷纷宣布终止或延迟偿付外债本息，拉美地区主权债务危机全面爆发。

在新自由主义国际经济秩序下，拉美地区债务国赖账绝无可能，这不符合国际金融垄断资本的利益。拉美地区的债务危机承载着国际金融垄断资本所赋予的特定目的，即在拉美地区债务国强制推行新自由主义自由化政策。例如，在拉美主权债务危机的解决方式上，中心地区发达国家所组成的债权国集团与拉美地区债务国集团之间分歧巨大，债务国希望在不放弃自己经济主权的前提下，通过发展经济来偿还主权债务。然而，拉美债务国所提方案不符合国际金融垄断资本的利益，国际金融垄断资本掌控了债务偿还方案的规则制定权。作为国际金融垄断资本代表的美欧等债权国以及国际货币基金组织，它们提出的所有方案的核心就是推行新自由主义，就是要利用此次主权债务危机在拉美地区推行"自由化、私有化和市场化"的经济政策。新自由主义措施通过紧缩这

① 牧川.拉美历史之鉴——私有化与国有化之争的实质是国家主权之争［J］.环球财经，2011（6）：46-57.

② 苏振兴.拉美国家社会转型期的困惑［M］.北京：中国社会科学出版社，2010：46.

些债务国的经济，特别是限制它们的国有经济范围，来改组它们的经济结构，最终目的是消解拉美地区主权债务国的经济主权。

拉美地区债务国被迫接受国际金融垄断资本操纵的新自由主义的结构改革方案，全面实行新自由主义的"自由化、私有化和市场化"。最为彻底的新自由主义实践意味着拉美各国经济主权最大限度的沦丧，这给拉美地区债务国带来灾难性的后果。危机过后 20 年时间里，拉丁美洲穷困人口增加将近一倍。我们可以对比拉美地区主权债务危机前后的经济指标，如年均经济增长率由 20 世纪五六十年代的 6% 左右下降到 20 世纪 80 年代的 1%；失业率则由 20 世纪 60 年代的 4% 增加到 20 世纪 90 年代的 9%；年均通货膨胀率增速更是骇人，1982 年通货膨胀率还仅是两位数，到 1990 年迅速飙升到四位数，高达 1185.2%[①]。拉丁美洲这种经济增长停滞而通货膨胀加剧的窘状，仿佛 20 世纪 70 年代困扰中心地区发达资本主义国家的滞胀问题在拉丁美洲重现，为此，人们将 20 世纪 80 年代称为拉丁美洲"失去的十年"。

然而，对拉丁美洲来说，更为严重的问题是国际金融垄断资本全面控制了拉丁美洲的命脉。伴随着自由化改革的全面推进，国外直接投资在拉美各大国迅速增加。例如，各国国外直接投资在 1990~2003 年的 14 年间，"墨西哥增加 3 倍，巴西增加 5 倍，阿根廷增加 9 倍"[②]。这些国外直接投资中接近一半被用来掠夺拉美地区自然资源和并购拉美各国龙头企业，并且随着时间的推移，在拉美地区的国外直接投资中并购资金占比越来越高。相应地，拉美地区越来越多的企业所有权被跨国公司控制，特别是拉美地区国企遭受侵蚀最严重，"1998~1999 年，拉美出口企业中，外资企业出口额占 43.2%，国有企业仅占 24.1%。外资企业重新占据了主导地位"[③]。由于国际金融垄断资本在拉美经济中占据了主导地位，新自由主义的私有化和自由化进一步深入推进，拉美地区资本项目完全放开，因而在拉美主权债务危机后形成一个最为反讽的结局：私有化造就拉美地区规模巨大的私人买办资本，自由化又使得后者能够不断将这些灰色甚至不法资金从本地转移出去，要知道在这个过程中拉美地区依然承载着日益沉重的巨额主权债务。因此，在巨额主权债务的压迫下，再加上新自由主义自由化的裹挟，拉美地区三个最大经济体 20 世纪 90 年代后又相继发生了三次主权债务危机：1994 年的墨西哥主权债务危机、1999 年巴西主权债务危

---

① 牧川.拉美历史之鉴——私有化与国有化之争的实质是国家主权之争［J］.环球财经，2011 (6)：46–57.

② 苏振兴.拉美国家社会转型期的困惑［M］.北京：中国社会科学出版社，2010：61–62.

③ 苏振兴.拉美国家社会转型期的困惑［M］.北京：中国社会科学出版社，2010：52.

机和 2001 年的阿根廷主权债务危机，这三次主权债务危机，实质是拉美主权债务危机的余绪。

事实上，对国际金融垄断资本来说，操纵拉美主权债务危机只是小试牛刀。拉美主权债务危机更为重大的意义在于：为践行新自由主义思想，国际金融垄断资本代言人提出了所谓"华盛顿共识"的十项具体举措，主要内涵包括资本自由化、国企私有化、去管制化和大力发展出口导向产业等。新自由主义国际经济秩序下，国际金融垄断资本逼迫拉美地区转向出口导向策略，实质上就是强迫后者向资本主义帝国纳贡。拉美地区必须节衣缩食，廉价向美国出口商品以换取早已与黄金脱钩的美元外汇，它们在防范国际金融垄断资本进攻的同时，也在深度扭曲本地区的经济发展结构。应该说，"华盛顿共识"的十项措施完完全全体现了新自由主义精神内核，它的实质就是消解债务国的经济主权，使债务国沦落为资本主义列强的经济殖民地，进一步强化债务国对国际金融垄断资本的依附性。拉美外债危机后，"华盛顿共识"成为国际金融垄断资本在解决主权债务危机中的标准药方，这就为异化的全球资本积累体系——外围地区进行产业资本积累而中心地区进行金融资本积累——打下了基础，拉美外债危机也就成为西方主权债务危机的外部策源地。

6.2 私有化导向的俄罗斯财政危机

6.2.1 经济结构失衡

如前所述，对于拼凑新自由主义的世界体系而言，拉美地区的主权债务危机只是国际金融垄断资本的第一步。新自由主义更大的成功源自两个平行市场的终结，导致资本主义世界体系迅速扩容，最为典型的事件要数 20 世纪 90 年代前后以苏联解体和东欧剧变为代表的社会主义阵营裂变。作为人类有史以来第一个苏维埃政权，苏联的成立中断了早期资本主义全球化的进程，开创了社会主义事业的高潮，也形成了基本隔绝的资本主义经济和社会主义经济两个平行市场的世界经济体系。由于苏共中央早期的正确领导，社会主义民主政策和民族政策都得到了较好的贯彻，那些脱胎于贫穷落后、封闭自守经济基础上的社会主义体系成员国的各项事业蓬勃发展，社会主义经济呈现出巨大活力。尤其是，随着大一统的公有制经济基础加上计划经济体制的斯大林模式在社会主义阵营的推广，社会主义阵营的工业化进程不断推进，经济发展速度远超当时发达的资本主义国家。例如，苏联仅用短短几十年时间，就走完了发达资本主义国家几百年才完成的工业化历程。

然而，当历史舞台转到 20 世纪的后半期时，苏联的政治经济体制开始僵化，精英思想和沙文主义泛起，社会主义原则在苏联社会政治经济生活中被背弃，苏联蜕化变质为苏修帝国主义。最典型的是，苏联在处理国内外关系时抛弃了社会主义民主原则和民族原则：首先在国内政治生活中，苏联抛弃社会主义民主原则，官僚体系逐渐僵化并最终型构为威权政治体制。一个脱离群众、漠视群众疾苦的政治精英集团得以产生，他们最终破坏了苏联的民主政治生活。其次在处理社会主义国家之间关系时，苏联抛弃了社会主义民族原则，奉行大国沙文主义，通过政治、经济和军事等手段粗暴地干预其他社会主义国家的内政。

僵化极权的苏修帝国主义最终给社会主义事业带来了致命的伤害。20 世纪 70 年代，在苏联政治经济体制不断僵化的同时，第三次科技革命在全球风起云涌。苏联未能抓住这次历史机遇，因而错过了调整其产业结构。在冷战思维支配下，苏联依然片面强化重工业特别是国防军事工业的主导地位，严重扭曲了苏联国民经济的三大产业结构。产业结构的不均衡导致社会再生产变得日益困难，重工业化导向的高积累率难以为继，民生问题日益突出，苏联的经济增长速度开始大幅下滑。苏联过于强调发展重化工业，特别是军事工业，和民众感受直接相关的轻工业发展则远远滞后。罔顾民生的国民经济结构造成民怨沸腾，这就给无孔不入的资产阶级自由化思想泛滥提供了土壤。于是，在 20 世纪 80 年代，美国开启了以和平演变手段肢解苏联的计划，一方面通过"星球大战计划"将苏联推进穷兵黩武的境地，使得封闭僵化的苏联国疲民乏；另一方面又通过各种渠道不断向苏联国内传播资产阶级自由化思想，这些思潮在苏联社会——特别是精英阶层中——不断地发酵，不断地销蚀社会主义颜色。

经过长期的和平演变，苏联领导人戈尔巴乔夫致力于建立一个"人道的民主的社会主义"，苏联加盟共和国纷纷要求分权，1989 年东欧国家的共产党政权纷纷垮台，苏联加盟共和国脱离苏联、要求独立的进程不断加快。至此，残存的社会主义外壳也成了苏联精英集团获取巨额利益的牵绊，政治精英借助民粹操弄，决心抛弃这个外壳，进而"浴火重生"。1991 年 12 月 25 日，内外交困的苏联宣布解体，这个在地球上存在了 74 年之久的东方社会主义巨人轰然倒下，社会主义运动遭遇重挫。"卫星上天，红旗落地"[①]，震惊世界的苏联解体、东欧剧变对于新自由主义国际经济秩序的构建意义尤为重大，这是新自由主义取得的最为重大的胜利，它彻底终结了资本主义和社会主义两个平行市场的历史。这块最大的拼图使资本主义全球化进程得以基本完成，资本主义经济

---

① 中国人民解放军军政大学编.学习《论十大关系》的体会 [M].北京：青年出版社,1977：35.

体系几乎一统天下，东欧剧变也为国际金融垄断资本的剥夺性积累提供了一块最为广阔的腹地。

俄罗斯独立后，苏联过去的计划经济体制缺陷不断被人为地放大，俄罗斯很快就接受了以"华盛顿共识"为内核的新自由主义理论主张，强制地、快速地推进经济转轨进程，即激进式经济转型方式［也称为"大爆炸"（Big Bang）方式］。按照新自由主义的顶层设计方案，为了实现从计划经济体制一步过渡到市场经济体制，政府必须借助行政手段，一步到位地将公有制经济基础强制地改变为资本主义私有制经济基础。与此相适应，政府在彻底地摧毁庞杂的计划经济体制的同时，迅速在本国建立起市场经济体制。

6.2.2 私有化主导的激进转轨

在新自由主义经济学家顶层设计方案的指导下，俄罗斯、东欧等前社会主义国家都开启了全面、快速向市场经济转轨的历史进程，这种激进式经济转轨方式的具体政策主张，源自美国哥伦比亚大学教授、著名新自由主义经济学家杰弗里·萨克斯所提出的"休克疗法"（Shock Therapy）[1]。按照新自由主义经济学家的观点，新自由主义改革之所以没有让拉美各国繁荣富强起来，根本原因在于拉美改革的推进不够迅速，正如"人们不可能两步跨越一道鸿沟"[2]，社会有机体的结构更加复杂严密。俄罗斯、东欧等前社会主义国家要想获得新自由主义的成果，必须实施"休克疗法"方可成功。"休克疗法"的主要内涵包括以下六个方面：取消价格管制和实现货币可自由兑换；实施对外开放和对外贸易自由化；全面开放市场，取消管制，支持私有企业发展；加速国企私有化；为私有化提供稳定环境；社会安全网。政策层面的"休克疗法"的实质与意识层面的"华盛顿共识"如出一辙，都体现了新自由主义的思想，然而，"休克疗法"是专门针对公有制占统治地位的俄罗斯、东欧等前社会主义国家而设计的。因此，国企私有化改造才是这些前社会主义国家实施"休克疗法"的核心内容和落脚点。

于是，在新自由主义的蛊惑和既得利益集团的劫持下，剧变后的中东欧前社会主义国家迅速推进以全面私有化为导向的新自由主义经济转型改革，其中俄罗斯改革表现最为激进也最为典型。俄罗斯独立后不久就全面揭开了国企私

---

① 所谓"休克疗法"，本来是医学上临床使用的治疗方法，通过用大剂量的药或电流诱使人休克，然后复苏，从而使病人逐渐康复。

② 卫兴化，张宇.社会主义经济理论（第三版）［M］.北京：高等教育出版社，2013：108.

有化的大幕。由于历史的沿袭，大中型国企在新生俄罗斯经济中占据绝对统治地位，因此，俄罗斯私有化改革的对象以大中型国企为主体。俄罗斯脱胎于苏联的历史与现实，其僵化的公有制和计划经济模式根除了资本市场的生存土壤，转轨之初的俄罗斯商品货币关系很不发达，普罗大众也没有任何商品、市场相关观念，因此，新自由主义顶层设计者采取两个阶段推进俄罗斯大中型国企的批量私有化改革。

1992 年 7 月至 1994 年 6 月为大中型国企大规模私有化的第一阶段——证券私有化阶段，或称无偿私有化阶段。俄罗斯政府首先将一定数量的传统国企改造成开放型股份公司，然后给每个俄罗斯公民无偿发放一张初始价值 1 万卢布的私有化证券，他们就可以凭这张私有化证券去购买开放型公司的股票。然而，俄罗斯激进转轨导致经济秩序极为混乱，分散的私有化证券对普罗大众来说价值并不大。于是，官僚体系顶层的新自由主义精英分子通过巧取豪夺，将众多老百姓的私有化证券据为己有，从而取得了那些国企的控股权，形成了一个俄罗斯国内工业寡头和金融买办集团。1994 年 7 月至 1996 年 12 月为大中型国企大规模私有化的第二阶段——货币私有化阶段，或称现金私有化阶段。在前一阶段的私有化基础上，俄罗斯一方面培育了一大批金融买办和工业寡头等，如石油大亨，另一方面其政府面临的财政压力越来越大。随着新自由主义自由化的深入，那些觊觎俄罗斯丰富的自然资源的国际金融垄断资本也被允许进入俄罗斯国内并购市场，于是俄罗斯政府决定以市场价格出售大中型国有企业，希望借此减轻一些政府财政赤字压力。

经过两个阶段的大规模私有化，俄罗斯的经济基础完全改变了，"截至1996 年底，俄罗斯实现私有化的企业共计 12.46 万家，占私有化之初国家企业总额的 60%。在企业比重上，国有企业和市政企业占企业总数的 16.6%，非国有企业占 83.4%（其中私有企业占 69.1%）；在资产比重上，国家资产约占资产总量的 45%，非国有资产约占 55%"[①]。然而，第一阶段的证券私有化恶化了俄罗斯的经济秩序。国有企业举步维艰，私人企业偷税漏税现象又极为泛滥，然而，俄罗斯想要继续推进私有化进程，又必须倚赖于其强势的国家机器。弥补财政收支缺口的压力使俄罗斯政府不断发行国债，俄罗斯央行则不断在公开市场上购进这些国债，因而债务货币化现象非常突出，俄罗斯通货膨胀现象尤为严重。第二阶段的货币私有化进一步恶化了俄罗斯的财政状况。那些大中型国有企业价值在私有化过程中被严重低估，俄罗斯政府货币私有化预算的财政收入与实际的财政收入差距甚大，"现金私有化如果取得成功，它涉及的一批

---

① 景维民，孙景宇等 . 转型经济学［M］. 北京：经济管理出版社，2008：118.

大型企业将支付给预算大约 12.5 万亿卢布的款项……实际上只有约 2.5 万亿卢布的款项——相当于预期量的 10%（考虑了通胀因素）作为现金私有化所得缴给了中央和地方的预算"①。在这个阶段，政府为对付通货膨胀采取了严厉的货币政策，国债的收益率大幅提高。然而，不断累积的国债余额使发行新国债的成本剧增，政府还本付息压力急剧增加，俄罗斯政府的财政收支状况进一步恶化。

在 1992～1997 年的"休克疗法"实施期间，俄罗斯国内生产总值除 1997 年保持微弱正增长外，其余年份都是负增长，俄罗斯在全球的经济地位极大地削弱。大规模私有化不但没有带来新自由主义所预言的经济效率提高，俄罗斯国内生产反而不断萎缩，政府的税源不断枯竭。事实上，私人资本的兴趣完全不在提高生产效率方面，而是全身心地投入资本并购、重组等资本运作活动中。反过来，俄罗斯培育出了一个活跃的金融市场，特别是 1996 年资本项目完全放开，外资被允许进入俄罗斯国内的资本市场。于是，"1997 年是俄罗斯经济转轨以来吸入外资最多的一年。俄罗斯从 1991 年起一共吸入外资 237.5 亿美元，其中仅 1997 年就达 100 多亿美元。但是，外资总额中直接投资只占 30% 左右，70% 左右是短期资本投资，来得快，走得也快，这就埋下了隐患"②。

6.2.3 财政危机

随着 1995 年俄罗斯实施严厉的货币政策，俄罗斯中央银行为财政赤字融资的渠道被迅速切断，债务货币化的失能迫使政府财政更加依赖于国债的发行。然而，严厉的货币政策也使得国债的收益率远远超过贴现率，进一步提高了发行国债方式举借内债的成本。"滚雪球"方式增加的还本付息负担也使得国债发行期限越来越短，国债的高收益意味着发债成本的攀升，支付危机的压力迫使俄罗斯政府"由举借内债转向举借外债……而国际金融市场上筹资的利息一般无如此之高，故而俄罗斯于 1996 年 11 月起大规模发行欧洲债券"③。除了俄罗斯政府主动出去举借主权债务外，高企的国债收益率以及廉价的国企资产也吸引了大量国际金融垄断资本涌入俄罗斯。如上所述，1997 年涌入俄罗斯的 100 多亿美元规模外资中高达 70% 的份额是用来抢购和炒作俄罗斯股票和国债等金融资产的，"1997 年 10 月，外资已掌握了 60%～70% 的股市交

---

① 希尔瓦娜·马勒.转轨十年后的俄罗斯——经济失败和目前的政策选择 [J].东欧中亚研究，2002（1）：90-93.

②③ 张康琴.俄罗斯金融危机 [J].东欧中亚研究，1999（1）：52-56.

易量，30%～40% 的国债交易额"①。

这样一来，俄罗斯债务占 GDP 的比重迅速攀升，外债和短期债务的比重过大严重地恶化了俄罗斯的债务结构。石油、天然气的国际价格不振导致俄罗斯的外汇储备严重不足，原本不那么突出的外债问题变得严峻起来，俄罗斯财政预算收支陷入恶性循环难以自拔。最终，在 1998 年 8 月 17 日，俄罗斯仅有的外汇储备根本不足以偿付到期外债，不得不放开外汇市场上卢布的波动范围，宣布卢布贬值 50%，并宣布俄罗斯政府所欠内外债延期。结果一发而不可收拾，短短 10 天时间，卢布汇率完全失守，狂跌近 200%，俄罗斯政府不得已宣布任由卢布自由浮动，股市更是狂泄不已，甚至无人问津而几度停摆，俄罗斯财政危机全面转向主权债务危机。

以"休克疗法"为主要内容的激进转轨，换来的是俄罗斯公有制经济基础被打碎，经济严重衰退，工人实际工资急剧下滑，贫困人口激增，其国内社会经济状况一片混乱。一方面，那些在私有化进程中通过劫掠国有资产而一夜暴富的俄罗斯工业和金融寡头，不断将其攫取的灰色资本大量抽逃，"1994～1998 年，俄罗斯的资本外逃总额高达 1400 多亿美元"②；另一方面，随着政府财政收入的锐减，俄罗斯国防军工部门也处于半瘫痪状态，大量科技人才被发达资本主义国家网罗。尽管俄罗斯主权债务危机也是按照新自由主义剧本推进的，然而，由于危机导向的不同，俄罗斯主权债务危机与拉美地区主权债务危机还是有很大不同的：俄罗斯主权债务危机的内涵是以私有化为导向的激进转轨，它严重恶化了俄罗斯的财政状况，最终使俄罗斯财政危机转化为主权债务危机。因此，俄罗斯财政危机是其主权债务危机的基础，主权债务危机只是俄罗斯财政危机的转化形式。

主权债务危机爆发后，IMF 继续提供主权贷款救助危机的先决条件是，俄罗斯必须全面接受 IMF 所建议的结构化改革方案，即俄罗斯必须全面放开管制，压缩政府开支，全面实施出口导向战略。于是，俄罗斯不得不全面开放门户，从一个有着完备的国民经济体系、独立自主的工业化强国，沦落为依靠出卖自然资源为生的发展中国家。然而，诸如石油、天然气等大宗自然资源的国际定价权都被国际金融垄断资本所攫取，这些自然资源的外汇收入是俄罗斯政府赖以运转的财政收入的重要组成部分，仰人鼻息的俄罗斯相当于被国际金融垄断资本扼住了命运的咽喉，俄罗斯的经济主权遭遇到国际金融垄断资本的严重挑战。事实上，俄罗斯激进转轨还只是整个中东欧地区的缩影，整个中东欧

① 张康琴.俄罗斯金融危机［J］.东欧中亚研究，1999（1）：52-56.

② 陈鹤.俄罗斯的资本外逃及所引发的思考［J］.国际经济合作，2000（1）：45-47.

地区的前社会主义国家同期都陷入了激进转轨改革所引起的财政危机。由于整个中东欧地区石油、天然气等自然资源蕴藏丰富，它们为国际金融垄断资本剥夺性积累提供了一块最广袤、最富饶的处女地。因此，俄罗斯财政危机所引发的主权债务危机，相对于拉美地区的主权债务危机而言，对于新自由主义的空间拓展意义更为重大[①]。俄罗斯外债危机结束了两个平行市场的历史，使资本主义世界经济体系基本形成，这些为资本主义的新自由主义体制繁荣兴旺提供了滋养的寄生母体。

6.3 市场化导向的亚洲货币危机

6.3.1 出口导向战略

和拉丁美洲一样，亚洲历史上也是一块深受帝国主义殖民统治戕害、饱受蹂躏的大陆，绝大多数国家都沦为资本主义列强的殖民地、半殖民地，苦难深重的亚洲各国人民深受帝国主义、封建主义和官僚资本主义三座大山的残酷剥削和压迫。由于帝国主义蛮横阻挠，20 世纪中叶风起云涌的民族独立和解放运动也没能彻底解决亚洲一些国家的领土完整和民族独立的问题，诸如中国、朝鲜等国依然没有完成国家统一的历史任务。为了抑制社会主义运动在亚洲的蓬勃发展趋势，亚洲残余的殖民地就成为与社会主义运动相抗衡的桥头堡。因缘际会，这些残余殖民地作为资本主义民主政治的模板，因而得以最早地融入资本主义世界经济体系。

曾经作为英国殖民地的中国香港地区表现最为典型。英国本欲强化香港对其依附程度，千方百计地阻止香港建立完备的工业体系，重要措施之一是英国在香港实施零关税的对外贸易政策。然而，特殊的政治地位和优越的地理位置使香港的转口贸易和加工贸易特别发达，香港成为一个全球闻名的自由港，香港居民生活水平可比肩其宗主国英国。自由贸易立港的繁荣使香港成为国际金融垄断资本所鼓吹的新自由主义自由化的成功范例，由此，香港也就成为亚洲特别是东南亚地区实行对外开放的源头。20 世纪 60 年代中期开始，政治情势或地理位置类似于香港的中国台湾地区、韩国和新加坡等地，竞相效仿中国香港，纷纷实施对外开放战略，主动承接已经崛起的日本转移产业，发展出口加工制造业，由此实现了它们经济的迅速腾飞。自此以后，中国香港、中国台

---

① 唐国华，刘爱文，卢锦萍. 马克思主义经济地理学的四大主题探析 [J]. 江西社会科学，2011（3）：73—77.

湾、韩国和新加坡被国际社会称为"亚洲四小龙"。

归功于对外开放的繁荣亚洲地区与归罪于进口替代的困境中拉美形成鲜明对比，20 世纪 70 年代始，学术界将亚洲这些地区的开放战略界定为出口导向战略[1]。如果说拉美地区的进口替代战略被国际金融垄断资本百般诟病，出口导向战略起初则被国际金融垄断资本极力推崇，于是，亚洲成为国际金融垄断资本推行新自由主义的范本和好学生，更成为国际金融垄断资本青睐的热土。在新自由主义——国际金融垄断资本的意识形态的推波助澜下，出口导向战略在亚洲特别是东南亚地区遍地开花。紧随"亚洲四小龙"之后，泰国、马来西亚、菲律宾和印度尼西亚也纷纷采取出口导向战略，积极主动承接日本、"亚洲四小龙"转移过来的出口加工产业，借此实现这些经济体的结构转型和迅猛发展。自此以后，学术界又将泰国、马来西亚、菲律宾和印度尼西亚四国称为"亚洲四小虎"。最后，实施出口导向战略、发展出口加工产业的浪潮蔓延到了包括越南、老挝、缅甸和柬埔寨等在内的整个东南亚国家联盟。事实上，包括东亚和东南亚在内的亚洲地区实现了经济的快速增长，据统计，"20 世纪 70 年代，韩国、中国台湾省、印度尼西亚、马来西亚的制造业成长率超过10%，远远高于发达国家 2.4% 的同期水平。高速增长的经济也促使上述经济体的工业化率迅速提高。20 世纪 80 年代初期，'亚洲四小龙'的工业化率为28%～38%，高于同期发达国家的平均水平 24%，除印度尼西亚以外，东盟国家的工业化率也达到了 18%～24%，接近发达国家工业化的水平"[2]。

事实上，出口导向战略的最大成功既不体现在"亚洲四小龙"身上，也不体现在"亚洲四小虎"身上，而是体现在中国这条巨龙的身上。早在 20 世纪 70 年代末，中国实施了对外开放的国策，确定了出口导向的经济发展战略。我国顺应全球经济一体化的时代潮流，主动吸收世界先进文明成果，特别是以信息技术为代表的第三次科技革命成果，审时度势地发展本国经济的需要。社会主义的本质就是开放，封闭自守是落后的前资本主义社会的典型特征，建立在社会化大生产基础上的社会主义是与封闭自守格格不入的，因此，社会主义中国必须在坚持独立自主基本原则的基础上扩大对外开放。"改革开放 30 年来，中国成为一个例证，即国家领导人所实施的经过深思熟虑的政策可以在较短时间内将一个大国提升到世界最快发展国家之列。中国完成了一个巨大的经济飞跃。中国的国内生产总值从 1978 年以来增长 17 倍，根据中国的统计数据，

① 徐跃华.从出口导向模式的再分配效应看对外经济发展方式的转变［J］.马克思主义研究，2013（11）：54-59.

② 张鸿.关于中国对外贸易战略调整的思考［J］.国际贸易，2005（9）：4-9.

2008 年达到 30 万亿元（4.4 万亿美元）。仅按这一项指标，中国居世界第三，仅次于美国和日本。人均国内生产总值在同期增长 12 倍，2008 年达到 3300 美元。"① 并且，"2010 年中国经济总量首次超过日本，已成为世界第二大经济体"②。

6.3.2 市场化主导的渐进改革

出口导向战略使亚洲整体经济保持了近 30 年的快速增长。截至 20 世纪 90 年代中期，泰国、韩国和菲律宾三国国民经济已连续 10 多年保持 6%~8% 的增长，1990~1995 年，泰国 GDP 的平均增长率更是高达 9.04%③。亚洲特别是东亚地区良好的经济表现得到了世界银行等国际经济组织的高度称许，以致后来被诸多西方主流经济学家惊呼为"亚洲奇迹"④。然而，"太阳底下，从来没有新鲜事"⑤，我们需要找出亚洲经济高速增长的背后客观逻辑。

事实上，20 世纪 70 年代末的滞胀危机爆发，已经表明全球进入一个全面过剩的时代，靠外向型经济发展战略崛起的日本与后起的亚洲新兴市场经济体之间在国际市场份额的竞争中形成一个"跷跷板效应"。长期的高速经济增长使日本跃居全球第二大经济体，开始威胁到美国的全球地域战略利益。1985 年，美国联合其他发达资本主义国家，强迫日本签署了著名的"广场协议"。日元兑美元急剧升值，严重地损害了日本经济的国际竞争力，日本出口商品的竞争力下降，从而导致其国际市场份额不断下降，这极大地伤害了贸易立国的日本经济，日本在整个 20 世纪 90 年代迷失达 10 年之久，陷入了经济停滞状态。日本"广场协议"成为亚洲经济效率背反的分水岭，此后，亚洲新兴市场经济体的高歌猛进与同期日本经济的萎靡不振形成鲜明对比。

"广场协议"的签署却给亚洲新兴市场经济体提供了一个契机，那就是大多数亚洲新兴市场经济体所实行的汇率制度是事实上固定汇率制，这些新兴市场经济体的货币都盯住美元。由于受惠于美元贬值，这些新兴市场经济体的货

---

① 米·列·季塔连科.新中国成立的国际意义以及中国改革开放的经验 [J].俄罗斯中亚东欧研究，2009（6）：7-10.

② 乔雪峰.社会科学研究院：中国经济总量首超日本成第二大经济体 [EB/OL]. http：//finance. people.com.cn/GB/13417480.html，2010-12-07.

③ 王自力.警惕繁荣背后的金融危机 [N].经济观察报，2007-05-28.

④ 1993 年世界银行发表了《东亚的奇迹：经济增长和政府政策》之后，东亚经济体一直被视为发展中国家的"优秀毕业生"，东亚模式也备受推崇。

⑤ 古希腊伟大的历史学家、哲学家希罗多德的名言。

币也相应地贬值，从而他们的出口商品竞争力大增，这些亚洲新兴市场经济体逐渐蚕食了日本出口商品的国际市场。更为重要的是，亚洲新兴市场经济体的长期高速发展应归功于其政府主导型经济模式。在这些新兴市场经济体中，政府对经济具有强势指导作用，这些对它们的主导性产业具有中长期的详细规划。它们的国内市场也不是一下子全部放开，而是按照政府既定步骤，实施有序、有条件的市场准入。"在90年代初期，每当自由贸易的倡议者需要令人信服的成功故事来引起讨论时，他们一定指向亚洲小龙。它们是以弹跳、飞跃速度成长的奇迹经济体，而假设的原因就是它们对不设防的全球化大开边界。这是一则很好用的故事——'亚洲四小龙'确实飞速成长，但说它们快速成长是基于自由贸易则纯属虚构。马来西亚、韩国和泰国仍然采取高度保护主义政策，禁止外国人拥有土地和收购国营公司。它们也让国家扮演重大角色，能源和交通等部门仍掌握在政府手中。"亚洲四小龙"在培养自己的国内市场时，也阻止许多日本、欧洲和北美的产品进口。"① 尤为重要的是，这些新兴市场经济体都通过人为地低估本国货币以增加其外贸产业的国际竞争力，这些强势政府的红利使亚洲新兴市场经济体享受经济增长的美好时光。连续多年的外贸顺差积累了巨额的外汇储备，也带动了亚洲经济快速增长，亚洲的经济基本面呈现高增长、低通胀的稳健局面。

然而，长期低估本国货币也会不断恶化它们的贸易条件，造成本国产业结构畸形化，低估货币的负面作用不断凸显。而伴随着亚洲地区经济的高速增长，新自由主义经济思潮也渐成燎原之势，"华盛顿共识"在全球的强势推广以及廉价的金融自由化思想②，政府的作用不断被国际金融垄断资本诟病，市场化改革的呼声在这些亚洲新兴市场经济体内不断高涨。"20世纪90年代中期，在 IMF 和新创的世界贸易组织施压下，亚洲政府同意……撤除金融产业的障碍，容许大量纸上投资和外汇交易涌进。"③ 于是，在市场化导向下，市场无形之手作用被强化，而政府有形之手作用则被"妖魔化"，亚洲新兴市场经济体大幅降低市场准入门槛，市场门户渐次被打开，众多政府公共领域向市场开放。特别重要的是，亚洲新兴市场经济体陆续对外资开放资本市场，由此逆转了这些新兴市场经济体的经常项目和资本项目的趋势。1988年泰国完全放开资本市场，而印度尼西亚、马来西亚以及韩国也分别于1989年、1990年

---

①③ 娜奥米·克莱恩. 休克主义：灾难资本主义的兴起［M］. 桂林：广西师范大学出版社，2010：232.

② 罗纳德·麦金龙（Ronalde Mckinnon）和爱德华·肖（Edward Shaw）提出的金融深化理论，主张解除金融管制就能够刺激经济增长。

1993 年完全放开了各自的资本市场。于是，亚洲地区成为国际资本的投资热土，大量外国直接投资蜂拥而来，导致这些新兴市场经济体以外汇占款形式发放的基础货币急剧增加。外汇占款使得流动性过剩，金融机构的信贷门槛不断放低，亚洲新兴市场经济体出现投资饥渴症。出口部门的生产能力急剧过剩，从而进一步恶化了本已过剩的全球生产能力。

6.3.3 货币危机

1995 年，美、日、德三国共同签订的所谓"反广场协定"，最终将这些亚洲新兴市场经济体推向了深渊。美元对日元大幅升值，一方面导致这些亚洲新兴经济体的货币随之大幅升值，从而急剧恶化了这些新兴市场经济体出口商品的竞争力，新兴经济体的国际市场不断萎缩，经常项目出现巨额逆差。例如，1996 年泰国出口增长从 1995 年的 24% 下降到 3%，出口下降导致泰国经常项目逆差迅速扩大，1995 年泰国经常账户赤字即达到 162 亿美元，占 GDP 的比率超过 8%[①]。另一方面使得这些新兴市场经济体的金融资产急剧升值，诸如金融、保险、房地产等，即 FIRE 部门，短期国际投机资本蜂拥而入。例如，1989 年泰国的外国私人资本流入规模仅为 1000 亿泰铢左右，而到了 1994 年，这一数字高达 15000 亿泰铢左右，这些资本中大部分为短期资本，且它们主要表现为银行的短期债务[②]。由于泰国的短期债务水平较高，而经常项目又不断恶化，国际投机资本在 1997 年初就开始沽空泰铢，经过几番在泰国的来回往返的折冲，国外资本大量流出泰国，泰国有限的外汇储备很快就被耗尽。1997 年 7 月 2 日，泰国突然宣布其泰铢与美元脱钩，实行浮动汇率制，泰铢价值随行就市，当天泰铢就贬值 20%。泰铢的贬值随后在其周边新兴市场经济体引起了雪崩式的连锁反应，印度尼西亚、菲律宾、马来西亚等国纷纷宣布实行浮动汇率制。这些国家货币竞相大幅贬值，外汇市场剧烈动荡、国外资本纷纷撤离、股市极为低迷，由此泰国的货币危机演变为东南亚货币危机。就连远离东南亚地区的日本、韩国、中国香港和中国台湾地区等也都未能幸免于难。在投机资本的攻击下，亚洲货币急剧贬值，汇市、股市纷纷走低，这些新兴市场经济体深深地卷入了这场危机，东南亚货币危机转变为全面的亚洲货币危机。

亚洲货币危机极大地恶化了发生危机的新兴市场经济体的社会经济秩序，抢劫、骚乱、自杀率飙升等，造成亚洲人民难以想象的生活困苦。面对形势不

① 吴学云.美元刀：美元全球经济殖民战略解析 [M].北京：中国经济出版社，2009：192.
② 吴学云.美元刀：美元全球经济殖民战略解析 [M].北京：中国经济出版社，2009：194.

断恶化的亚洲货币危机，大部分亚洲危机国都不得不求助于国际货币基金组织（IMF）。然而，代表国际金融垄断资本利益的 IMF 却作壁上观，甚至有意放纵危机的恶化，以便火中取栗，这种态度在发达资本主义国家的学界、商界和政界表现得特别突出。

就学界而言，弗里德曼、舒尔兹等新自由主义经济学家明确表示"反对任何种类的纾困，而应该让市场自行回到正轨"①。商界的观点更加直言不讳，如前花旗银行最高主管里斯顿以及华尔街最大投资银行摩根士丹利策略分析师裴洛斯基公开支持弗里德曼的上述观点，裴洛斯基极为反对 IMF 和美国财政部救援亚洲货币危机，他甚至说："我们现在在亚洲需要的是更多坏消息。坏消息是继续刺激调整过程所不可或缺的。"②而就西方政界来说，时任美国总统的克林顿政府对亚洲货币危机的态度基本上照本宣科，当然这个本就是华尔街设计好的剧本，甚至在危机发展到难以收拾时，克林顿竟将这场经济灾难形容为"路上的一点颠踬"③。无独有偶，时任美联储主席格林斯潘和 IMF 领导人康德苏同样秉持上述观点，他们甚至认为亚洲货币危机是亚洲经济脱胎换骨的契机，前者认为"当前的危机很可能加速许多亚洲国家残存体制——政府指导的投资仍占一大部分的经济体制的崩解"④；后者也坦承，亚洲"经济模式不会永远不变……有时候它们很管用，而久而久之……它们会变得过时而必须扬弃"⑤。总之，他们对待亚洲货币危机的态度、口径出奇地一致，即别救助亚洲，任其自生自灭。

最初，IMF 用一系列苛刻的新自由主义药方来回应那些急待救援的亚洲危机国家请求，要求这些国家进行结构性改革，要让市场自由运行，要限制行政权力等，目的就是要逼迫这些国家回到谈判桌前乞求于 IMF，但这需要合适的时机。因此，IMF 并非真的不出手，它只是在等待时机，即亚洲那些危机国家穷途末路向其求助的时刻。在这之前，先让危机自行蔓延，甚至在亚洲货币危机恶化数个月后，国际金融垄断资本依然不断地抽逃，致使危机国家的货币依然在跌跌不休，严重缩水的国内资产无人问津，恐慌过度的市场反应导致巨额

① 娜奥米·克莱恩.休克主义：灾难资本主义的兴起［M］.桂林：广西师范大学出版社,2010：231.

②③ 娜奥米·克莱恩.休克主义：灾难资本主义的兴起［M］.桂林：广西师范大学出版社,2010：232.

④ 娜奥米·克莱恩.休克主义：灾难资本主义的兴起［M］.桂林：广西师范大学出版社,2010：233.

⑤ 娜奥米·克莱恩.休克主义：灾难资本主义的兴起［M］.桂林：广西师范大学出版社,2010：234.

财富流失。1997 年的数据表明，"亚洲股票市场有 6000 亿美元蒸发——这是花了数十年累积的庞大财富"[①]。不断深化的亚洲货币危机给亚洲各国造成了巨大的损失，多年来，这些经济体以低估货币为手段、以恶化贸易条件为代价扩大出口，其国民在全球价值链低端付出巨大血汗而积累的外汇储备以及巨额的国内财富被国际金融垄断资本洗劫一空，至此，这些危机国家已经濒临破产的边缘。

机会已然来临，IMF 终于倨傲地同意与深受危机重创的亚洲国家展开谈判，正如 IMF 的谈判代表费歇尔所说："你无法强迫一个国家要求帮忙，它必须自己开口。但在缺钱的时候，它已经走投无路。"[②]亚洲危机国迫切需要以美元为主体的国际支付手段来稳定国内金融秩序。然而，天下并没有免费的午餐，IMF 提供巨额贷款的前提就是，危机国必须接受 IMF 提出的堪称标准药方的"休克疗法"以进行结构性改革，IMF 实质是要求受援国放弃部分经济主权，任由 IMF 摆布。形势比人强，最终泰国、菲律宾、印度尼西亚和韩国都屈辱地接受了 IMF 的苛刻条件。对 IMF 而言，使亚洲经济体"凤凰涅槃，浴火重生"的第一要务，就是将曾经造就"亚洲奇迹"的政府主导型经济模式打碎，即铲除亚洲国家贸易与投资保护主义残余，根除亚洲国家的干预主义传统，大幅度削减政府的预算等。

顺其自然，在荡涤亚洲国家主义传统的基础上，IMF 立即着手对亚洲国家进行新自由主义改造，主要内容有公共服务私有化、重塑独立于政府财政的中央银行、更具弹性的劳动力市场、极力压缩社会支出规模、完全的自由贸易。亚洲货币危机的结局不言自明，经济主权沦丧使亚洲门户洞开，大量亚洲国家的公司资产被贱卖、被国际金融垄断资本所控制，贫困化程度不断加深，支撑亚洲经济增长的中产阶级趋于消失，失业率和自杀率双双飙升，亚洲成为了好乱中取利的国际金融垄断资本的乐园。事实上，IMF 以牺牲亚洲的人民为代价，丰厚地回报了华尔街的国际金融垄断资本，"IMF 的'调整'结果是，几乎亚洲的一切东西都在等着变卖；而市场愈惊慌，更多走投无路的亚洲公司就会出售，把价格压到最低"[③]。

6.4 小结

综上所述，新自由主义国际经济秩序正是建立在资本主义世界经济体系的

---

①②③　娜奥米·克莱恩.休克主义：灾难资本主义的兴起［M］.桂林：广西师范大学出版社，2010：231.

勃兴上，诸如 20 世纪 70 年代末中国实施改革开放政策；20 世纪 80 年代初拉美因债务危机被迫拥抱新自由主义；最为典型的事件是，20 世纪 90 年代左右苏联的解体和东欧的剧变，结束了两个平行市场的历史，使资本主义世界经济体系基本形成。这些事件既在客观上为新自由主义的全球滋蔓扩张提供了纵深腹地，也为其繁荣兴旺提供了滋养的寄生母体。

无论是拉美债务危机，还是俄罗斯财政危机，抑或亚洲货币危机，尽管肇因各有不同，但这些地区最终都以短期外债不能按时偿还、主权信用评级下降、其主权信用难以在国际资本市场融资，不得不以放弃部分经济主权的方式换取国际货币基金组织救援等。由此可见，它们实质上都属于外围主权债务危机的范畴。通过这些外围地区主权债务危机，以美国为首的中心国家的金融垄断资本终于把这些外围国家给驯服了，外围国家开始臣服于中心国家的金融统治，更准确地说，应该是臣服于以华尔街金融精英为代表的国际金融垄断资本的统治。广大外围的发展中国家，为了避免再次遭受像亚洲危机那样的洗劫，不得不实施新自由主义所型塑的出口战略，他们的工人阶级被迫进行强制储蓄，通过出口导向换取抵挡危机的弹药——美元外汇。由此，外围地区的各国不得不进行大规模的产业资本积累，这也标志着全球积累体系的分异。

然而，新自由主义体制下的金融化却是一副毒药，不但不会解决矛盾，而且日益恶化这个矛盾。马克思曾经精辟地论述金融体系的历史作用，即在金融体系的作用下，私人资本快速转变为社会资本，同时，金融资本家也攫取了工业资本家的资本分配能力，所以金融资本又成为危机更高效的引爆点。金融体系要想有效运作，前提就是不能脱离实物经济，信用的扩大只能以追求商品价值而非脱离实物的虚拟价值为准绳。但是，在强烈趋利心的作用下，虚拟资本经常会脱轨运动，从而脱离实物经济保持相对独立性，而这会使信用体系崩溃①。

---

① 钟伟.从亚洲金融危机看当代国际金融体系的内在脆弱性［J］.北京：北京师范大学学报（社会科学版），1998（5）：60-64.

第7章

西方主权债务危机的内部逻辑起点

7.1 原发性经济虚化引致的美国新经济危机

7.1.1 新经济兴起

　　自 20 世纪 90 年代以来，新自由主义国际经济秩序已然成型，世界经济有着显著的"跷跷板效应"：在外围地区不断陷入金融危机的背景下，中心地区却是另一番景象。20 世纪 70 年代，发端于美国的信息通信技术，经过几十年的开发应用和商业推广，极大地促进了美国社会生产力的提高。信息通信技术的商业价值日益凸显，进而引起了国际金融垄断资本的大力追捧。因此，依托信息网络、通信技术的推动，美国经济在整个 20 世纪 90 年代持续扩张，这也是美国有史以来为期最长的经济高涨。"从 1991 年 3 月到 2001 年 3 月，美国经历了一个破纪录的长达 10 年的经济繁荣"①，并且美国经济呈现出"两低一高"（低失业、低通胀和高经济增长）的良好发展态势。

　　这种建立在信息、通信技术基础上的经济发展模式被学术界称为美国新经济模式。在新经济模式中，信息技术既作为传统产业升级改造的一般技术基础，夯实了美国的实体经济，同时（ICT）又形塑为一个有望改变经济范式的特殊产

---

　　① 高峰 . 新经济，还是新的经济长波？［J］. 南开学报（哲学社会科学版），2002（5）：41–53.

业——Information and Communication Technology（ICT）[1]，生成了一个新兴的概念经济。当然，一旦概念经济过度泛滥，又会加大美国经济中的泡沫成分。

就前者而言，信息技术通过计算机、通信、网络技术改造传统工业部门，使先前的基于流水生产线的刚性制造模式转变为基于信息技术的柔性制造模式。这种模式的核心内涵就是智能制造：将计算机网络、通信等信息技术全面应用于传统制造活动的设计、生产、管理、服务等各个环节，形成一个涵盖CAD（计算机辅助设计）、CAE（计算机辅助模拟仿真分析）、CAM（计算机辅助制造）、CAPP（计算机辅助工艺过程设计）、ERP（企业资源计划）、MES（生产过程执行管理系统）等在内的智能制造系统。主控服务器和各类设备终端等的互联互通，形成一个工业互联网。该系统具备信息深度自感知、智慧优化自决策、精准控制自执行等功能，能够实现生产过程的即时化、个性化、智能化、自动化和数字化。信息技术对传统生产制造技术的转置，极大地提高了美国的社会生产力，最突出地表现在对美国 20 世纪 90 年代劳动生产率的增长率贡献上。

为了确证信息技术对于 20 世纪 90 年代前半期和后半期的美国非农业部门劳动生产率年均增长率的贡献，欧林勒和斯切尔（2000）通过测算表明（见表 7-1），"1991～1995 年、1996～1999 年，美国非农业部门的劳动生产率年平均增长率从 1.61% 提高到 2.66%"[2]。在这增加的 1.05%（2.66%～1.61%）的增长率中，资本深化程度的提高贡献了 0.49%（1.09%～0.60%）：其中，以计算机（主要指半导体芯片等硬件）、软件和通信设备等为主体的信息技术资本深化的贡献最大，高达 0.46%，几乎占 90 年代后半期美国劳动生产率增长部分的一半；其他资本的贡献仅有 0.04%，几乎可以忽略不计。而劳动质量的变化不但没有改善同期美国劳动生产率，反而将其拉低了 0.13%（0.31%～0.44%）。剩下的多要素生产率的增长贡献了 0.68%（1.25%～0.57%），解释了同期美国劳动生产率增长部分的一半以上。由于多要素生产率的增长率被认为是资本雇佣劳动所带来的，因而也被算作资本的成果。如表 7-1 所示，随着时间的推移，美国的多要素生产率的增长率在不断增加，"劳动生产率增长率超过资本深化增长率与劳动质量增长率之和的程度，90 年代相较前 20 年在不断扩大，即多要素生产率的增长率在不断提高，尤其是在 90 年代后半期"[3]。

---

① 即信息和通信技术，是电信服务、信息服务、IT 服务及应用的有机结合。

② Oliner S D Sichel D E. The Resurgence of Growth in the Late 1990s'：Is Information Technology the Story？［J］. Journal of Economic Perspectives，2000：13.

③ 高峰 . 新经济，还是新的经济长波？［J］. 南开学报（哲学社会科学版），2002（5）：41-53.

表 7-1　美国非农业部门中劳动生产率增长的贡献因素

主要经济指标	1974～1990 年	1991～1995 年	1996～1999 年
劳动生产率增长率	1.43	1.61	2.66
贡献因素：			
（1）资本深化	0.81	0.60	1.09
1）信息技术资本	0.45	0.48	0.94
a. 计算机	0.26	0.22	0.58
b. 软件	0.10	0.21	0.26
c. 通信设备	0.09	0.05	0.10
2）其他资本	0.36	0.12	0.16
（2）劳动质量	0.22	0.44	0.31
（3）多要素生产率	0.40	0.57	1.25

注：由于四舍五入的原因，细目的数字相加其结果可能不等于合计。

资料来源：S·欧林勒，D·斯切尔. 20 世纪 90 年代后期增长的复兴：与信息技术有关吗？［J］. 经济展望杂志，2000（2）：13.

由此可见，尽管资本积累（以资本深化程度即资本 / 劳动比率表示）在加速推进，也即资本存量在增加，资本的生产率反而有所上升，这表明随着信息技术资本的深化，其溢出效应更加突出。如前所述，由于信息技术资本的深化以及多要素生产率的增长解释了劳动生产率增长的绝大部分，这表明信息技术通过自身的投资扩张以及产生的溢出效应，对传统生产制造技术的升级改造起到了基础性的作用。20 世纪 90 年代后半期，信息技术在美国经济中的基础性作用更加明显，对经济增长的贡献度也日益增加，极大地促进了美国实体经济的发展。"1995～1998 年，高技术产业产值仅占美国国内生产总值（GDP）的 8%，但对美国经济增长的贡献率却高达 35%，对于综合国力的提高起到了至关重要的作用。"[1] 信息技术的这种基础性作用彰显，突出地表现在 20 世纪 90 年代后半期美国非农业部门的经济增长率上。据欧林勒和斯切尔（2000）统计，1991～1995 年，美国非农业部门的经济增长率为 2.82%，而到了 1996～1999 年，该数据迅速飙升到了 4.9%，这和同期美国信息技术资本深化变动率以及多要素生产率的增长率变动趋势高度吻合。

---

[1]　赵汇. 关于"新经济"的论争［J］. 高校理论战线，2001（1）：16-18.

信息通信技术因其有可能改变美国的技术——经济范式，从而成为美国新经济的物质技术基础。而以信息通信技术为内核的ICT①产业也就成为众望所归的朝阳产业，发展成为"钱"景无限的特殊产业。作为新经济引擎的特殊产业，ICT产业的成功有赖于这些基本要素：一流的研发人员、先进的技术设备、灵活的创业机制、产业的空间集聚等。它们之间是否产生化学反应？这就有赖于作为新经济的血液——金融资本的作用。金融资本是逐利资本，它是以利润率高低为导向的。众所周知，利润率主要受剩余价值率和资本价值构成的影响。20世纪90年代，尤其是后半期，这两个因素都较之以前发生了较大变化。

就剩余价值率而言，如前所述，上述时期的ICT产业的劳动生产率急剧提高。与此同时，美国ICT产业工人的实际工资却在下降。事实上，自20世纪70年代中期开始，美国终结了长达150多年的实际工资上涨史。到了20世纪80年代，美国新自由主义的去管制化进程不断推进，政府放松劳动力市场管制：劳动力市场完全推向市场，资本开始对劳动展开疯狂进攻，资本和政府联手打击公私部门的工会组织，最低工资法被政府冻结，管制资本主义时期的劳资双方协议工资制被废弃，政府大规模地减少对劳动力市场的干预和保护。工人工资由竞争性的劳动力市场决定，这使竞争压力不断下移，极大地强化了产业工人之间的竞争。先前的各种社会福利体系也被打破，美国收入分配体系急剧偏向资本，致使美国非农业部门的工人实际工资趋于下降。根据戈登（1996）估算结果表明，"1979～1994年，美国生产性雇员的税后实际每小时可支配收入下降了8.6%，税前每小时实际报酬下降了7.8%"②。

劳动生产率和实际工资背离的趋势扩大了利润的份额，从而增加了剩余价值率。根据莫斯利（1997）的计算，美国剩余价值率从1973年的1.59急剧上升到1994年的2.33③。而后，剩余价值率攀升的趋势进一步加剧。ICT产业由于自动化程度高，雇佣工人的可替代性程度也高，进一步加剧了ICT产业工人实际工资向下的压力。因此，在劳动生产率不断增加的同时，ICT产业工人的实际工资又在不断下降，这急剧地扩大了ICT产业中利润的份额，从而提高了ICT产业的利润率。

---

① ICT是信息、通信和技术三个英文单词的词头组合（Information Communications Technology，ICT）。

② Gordon D M.Fat and Mean：The Corporate Squeeze of Working Americans and the Myth of Managerial "Downsizing"［M］. Martin Kessler Books，1996.

③ Fred Moseley.The Rate of Profit and the Future of Capitalism，Review of Radical Political Economics ［J］.1997，29（4）：23-41.

就资本构成而言，ICT产业中信息技术资本深化加剧导致预付资本量增长。然而，资本的成本却没有大幅度上升。相反，如前所述，资本的生产率还出现了上升，致使资本利润率在20世纪90年代尤其是后半期出现恢复甚至有了较大提高。根源就在于ICT产业的特殊性上，这种特殊性又表现在所属企业的内部生产和外部生产存在明显的特征差异。

就ICT企业内部生产而言，其完整生产过程可分为研发阶段和批量生产阶段。我们通常只关注到信息技术提高到生产自动化程度，批量生产在提高劳动生产率的同时降低了生产工人的实际工资。事实上，在研发阶段情况正好相反，研发人员从事的都是原创性的复杂劳动，其薪酬占企业支出中很大的份额，这就在一定程度上抑制了批量生产阶段中一线生产工人实际工资下滑的趋势。而就企业外部生产而言，信息技术资本深化加剧，也即企业的资本技术构成急剧提高。然而，ICT产业在美国空间集聚度很高，主要集中在美国硅谷地区，因而信息技术存在明显的外溢性。ICT企业之间竞争尤为激烈，产品更新换代速度非常快。熊彼特所提出的"创造性毁灭"[①]过程这个特征在ICT企业里非常突出，致使ICT产业中存在所谓的"摩尔定律"[②]：电子信息产品性能急剧提高的同时其价格又在显著下降，因而ICT企业倾向于遭遇价值革命的厄运。企业外部生产的竞争性在使资本的成本下降的同时，也使企业的资本价值构成提高远远滞后于其资本技术构成的提高。

综上所述，价值构成提高速度迟缓使资本的成本不断下降，资本生产率却不断攀升，ICT产业整体利润率得以提高。原因在于，在ICT产业中，一方面由于劳动生产率不断提高使剩余价值率高企，另一方面资本生产率的提高也反映了资本价值构成提高的迟缓。这些因素综合导致了20世纪90年代美国ICT产业的利润率急剧增长。

7.1.2 新经济泡沫化

信息技术承载了美国社会诸多期望以及ICT产业的卓越业绩表现，大量逐利的产业资本涌向ICT产业领域，这或许是20世纪90年代后半期美国信息技术资本深化程度不断加剧的原因所在。ICT产业单兵突进之势成为拉动20世

---

① "创造性毁灭"概念由奥地利经济学家熊彼特于20世纪初提出。

② 摩尔定律是由英特尔（Intel）创始人之一戈登·摩尔（Gordon Moore）提出来的。其内容为：当价格不变时，集成电路上可容纳的元器件的数目，每隔18～24个月便会增加一倍，性能也将提升一倍。

纪 90 年代美国经济高速增长的引擎,它极大地改变了美国的基本经济结构,凸显了 ICT 产业在整个国民经济中的特殊地位。例如,"1990～1999 年,美国的信息技术产业国内总收入从 330 亿美元增长到 7290 亿美元,平均每年增长 10.4%,大大高于经济总量的增长速度,占经济的比重由 5.5% 上升到 8.2%"[①]。Forrester 对比了美国因特网行业和汽车行业,结果表明,"1998 年美国因特网行业直接创造的产值达 3310 亿美元,直接提供的就业机会达 110 万个。同年美国汽车产业产值为 3500 亿美元,提供 150 万个就业机会,二者规模非常接近。1998 年,美国因特网经济的增长率高达 175%"[②]。

同样地,ICT 产业高额的利润率对那些金融垄断资本产生了巨大的诱惑。然而,作为虚拟资本的金融垄断资本应该如何切入作为实体经济的 ICT 产业呢?这就需要认真考察 ICT 产业的结构特征。由于信息技术的知识门槛较高,ICT 产业结构也较为特殊。ICT 在加速人类知识由必然王国向自由王国转化的同时,积极向未知领域探求新知识并使其商业化,其成功与否存在极大的不确定性,因为不断涌现的新技术使创新失败的可能性远高于其成功可能性。作为朝阳产业,ICT 产业的挑战性吸引了越来越多受过高等教育但手头缺乏资金的青年科技人才,他们怀揣财富梦想前赴后继地涌入 ICT 领域进行创业。

因此,ICT 产业结构表现为:初创企业规模普遍较小,但数量众多,企业新陈代谢速度较快等。ICT 的柔性产业结构促使金融垄断资本在投融资方式上进行金融创新,一种新的投融资方式——风险资本脱颖而出。"它以拥有一定企业股份为条件为小型高新技术企业的创立融资,在资金管理上融合资金支持与管理支持,并于企业成功上市后卖出股份获取高回报。"[③]这种高风险、高回报的投融资制度天然契合 ICT 的产业结构。反过来,风险资本极大地促进了 ICT 产业的发展,进而促进了新经济发展。金融垄断资本的介入彻底改变了 ICT 产业的命运。在风险资本的推动下,众多的中小型 ICT 企业得以创立并迅速扩张。因为 ICT 企业通过资本市场募集大量资本,促使人才、技术和资本快速结合。据统计,"仅仅从 1992 年到 1996 年 6 月,美国就有 3000 家公司上市,筹集资本 1500 亿美元"[④]。

20 世纪 90 年代以前,美国风险资本制度极大地推动了美国高新技术发展,

---

① 齐建国. 新经济辨析 [J]. 数量经济技术经济研究, 2001 (4): 5-10.

② 徐坚. 信息革命、新经济与未来国际秩序 [J]. 国际问题研究, 2000 (5): 6-10.

③ 高峰. 新经济,还是新的经济长波? [J]. 南开学报 (哲学社会科学版), 2002 (5): 41-53.

④ Lippit V D. The Reconstruction of a Social Structure of Accumulation in the United States [J]. Review of Radical Political Economics, 1997, 29 (3).

美国实体经济与作为其反映的金融市场表现，或者说与虚拟经济的发展还是比较适应的。与此同时，由于 ICT 产业未来成长性预期对于吸收风险资本尤为关键，风险资本市场也催生出一个全新的概念经济："认为科技进步使得生产率有无限提高的可能，从而经济增长无极限"[①]。作为高科技隐喻的新经济模式完全超脱了传统的经济法则，不再受经济周期的摆布。与此相适应，外围地区的金融危机进一步加深了金融全球化的发展趋势。那些遭受金融危机危害的国家，事后都按照新自由主义规划的路线，纷纷实施了出口导向发展战略，积累起了巨额的美元外汇储备。基于防范再次发生危机的目的，这些外汇储备就不能挪作他用，只能投资于美国的金融资产，特别是盈利前景看好的 ICT 领域。

另外，随着 1995 年"反广场协议"的制定，美元资产特别是高科技资产快速升值，先前停滞的日本经济中所形成的大量过剩资本也找到了投资渠道。"在整个 90 年代，外国的财富持有者在美国金融市场上所购买的美元资产不断增长。到 1998 年底，外国债务的规模已达到 1.5 万亿美元，相当于美国 GDP 的 18%。"[②] 大量的国际金融垄断资本向信息技术产业转移，ICT 产业的"烧钱"模式开启，进一步刺激了 ICT 产业的膨胀，ICT 产业的急速膨胀时期也就是美国新经济泡沫加剧的时期。

如图 7-1 所示，1995 年签订的"反广场协定"就构成了美国经济泡沫化的一个分水岭。1995 年以前，美国扣除利息后的公司税后利润净额指数基本与纽约股票交易中心综合指数保持一致，这表明金融市场的走势较为正确地反映了实体经济的盈利状况。然而，1995 年之后，两者的缺口急剧加大，前者远远落后于后者的增长，这表明金融市场的发展越来越脱离了实体经济。金融开始领跑实体经济，金融泡沫成分越来越大，实体经济的存在意义只是作为金融泡沫的"标的物"，即"幌子"而存在。在全面金融化的浪潮中，实体经济自身也高度介入金融市场，实体经济的利润主体部分也来自金融业务，这就是美国新经济泡沫化的开端。

新经济的诱人前景吸引了国际投机资本涌向美国股市，尤其是高科技股的集中地——纳斯达克市场。与此相适应，美国股市也是节节攀升，投资者在股市获得丰厚的回报，而为了获得更多的回报，投资者又不断获利回吐，这使股市行情不断往上"蹿"，不断刷新历史纪录，尤其是纳斯达克市场行情的火爆令人叹为观止。

---

① 刘爱文.西方主权债务危机形成机理研究［M］.武汉：武汉大学出版社，2014：82.

② Pollin R.Anatomy of Clintonomics［R］. New Left Review，2000.

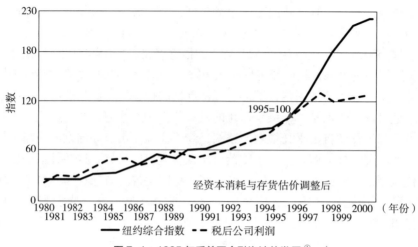

图 7-1　1995 年后美国金融泡沫的发展[①]

　　表 7-2 反映了纳斯达克指数自 1971 年 2 月 8 日创建以来的走势情况，总体上呈现了一种加速上涨的特征，其中 20 世纪 90 年代后半期纳斯达克指数上涨表征为火箭式蹿升，极为疯狂。纳斯达克指数从创立之初的 100 点到 1000 点花了 24 年时间，而该指数由 1000 点上涨到 2000 点花了 3 年时间，继续上涨到 3000 点却用了不到 1 年半，再上涨到 4000 点用了不到 1 年时间，而从 4000 点上涨到 5000 点则只用了 2 个月。显而易见，这种不断加速的上涨趋势反映了纳斯达克市场中高科技泡沫在不断膨胀。

表 7-2　1971～2000 年纳斯达克指数的走势[②]

时间	纳斯达克指数	时间间隔	时间	纳斯达克指数	时间间隔
1971 年 2 月 8 日	100	—	1999 年 1 月 29 日	2500	半年
1991 年 4 月 12 日	500	20 年	1999 年 11 月 3 日	3000	10 个月
1995 年 7 月 17 日	1000	4 年	1999 年 12 月 29 日	4000	2 个月
1997 年 7 月 11 日	1500	2 年	2000 年 3 月 9 日	5000	2 个月
1998 年 7 月 16 日	2000	1 年	2000 年 3 月 10 日	5048	1 天

①　罗伯特·布伦纳.繁荣与泡沫［M］.北京：经济科学出版社，2003：135.

②　刘爱文.西方主权债务危机形成机理研究［M］.武汉：武汉大学出版社，2014：83.

7.1.3 新经济危机

泡沫终究是要破灭的，新经济泡沫也不例外。而且，新经济泡沫膨胀得越快，其破灭速度也就越快，正所谓"其兴也勃焉，其亡也忽焉"①。美国纳斯达克指数从 2000 年 3 月 10 日的最高 5048 点，在极短的时间内，来了个高台跳水，到 2001 年跌破 2000 点。短短不到一年时间，纳斯达克指数缩水幅度高达62%。纳斯达克股市的破灭也粉碎了众多高科技网络公司的梦想，风险资本避之而唯恐不及，纷纷从 ICT 领域抽逃。缺少金融资本滋养的 ICT 产业进一步掀掉了新经济的遮羞布，资本主义私人信用全面收缩。一时间，大量信息、通信等高科技公司破产倒闭，新经济危机全面爆发。显而易见，新经济危机意味着现行价格体系全面失衡，资本积累难以为继，必须通过危机这种破坏性方式强行纠偏。

事实上，所谓以信息技术为支撑的新经济其实并不新。与历史重大科技创新相比，信息技术的出现也并不比蒸汽机、电力等发明的意义更为重大，其对经济增长的推动作用甚至低于后者的作用。只是在国际金融资本主义阶段，资本主义经济呈现僵死状态，资本过剩，利润率不断下降，投资需求不振，这种背景让新经济表现显得更为突出而已。更不用说新经济带来低通胀的无稽之谈，它仅是一种幻象或假象，因为在国际金融垄断资本主义时期，通胀指数仅仅统计消费资料价格指数，至多包括部分生产资料价格，而将不断攀升的巨额资产价格排除在外。实际上，这种价格指数会造成巨大的扭曲，这从作为现代货币政策制定依据的泰勒规则就可得到证明。

那么，国际金融垄断资本吹起新经济泡沫的目的何在呢？那就是打通美元国际循环的渠道。新经济泡沫发生的历史情境如下：一方面，在金融全球化的背景下，外围地区屡屡遭受债务危机的打击，外围地区各国被迫通过出口导向政策发展实体经济，这种产业资本积累模式积聚了很多美元外汇储备。环顾宇内，只有美国才是外围地区外汇资本的安全避风港湾。于是，外围地区人民辛苦劳动换来的血汗外汇开始反哺美国，纷纷涌向美国，追捧美国资产，致使美国资产需求高涨。另一方面，在金融自由化的背景下，国际金融垄断资本到处寻找合适的投资标的物，而信息技术革命的果实逐渐成熟。因此，ICT 产业进入了国际金融垄断资本的视野，金融资本通过风险资本形式向 ICT 产业烧钱，致使 ICT 产业价格暴涨，远远超出了 ICT 产业的实际产出和实际利润所能支撑的范围。

---

① 出自《左传·庄公十一年》。

日益虚化的 ICT 产业与实体经济渐行渐远，它已进入了一种预期所推动的自我实现机制。"1994 年，美国公司的股票价值为 6.3 万亿美元，到 2000 年第一季度已飙升到 19.6 万亿美元。"[①] 日益高涨的 ICT 资产价格吸引了大量的外围资金进入，美国巨额贸易逆差所流出的美元也就通过 ICT 融资方式回流，一个完整的美元国际循环就此形成。泡沫经济有效运作的关键在于，通过炒作信息技术等高科技概念来圈钱，至于这些高科技是否能够提高生产力倒在其次。ICT 产业中鱼龙混杂，正如股神巴菲特的名言，"只有退潮时，才知道谁在裸泳"。

由此可见，所谓新经济，不过是全球生产能力持续过剩历史情境下国际金融垄断资本吹起的一个泡沫而已。新经济危机，则是国际金融垄断资本过分吹捧信息技术的经济价值所直接引致的。因此，新经济泡沫的产生、发展直至最后的危机，都与国际金融垄断资本的性质密切相关。国际金融垄断资本是最具有拜物教性质的资本，它更加强化了资本的操控性生产关系，这与产业资本内在逻辑迥然不同。因此，国际金融垄断资本主义实质上就是赌场资本主义。在国际金融垄断资本主义市场竞争中，金融寡头既做运动员，又做裁判，他们奉行大鱼吃小鱼、快鱼吃慢鱼的"丛林法则"[②]。而高度组织化的国际金融垄断资本在竞争中具有天然优势，按照"杠杆原理"，它能够以少量的高度组织化金融资本撬动高度分散的巨额社会资本，作为它们的诱饵或标的物，这就是 ICT 新技术概念。

事实上，在现有国际金融规则下，这些国际金融垄断资本吹起经济泡沫的交易成本并不高，但通过经济泡沫攫取的资本利得是非常惊人的。主流经济学用将所谓"博傻理论"[③] 来解释新经济泡沫危机，最后接棒人承担了全部的损失。这种理论看似很合理，实际上并没有涉及问题的本质。毫无疑问，新经济泡沫的牺牲者，也就是最后接棒者必定是那些个体规模较小且分散的社会资本，主要是世界体系外围的资金。

从这个意义上来说，新经济泡沫破灭的命运是必然的，但具体在什么时候破灭，则是偶然的。然而，金融资本积累归根结底是系缚于产业资本身上，金融资本实质就是对产业资本的 n 次方控制权。如果 n 等于 1，则表示金融资本

---

① Brenner R.The Boom and the Bubble［R］. New Left Review，2000.

② 丛林法则是自然界里生物学方面的物竞天择、优胜劣汰、弱肉强食的规律法则。

③ 博傻理论（Greater Fool Theory），是指在资本市场中（如股票、期货市场），人们之所以完全不管某个东西的真实价值而愿意花高价购买，是因为他们预期会有一个更大的笨蛋会花更高的价格从他们那儿把它买走。

对产业资本的 1 次方控制权，代表一种原发性的经济虚化，新经济泡沫即为原发性经济虚化。如果 n 大于 1，则表示金融资本对产业资本的 n 次方控制权，代表一种继发性的经济虚化，后面即将探讨的次贷危机即属此例。

新经济泡沫之所以能吹起来，实质反映了新自由主义国际经济秩序的不公平，美国利用其优势的综合国力垄断了信息、通信等作为人类共同文明成果的高科技资源，并通过制定各种知识产权保护条例掌握了这些信息技术的定价权，从而保证国际金融垄断资本的高额垄断收益。作为原发性经济虚化的新经济危机，其根源依然在于资本主义基本矛盾。然而，到了国际金融垄断资本主义阶段，国际分工朝全球价值链两极细化，外围地区主要从事处于全球价值链低端的程式化的加工制造业，而中心地区则主要以风险资本形式刺激处于全球价值链高端的信息技术产业发展[①]。

因此，生产社会化与生产资料私人占有形式之间的资本主义基本矛盾，也就变形为全球价值链中媒介外围低端生产和中心高端生产之间高科技泡沫不可持续的矛盾。显而易见，每一次泡沫危机都意味着国际金融垄断资本的集中化程度进一步提高。信息技术过度概念化加剧了新经济泡沫，新经济危机则进一步增强了国际金融垄断资本对产业资本的控制权，从而为西方主权债务危机的爆发创造了基础条件。

7.2 继发性经济虚化引致的美国次贷危机

7.2.1 货币政策救房市

新经济危机戳破了新经济泡沫，严重地打击了市场信心。而 2001 年的"9·11"恐怖袭击导致市场信心雪上加霜，有效需求急剧下滑。然而，在新自由主义国际经济秩序下，全球生产相对过剩已然成为常态，如何提高有效需求成为美国政府迫在眉睫的任务。

由于资本主义基本矛盾冲突加剧，美国消费需求、投资需求和出口需求都面临着巨大的现实困难。首先就投资需求而言。受制于资本主义平均利润率长期下降规律的影响，产业资本举步维艰，它们自身都试图往金融领域转移，更别说吸引新的资本进入实体经济领域。其次就出口需求而言。全球生产过剩加剧了世界各国对国际销售市场的竞争，特别是外围地区新兴市场经济体。由于

① 张宇，蔡万焕.马克思主义金融资本理论及其在当代的发展［J］.马克思主义与现实，2010（6）：101–106.

这些地区的劳动力价格被压得很低、各种外贸补贴税收优惠政策、自然资源更是不计成本等。新兴市场经济体出口产品定价很低，在国际市场上具有非常强的竞争力，它们强烈地冲击着美国的海外市场。最后就消费需求而言。显而易见，新自由主义转向使美国产业工人的实际工资呈下降趋势，而随着新经济泡沫的破灭，信息技术产业的财富效应消失，美国社会的消费需求进一步恶化。

因此，无论是投资需求还是出口需求，它们都难以消费过剩的生产能力。由此表明：资本在实体经济领域很难再有作为，资本主义生产方式的历史局限性阻碍了社会生产力的继续发展。

既然全球生产过剩恶化了产出实现问题，美国于是避实就虚，从生活资料着眼，从消费需求着手。更为重要的是，在新自由主义国际经济秩序下，美国的消费需求逐步异化为全球经济增长的发动机。由此，美国开始走食利者之路，也就堕落为马尔萨斯所提出的、实现全部产品所必需的"第三者"[1]。为了提振萎靡低落的市场信心，遏制新经济危机所引发的消费需求快速下滑，金融资本积累必须激活美国消费需求，否则，这种不合理的国际经济秩序将会崩溃。反过来，美国金融资本积累进程一旦中断，美国金融霸权的根基就会被摧毁，这就攸关美国的核心利益。

从新经济危机中撤退的金融资本如何回流美国金融市场，以便继续推进金融资本积累，并借财富效应扩张美国消费需求？作为金融垄断资本代理人的美国政府当然不能置身事外，其货币政策就是一个主要抓手。2001年之前，为了清除过剩生产能力，提高资本集中程度，为将来的金融资本积累扫清障碍，美国实施了紧缩的货币政策。作为市场风向标的美联邦基金利率一直保持在高位，例如，1990年1月13日，美联邦基金利率为8.25%，一直到2001年1月3日，该利率依然保持在6.5%的高位。于是，那些不堪重负的常规加工制造业，都由美国向外围地区转移。顺理成章的事情就是，美国实施宽松的货币政策促进金融资本，而新经济泡沫的破灭加快了这一进程。为此，美联储自2001年1月3日开始第一次降息，连续13次大幅调低联邦基金利率，至2003年6月25日，美联储最终将利率维持在1%的水平，而这个1%的低水平联邦基金利率一直维持到2004年6月30日开始第一次加息止，持续时间长达一年之久，这是自1958年以来历史上最低的联邦基金利率。美联储联邦基金利率从6.5%降至1%，其下降幅度之大也极为罕见。

---

① 即由于存在着由地主、官僚和牧师等组成的"第三者"，他们只买不卖，才支付了资本家的利润，才避免了因社会消费不足而导致的生产过剩的危机。

美联储的多次降低基准利率，相应地拉低了美国各类信贷市场的利率，特别是美国住房抵押贷款利率，下降到了近 30 年来最低的水平。于是，美国将一个多年来不温不火的产业——美国住房信贷业发展起来了。事实上，住房作为一种生活必需品，其所需资金量大、垄断程度高等品质，特别符合金融垄断资本快速炒作的需求。

在新经济危机之前，美国政府也试图快速推进房地产业发展。例如，在克林顿执政时期，美国就实施了特殊的住房政策。总体而言，那时美国房地产业发展还是比较稳健的。1992 年克林顿一上台，就推行了一项所谓的"居者有其屋"计划，其"初衷"是让全体美国人都有自己的房子住，从而增强国家认同感和归属感。同时，政府赋予参与此项计划的房地美和房利美很多垄断专营权，以换取他们支持政府此项计划。

然而，在全球住房相对过剩这种大历史背景下，对抗性分配关系持续压低美国工人的实际工资，美国存量房空置率较多，房价远远超出了普通人的实际购买力。而高企的市场利率增加了住房还贷压力，美国人宁愿选择租房而不是贷款买房。因此，2001 年以前，美国房屋贷款增长比较缓慢。根据国际证监会组织发布的相关报告，2000 年美国住房抵押贷款余额仅为 4.8 万亿美元。房价上涨速度也不快，美国十大都市的标准普尔 / 凯斯—席勒房价综合指数变动非常平缓。房地产带来的财富效应并不明显，以至 1991 年美国的新住宅开工量只有 100 万套左右，增长速度较慢。

7.2.2 财政政策助次贷

毫无疑问，美联储自 2001 年 1 月 3 日开启的连续大幅降息，势必影响到资金借贷的成本。但是，美联储降低的只是名义利率，而要考察资金的真实借贷成本，还必须考虑通货膨胀的影响。只有在剥离通胀的影响后，我们才能真正衡量资金借贷的真实成本。在新自由主义国际经济秩序下，美国凭借着美元霸权，放任贸易逆差，特别在新经济泡沫期间，经常项目赤字更是创下历史纪录。然而，随着新经济泡沫的破灭，美国奉行弱势美元政策，不断调低联邦基准利率。国际金融垄断资本出现外流，以至美国的资本项目也出现天量赤字，双赤字带动美元不断贬值。美元贬值也导致外围地区的输入商品价格上涨，使美国 CPI 指数逐渐上升。

美国联邦基金利率和 CPI 指数的反向运动，使美国资金的借贷成本进一步下降。例如，从 2001 年 10 月份开始，核心通胀指数超过了联邦基金利率（见图 7-2），经过核心通胀率调整的美国短期实际利率开始为负，并且这种实际利率为负的局面一直持续到 2005 年 1 月份为止。实际利率为负最浅显的经济学含义就是：商业银行从美联储借钱，不但不用付利息，美联储反而给商业银行以财政补贴。很明显，这是一种典型的政策红利，美联储通过这种方式进行收入再分配，就是以全体纳税人的钱来补贴商业银行，也即金融垄断资本，这是一种大力鼓励金融资本积累导向的货币政策。而金融自由化进一步加剧了金融机构之间的市场竞争。这些情况都倒逼商业银行扩大放贷，然后再把相应的商业票据向美联储进行贴现，这种方式也就成为其最理智的选择。

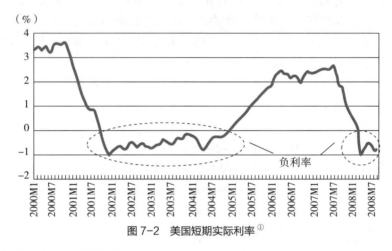

图 7-2　美国短期实际利率 [①]

数据来源：Bloomberg and IMF WEO Database。

　　然而，美联储降低利率只是扩大房贷供给的手段，要研究美国房贷市场的异常发展，还需要联系美国房贷的需求，即需要考察 2001 年以后美国住房政策的新变化。2001 年小布什上台，就将买房问题上升到爱国的政治高度，"只要你拥有任何财产，你就是祖国未来的利益相关者" [②]。为了进一步扩大先前的"居者有其屋"计划的覆盖面，小布什颁布多项提高美国人特别是少数族裔住房拥有率的住房政策。对于通过抵押贷款方式购买房屋的美国老百姓，政府给予很多税收和财政上的优惠。比如，美国税法规定：纳税人在出售自有住宅时，只要在出售前的 5 年中居住 2 年以上，其资本利得中的25 万美元可享受应税扣除处理，甚至纳税人可以在缴纳联邦个人所得税时

---

① 　此处的短期实际利率采用的是经核心通胀率调整后的 3 月期国库券利率。

② 　魏红欣，王小萱．"居者有其屋"的美国梦该醒了〔EB/OL〕．http：//news.xinhuanet.com/fortune/ 2008–07/01/content_8469989.htm，2008–07–01.

把应缴纳的地方财产税先行扣除。又比如，纳税人用于购买第一套和第二套住房的抵押贷款利息支出，可在个人所得税的应税所得中扣除。相反，美国税法规定：租金不能享受免税，这就变相鼓励人们通过抵押贷款买房而不要租房。

这些优惠政策极大地降低了美国老百姓抵押贷款买房的成本，加快住房的折旧速度，鼓励人们购买高价位的新房，从而使得美国房地产业的资金周转速度加快。为进一步活跃房地产市场，美国政府给予联邦国民抵押贷款协会、政府抵押贷款协会和联邦住房贷款抵押公司等住房抵押二级市场做市商许多优惠政策，包括税收、信息披露、企业信贷以及国际结算等方面。

美国负利率的房贷供给政策以及政府红利导向的房贷需求政策，极大地激发了老百姓的购房热情，也吸引了各类金融机构投身于房屋抵押市场，美国房贷市场呈现一片繁荣景象。为了在激烈的市场竞争中拓展自己的市场份额，这些商业银行和相应的贷款机构不断扩大放贷对象，扩大抵押贷款业务范围。然而，社会中那些收入高、资产雄厚、信誉好的优质客户资源数量有限，这些优、中级的房贷需求很快就饱和了，尚未满足的房贷需求只有那些信用较低、收入无保障的所谓次级客户。以规避风险原则行事的商业金融机构是不会轻易涉足这一领域的，关键时刻这些机构又得到了政府帮助。正常情况下，这些次级客户是不可能申请住房抵押贷款业务的。因为要申请住房抵押贷款，需要付20%的首付款，另外还要有一定的信用等级。这些都是那些收入无保障且有较多负债的次级客户所不具备的，没有任何私人保险公司愿为这类人提供住房抵押贷款保险。然而，美国政府寄希望于房地产业带动美国经济走出低谷，责令美国联邦住房局为第一次购房的次贷客户提供住房抵押贷款的违约保险。联邦住房局的住房抵押贷款违约保险几乎没有对借款人收入的要求，当然，次贷客户必须付给联邦住房局较高的保险费。然而，次贷客户可以将这些保险费打入抵押贷款总额中，从而获得更多的融资，联邦住房局对次贷的保险大大扩张了次贷规模。

由于有政策支持和兜底，这些商业银行和放贷机构不断地放松贷款条件，降低贷款的门槛。它们针对次级客户需要，设计了名目繁多的宽松信贷条款。诸如负摊还条款（Negative Amortization Provisions），即借款人每月付款都不足以支付所有到期的贷款利息，这些未支付的利息会被加到未偿还的贷款额上；最末期大笔还清条款（Balloon Payment Provisions），即先期执行优惠利率，优惠期结束后，最后一笔还款金额按浮动利率计算，数目很大且需一次性还清；诱惑性贷款（Teaser Loans）（或称含 Teaser Rate——引诱利率的可调整利率抵押贷款），这类贷款在固定期内维持一个虚假的低利率，通常为1%~4%，它比优惠级利率（prime interestrate）还要低，借款人如果能够在享受优惠利率的两年内改善信用记录，就可以把可调整利率贷款转变为固定利率贷款。其他还有诸如骑肩（piggyback）住房抵押贷款（借款者只需很少的现金支付首付甚至可以免首付）、谎言贷款（liar credit，指无收入证明的抵押贷款）等。在美国相关房贷政策的支持下以及相关金融机构欺诈性条款的诱惑下，美国社会中大量所谓 Ninjna[①] 人员涌入次级抵押贷款市场，这就为美国次级抵押贷款市场的繁荣打下了基础。

7.2.3 次贷金融创新渠道[②]

为促进住房抵押贷款市场的发展，这些负利率的货币政策和减税的财政政策是典型的政策红利，引起了美国各类金融机构的觊觎，这些机构也想从中分一杯羹。然而，他们只愿意参与到流动性强、信誉好的优中级住房抵押贷款市场，并不想涉足缺乏流动性并且风险极高的次贷资产。当然，对于那些发放次级住房抵押贷款的商业银行和相关金融机构来说，他们也不想长期持有这些问题资产。

如何盘活这些次贷资产？首先，这得益于国际金融垄断资本推动的金融去管制化或金融自由化历史进程。在迅猛发展的信息通信技术支持下，国际金融市场上金融创新层出不穷，它们能够化腐朽为神奇。基于追逐暴利和规避风险的目的，金融创新创造了品种丰富、功能各异的金融衍生品，从而为次贷资产创造了一个活跃的二级资本市场，从资本深化渠道转移了次贷资产的信用风险。其次，在新自由主义国际经济秩序下，国际金融垄断资本通过操纵巨额资本的流向，以金融危机形式碾碎了任何试图顽抗的民族堡垒，强推国际金融一体化进程，这种金融全球化从资本广化渠道将美国次贷资产的信用风险向全球扩散。整个进程可通过图 7-3 形象表示，下面我们就从资本深化和资本广化两个渠道对其机理进行分析[③]。

---

① Ninjna：no income，no job，no assets 首字母的缩写，即无工作、无收入、无财产的三无人员。
②③ 刘爱文. 2007～2009 国际金融危机信用风险转移路径剖析［J］. 晋阳学刊，2012（5）：48-55.

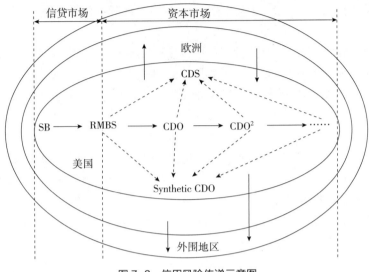

图 7-3　信用风险传递示意图

7.2.3.1 资本深化

次贷风险深化转移的第一环是由 SB → RMBS 开始的，即借助住房抵押贷款证券化过程（Residential Mortgage-Backed Securitization，RMBS）实现次级住房抵押贷款（Subprime Mortgage Loan，SB）风险由信贷市场向资本市场转移[①]。住房抵押贷款证券化的原理是：住房抵押贷款发放金融机构作为资产证券化的发起人，将流动性低且差异性较大的次级住房抵押贷款债权出售给特殊目的实体（Special Purpose Vehicle，SPV）。SPV 将这些信用不等的抵押贷款汇集起来形成一个基础资产池，并通过一些复杂的风险收益重新匹配的结构化技术，借此资产池所产生的现金流为依据，发行等级不一的标准化证券，在资本市场上出售给投资者进行融资。而投资 RMBS 债券的收益则来自抵押贷款借款人每月的还本付息。

所以，通过精巧设计 RMBS 金融创新，一方面，发行人就将高风险的次级住房抵押贷款的债权同自己的其他资产进行隔离；另一方面，SPV 又将各类住房抵押贷款重新打包以结构化为标准的 RMBS 证券，销售给资本市场的投资者。这就有效地把信贷风险从商业银行和放贷机构等原始债权人手中转

---

① 资产证券化是指将缺乏流动性但未来能够产生可预见的稳定现金流的信贷资产，诸如银行的贷款、企业的应收账款等，形成一个基础资产池（Pool of Underlying Assets），对其风险与收益等变量重新进行匹配和重组，并以此为基础向资本市场的投资者发行固定收益证券进行直接融资的过程。

向了资本市场投资者；反过来，初步形成的二级资本市场也促进了次贷市场的发展。

然而，SB → RMBS 仅仅转移了部分市场风险。因为在 RMBS 证券中，那些中间级和股权级的 RMBS 证券风险依然较高，信用评级普遍不高，这类 RMBS 证券可能达不到资本市场上最低的信用级别 BBB，这对于投资银行、共同基金等大型投资机构没有足够的吸引力。对于这些信用评级不高的高风险 RMBS 证券，还需对其进行二次的证券化（Resecuritization），提高其信用评级。这就需要在 RMBS 证券的基础上发行担保债务凭证（Collateralized Debt Obligation，CDO），开启次贷风险的第二轮深化转移。CDO 和 RMBS 都是按照资产证券化的机理来设计，它们的区别只是在于基础资产池中构成的差异：RMBS 基础资产主要是来自信贷市场的住房抵押贷款，而 CDO 的基础资产则是来自资本市场的 RMBS 证券和 ABS 证券（资产担保证券化，Asset-Backed Securities，ABS）等结构化资产构成。

就次贷证券化来讲，CDO 是 RMBS 的二次证券化。显而易见，CDO 基础资产池构成更为广泛，甚至 CDO 本身都能成为 CDO 基础资产池中的资产。因此，CDO 是一种结构化的信用衍生品，其衍生能力使 CDO 基础资产池的构成更为丰富灵活，形成诸如 CDO^2、CDO^3 等。由于 CDO 设计较之于 RMBS 更为复杂精巧，品种更为丰富，更符合不同偏好的机构投资者的需求，所以 CDO 的应用范围更广，更能为市场所接受。由此，通过 RMBS → CDO → CDO^2······这个资本纵向深化链条，各类投资银行、私募基金等金融机构被引入，资本市场风险实现了纵向转移。

CDO 基础资产的多样性进一步分散了信用风险。然而，作为结构化的证券化产品，股权级 CDO 证券依然由于高风险而没有信用评级。机构投资者强烈希望以一定的代价转移违约风险，最直接的方法就是通过买保险来转移违约风险。而保险机构也希望通过出售保险来分享住房抵押贷款市场的好处，而这正是信用违约掉期 CDS（Credit Default Swaps）创立的初衷所在。

CDS 债券相当于是一份看跌期权，购买 CDS 的投资银行相当于看跌期权的多头，CDS 的出售方相当于看跌期权的空头，CDS 买方付出一定成本将 CDO 的信用违约风险转移给 CDS 卖方。通过购买纯信用衍生品 CDS，CDO 的发行者实现了主动风险管理与高收益率的结合。CDS 转移风险的特性加速了美国住房抵押贷款市场的发展：它一方面促进了高风险 CDO 证券的流转，另一方面也让 CDS 的投资方赚得盆满钵满。华尔街金融创新欲望再次被激发了，它们在高风险 CDO 证券设计过程中将 CDS 的风险对冲功能内部化，使其既不转移资产所有权而获取资产升值的好处，又把基础资产的违约风险转移出去，合成 CDO（Synthetic CDO）的出现满足了这种金融市场的特殊需求。在合成 CDO 的设计中，基础资产的所有权没有发生变更，而信用风险则被内部结构化为投资工具而转让给投资者。合成 CDO 的投资者充当了信用保障卖方的角色，而基础资产持有者或合成 CDO 的发起人则充当了信用保障的买方角色。至此，通过 CDO[①] → CDS → Synthetic CDO 这个资本横向深化链条，保险公司、对冲基金等中介机构被引入，实现了资本市场风险的横向转移。

7.2.3.2 资本广化

资本深化实现了次贷风险在美国金融市场的转移，扩大了次贷金融衍生品的融资规模。然而，金融资本的避险逐利本性决定了这些次贷金融衍生品必定走向全球。毫无疑问，美国次贷金融衍生品全球扩散的第一站，当然是以欧盟为代表的西方发达资本主义国家。原因就在于，它们同属世界体系中心地区，美欧两地区金融市场发达且高度一体化，美国发行的金融新产品能够直通欧洲金融市场。

然而，美国欧盟之间金融市场关系又是不对称的。欧盟的政治架构是一种松散的国家联盟关系，欧盟各国货币政策高度统一，但他们在财政政策方面却是各自为政。为了约束欧盟各国之间竞相滥发债务发展本国经济的冲动，欧盟制定了一系列诸如《稳定与增长公约》的协议，其中严格规定：各成员国财政赤字被限制在其占国内生产总值的 3% 水平内，而各成员国债务水平则被限制在国内生产总值的 60% 范围之内。这些外部约束相当于给欧盟各国之间发行以欧元计价的住房抵押债券及其衍生品施加了"紧箍咒"，限制了欧盟住房抵押债券以及其衍生品的发展，致使欧洲的有关次贷的结构性融资产品（如 RMBS、CDO 等）的发展远远落后于美国相应产品的发展。正是这种治理架构的差异，欧洲自己发行的次贷金融衍生品规模很小，而其购买美国的次贷金融衍生品规模却非常大。事实上，欧洲涉及美国次贷金融衍生品占美国全部次贷金融衍生品的份额是最大的。由于次贷金融衍生品在美欧之间的不对称分布，欧洲在次贷金融衍生品上面的敞口风险非常大。这意味着，通过不对称形式的资本广化，美国次贷金融衍生品的信用风险扩散到了欧盟金融市场上。

借助新自由主义金融全球化，美国次贷金融衍生品最终扩散到了广大的发展中国家，我们以石油输出国以及新兴市场经济体为例。就石油输出国来说，由于石油的稀缺和易于垄断，国际金融垄断资本通过操纵石油的国际价格，在全球金融市场兴风作浪，不断地掀起金融风暴，以便乱中取利。石油国际价格

---

① 这里的 CDO 是广义的 CDO，包括了 RMBS、CDO、CDO^2……

的飙升使石油输出国快速积累起巨额的外汇储备。就新兴市场经济体来说，由于连续遭受国际金融垄断资本操纵的金融危机打击，这些新兴市场经济体被迫接受新自由主义教条，开放资本项目、开启金融自由化、实施出口导向发展战略。新兴市场经济体通过这种外向型经济发展模式，向中心国家出售劳动密集型产品以及加工制造产品，以本国强制储蓄形式积累了大量的外汇储备。

事实上，由于美元霸权的存在，大宗商品国际贸易一般都是以美元来计价的，而发展中国家货币不是国际货币，因而，全球外汇储备增加主要表现为发展中国家美元外汇储备增加。在这种不平等且具有掠夺性的新自由主义的国际经济秩序下，出于防范金融危机的目的，美国国债的流动性和变现能力强。一般来说，外围地区将其巨额美元外汇储备购买美国国债，美元通过这种方式回流到美国国内。然而，2001 年以来美联储连续降息，再加上输入性通胀，美国国债的实际收益极大降低。与此相对应，美国政策红利助推的住房抵押贷款市场日益红火，投资美国房贷的收益非常可观。

为阻止这些外汇储备资产缩水，外围地区各国竞相成立主权财富基金，以提高这些外汇储备的投资收益。美国所发行的次贷金融衍生品短期收益高且流动性好，这类结构化融资工具非常符合那些持有巨额美元外汇储备外围国家的需要。这也意味着，通过反向援助形式的资本广化，美国次贷金融衍生品的信用风险扩散到了广大外围地区。

至此，一个完整的次贷金融衍生品信用风险转移和扩散路径就架构完毕。它跨越世界体系中心和外围两个地区，作为中心地区核心的美国金融市场是次贷金融衍生品的策源地。它连接了美国信贷市场和资本市场，经由两条风险转移路径进行资本深化，即资本市场信用风险的纵向深化转移路径和横向深化转移路径。它又利用中心区域内部的不对称关系，以及世界体系的反向援助关系，实现了金融资本广化。这就为美国次贷金融衍生品的全球繁荣打通了"任督二脉"。

7.2.4 美国次贷危机

金融创新与金融全球化极大地加速了金融资本的积累。据国际货币基金组织公布的数据，截至 2006 年，全球金融衍生品未平仓合约名义本金（Notional Amount Outstanding）规模高达 370 万亿美元，相当于当年全球 GDP 总和的 8 倍多。在负利率政策利好的推动下，金融资本为最大限度地获取利润，不断增持高风险、高收益的次贷金融衍生品，以至于次贷金融衍生品的流通规模和范围被推向史无前例的程度。例如，1995 年美国的次级住房抵押贷款发放额只有 650 亿美元，2005 年这一数据接近 6600 亿美元，10 年增长了 10 倍多。以 2001 年为分水岭，此前 4 年，次贷发放规模从 1997 年的 1250 亿美元上升到 2001 年的 1730 亿美元，增长幅度仅为 38.4%。2001 年之后的 4 年，次贷发放规模则从 2001 年的 1730 亿美元飙升到 2005 年的 6600 亿美元，增长幅度高达 284%。美国次贷在全部抵押贷款的占比也从一个侧面凸显了次贷市场的火爆，2001 年次贷仅占整个美国抵押贷款市场份额的 7%，随后次贷在全部抵押贷款中的占比直线上升，2006 年这个比例高达 20%[①]。由此可见，新经济泡沫破灭后，美联储的低利率政策以及美国房贷政策对美国抵押贷款市场的影响巨大。

美国负利率的市场环境和住房政策利好，加之金融创新的推动，美国住房抵押市场一片红火，美国房地产价格最终猛烈飙升。据标准普尔 / 凯斯—席勒房价指数（Case-Shiller Home-Price Index，CS）显示，美国房价急速飙升势头始于 2001 年，并且持续到 2006 年初。在住房价格急速上涨的背景下，住房抵押贷款市场竞争更为激烈。为进一步诱导底层民众贷款买房，从而增加自己的市场份额，金融机构不失时机地推出诸多融资便利工具来扩张住宅金融业务，其中最主要的就是重新融资安排（Refinance）。重新融资安排，即美国抵押贷款购房人一旦月供接济不上，他们可以其抵押房产的当前市场价扣除其未偿付的抵押贷款余额，借款人可借此差额再次申请抵押贷款或直接提取现金。重新融资安排的灵活性特别符合底层民众的需求，他们为获得重新融资纷纷加入次贷队伍。2003 年成为重新融资安排的巅峰年，该年采取重新融资安排形式的抵押贷款超过 10 万笔，金额达 2.5 万亿美元，融资房贷比高达 66%，远远高于前期的 30% 左右。重新融资安排进一步加剧了美国信贷膨胀。

事实上，重新融资安排不但缓解了抵押贷款购房者的还贷压力、便利了民众再次信贷买房的需求，更为重要的是，它还为住房抵押贷款者提供了大量现金流。因此，重新融资安排成为架构不动产与易变现资产之间的桥梁。源于房价上升带来的资本利得能够享受免税待遇，重新融资安排以及财务杠杆效应进一步膨胀了房地产的财富效应[②]。增值的住房不动产通过重新融资安排不断变现为支票、现金等，它极大地增加了人们的可支配收入。据统计，2002 ~ 2006 年美国个人实际可支配收入年均增长 2.74%。在实际利率为负、房价飙升的情况下，美国社会形成了消费就是赚钱、储蓄就是浪费的新生活哲学。灵活的重新融资安排使借款人能够很容易地提取其房产的资本利得，以便进行负债消

---

① 刘爱文 . 西方主权债务危机形成机理研究 [M] . 武汉：武汉大学出版社，2014：104-105.

② 这里的财富效应，是指房价升降所引起居民财富价值的变化，进而影响居民的当期消费水平，三者之间是同向运动的关系。

费。美国政府的税收政策也通过利息免税优惠鼓励这类消费支出，极大地刺激了个人消费支出的扩张。据统计，2002～2006年美国实际个人消费支出年均增长率接近3.1%。此长彼消，同期美国储蓄率却在一路走低，以致2006年美国个人储蓄率下跌至–0.6%，接近历史最低点。

旺盛的消费需求在一定程度上拉动了以房地产主导的美国实体经济的增长。例如，1991年美国的新住宅开工量只有100万套左右，此后增长缓慢，美联储2001年的降息政策致使新住宅开工量急剧上升，2005年已达210万套。鉴于房屋建筑业发展波及面宽，与诸多其他行业关联性强，房地产业又通过投入、产出的上下游关系，带动了那些相关行业的快速发展。事实上，2001～2005年，房地产的财富效应解释了70%的美国居民消费增长，美国新增GDP中的50%就是由美国房地产创造的，房地产业成为该时期美国最主要的经济增长推手。因此，房地产对于缓解因新经济泡沫破灭引起的实体经济下滑，以及继续推进美国金融垄断资本积累有着重大的意义。

信贷膨胀在拉动有效需求的同时，负债消费也使美国居民的债务水平直线上升。据统计，美国家庭债务占GDP的比重由1990年的60%左右上升到2007年约100%的水平。毫无疑问，这么高的债务水平必定会给那些商业银行以及相关的住房抵押贷款金融机构带来巨大的金融风险，因为绝大部分次级抵押贷款采取了可调整利率的形式，即可调整利率抵押贷款（Adjustable Rate Mortgages，ARM），它属于一种掠夺性贷款业务范畴。在最初的导入期，ARM设置远低于固定利率的诱惑利率，导入期一结束，ARM实行利率重置，实际贷款利率就变为指标利率再加上附加利率。通常指标利率参照美国联邦基金利率，而附加利率则依合约规定，一般在2%～3%的范围。2003～2005年，可调整利率抵押贷款发展迅速，这种抵押贷款的导入期一般为2～3年，因此，2006年以后，这些可调整利率抵押贷款大部分进入利率重置期。而美联储自2004年6月30日开始了连续17次加息，至2006年6月29日美联储基金利率已高达5.25%，这就意味着ARM的实际利率高达7.25%～8.25%。ARM的借款人特别是次贷客户还贷压力剧增，次贷违约率急剧攀升。

2007年4月2日，美国排名第二的次级抵押贷款机构——新世纪金融公司申请破产保护，揭开了美国次贷危机的序幕。此后，次贷坏账逐步暴露，这些次贷的证券化产品随之急剧贬值，大量涉及次债及其金融衍生品业务的金融机构经营状况急剧恶化或破产。在2007年8月9日当天，表征信贷压力的Libor-Ois息差（London Interbank Offered Rate-Overnight Indexed Swaps，伦敦银行同业拆息与隔夜指数掉期）从前一日的13个基点大幅上升至当天的40个基点，此后 Libor-Ois 息差均值和偏差均大幅飙升 ①，表明金融市场惜贷严重，次贷危机全面爆发。

需要说明的是，美联储连续 17 次加息仅仅是次贷危机的导火索，事实上，数以十万亿美元计的次贷及其金融衍生品未平仓合约名义本金规模，远远超出了美国实体经济支撑的范围。作为次贷危机的主角的 RMBS、CDO、CDS 等金融创新，名义上是为规避市场风险而设计，实则是金融垄断资本以巨额资金规模参与市场对赌活动。这些金融创新性质也就反转为进一步放大次贷风险的金融投机工具。因此，次贷危机实质上是一种经济泡沫危机。显而易见，次贷及其金融衍生品的发行是一种典型的庞氏骗局，其持续进行的条件就是：要么自身有稳定的支付能力，要么有越来越大规模的外部资金入局。然而，就前者而言，受制于平均利润率长期下降的趋势，从 2004 年开始美国商业信用相对产业资本已经出现了严重不足，而产业资本金融化趋势进一步削弱了美国实体经济增长基础，恶化了美国实体经济自身支付能力。就后者来说，次贷及其金融衍生品的繁荣是以美国巨额债务为代价的，巨大的贬值压力使美元汇率自 2002 年以后一路走低，美元在全球外汇储备中的占比一路下滑，到 2004 年这一数字下滑到 65.9%，这表明外围美元回流规模越来越小。由此看来，这两个条件在美国不断恶化，为阻遏这种趋势的进一步发展，美联储从 2004 年中期开始加息也就势所必然了。而支付问题必将刺破经济泡沫，次贷危机的爆发也就成为必然。

相较于发源于生产资料领域信息技术的新经济泡沫危机，次贷危机的策源地是住房这个必要生活资料领域，因而其生发基础更为虚化，是一种继发性经济虚化直接导致的泡沫危机。综上所述，次贷危机根源在于金融创新的顶层设计与信贷消费的底层化之间的对抗性矛盾，它是资本主义基本矛盾在国际金融垄断资本主义阶段发生的新变形，而其实质就是使社会底层民众陷入终身债务奴隶状态。

---

① 在 2001 年 12 月 4 日至 2007 年 8 月 8 日这段时期内，Libor-Ois 息差均值仅为 11 个基点，偏差只有 3.6；而在 2007 年 8 月 9 日至 2008 年 6 月 3 日这段时间内，Libor-Ois 息差均值跃升至 67 个基点，波动幅度则从 24 个基点至 106 个基点大幅波动。

第8章
非对称主权生成的欧洲主权债务危机

中心地区私人部门金融危机的持续发酵，波及所有的金融部门，使全球金融部门经历了一个去杠杆化的痛苦过程，最终迫使政府部门出手相救。政府金融救助计划使金融危机最终演变为中心地区公共部门债务危机。然而，它率先引爆的却是非策源地的欧洲主权债务危机，个中缘由，与欧洲的经济体制密切相关。

8.1 欧洲经济异质"同化"

8.1.1 欧洲大陆兴衰路

古老的欧洲大陆孕育了资本主义的萌芽。1492 年哥伦布"发现新大陆"揭开了地理大发现的大幕，当然，新世界市场的形成还只是资本主义世界史的萌芽。正如马克思所言，"世界贸易和世界市场在 16 世纪揭开了资本的现代生活史"①。然而，世界市场的扩大也加速了旧的封建主义生产方式的衰落，促进了资本主义生产方式的形成，而濒临大西洋东海岸的欧洲国家则成为了资本主义生产方式的策源地。经过新旧两种生产方式此消彼长的变化，"光荣革命"和"工业革命"最终确立了资本主义生产方式的制度基础和物质技术基础。自此之后，工业资本的洪荒之力得以迸发，"资产阶级在它不到一百年的阶级统

---

① 马克思.资本论（第一卷）[M].北京：人民出版社，2004：171.

治中所创造的生产力，比过去一切世代创造的全部生产力还要多、还要大"①。
基于此，马克思将以工业资本为基础的产业资本主导时期称为资本主义的洪
水期，欧洲引领着资本主义世界经济疾速前行，古老的欧洲得以屹立于世界
之巅。

然而，为争夺世界市场，欧洲大陆也是兵连祸结，饱尝战乱之苦。资本主
义列强之间经年累月地进行着惨烈的商业战争，特别是两次世界大战，欧洲大
陆四分五裂，国家林立，领土、宗教、民族和种族矛盾丛生。这些因素极大地
打击了欧洲的元气，曾经主宰世界的欧洲列强国际地位急速下降。与欧洲的相
对衰落形成对比的是，"二战"结束后迅速崛起的美国和苏联成为全球两大新
霸主。他们拥有广袤的国土以及内部统一的市场，其经济实力和军事实力在全
球首屈一指。而作为两次世界大战主战场的欧洲，由于战争对其自身实力的破
坏性太大，惨遭美苏两大帝国的摆布。特别是 20 世纪中叶开启的美苏之间冷
战大幕，欧洲各国被迫选边站队，要么加入以美国为首的资本主义阵营，要么
加入以苏联为首的社会主义阵营，最终形成两大军事集团。依附于美国的西欧
加入了北约军事集团，依附于苏联的东欧加入了华沙军事集团。大一统的美苏
与被肢解的欧洲形成鲜明的对比，这种尴尬的国际格局彰显出昔日欧洲列强已
然沦落为世界二流国家行列。

事实上，第二次世界大战不但改变了全球霸权主义格局，而且预示着资本
主义历史阶段发生新变化，即国家垄断资本主义逐步向国际垄断资本主义过
渡。相对应的是，资本主义国家权力扩张逻辑开始发生变化，资本主义国家权
力的政治/领土逻辑逐步让位于资本逻辑②。例如，由于大发战争横财，财力雄
厚的美国成为资本主义阵营新霸主，为了与以苏联为首的社会主义阵营相抗
衡，就通过强化资本主义国家权力的资本逻辑来拉拢欧洲。"二战"结束不久，
美国通过"欧洲复兴计划"等相关法案，以美元定价的巨额经济援助和贷款等
金援形式控制欧洲经济，从而置欧洲于依附地位。"二战"结束后，作为战胜
国，美国在日本本土大量驻军，实质上美国成为日本的军事保护国。反过来，
日本能够按照资本逻辑心无旁骛地发展本国经济，特别是发展外向型经济，诸
如加工制造、出口贸易、对外投资等，以此来拓展国际市场，特别是蚕食衰落
欧洲遗留的商业市场。因此，战后日本经济在非常短的时期内强势崛起。

与此相对比，作为一个整体的欧洲处境却颇为尴尬，欧洲资本主义国家权
力的政治/领土逻辑的困境表现在内、外部市场的萎缩上。就外部市场而言：

---

① 马克思，恩格斯.马克思恩格斯选集（第一卷）[M].北京：人民出版社，2012：405.

② 乔万尼·阿瑞吉.霸权的瓦解（上）[J].国外理论动态，2006（9）：43-50.

美苏两霸主导的国际政经新秩序取代欧洲独霸全球的国际政经旧秩序，国际政经新旧秩序的剧烈嬗变动摇了旧日的资本主义世界体系结构，其间出现的松动裂痕削弱了欧洲对亚非拉地区先前殖民地的统治。而在俄国十月革命以及中国社会主义革命成功的感召下，以争取民族独立和解放为基本目标的社会主义思潮风起云涌、一浪高过一浪。于是，在20世纪五六十年代，处于资本主义世界外围的广大亚洲、非洲、拉丁美洲等地区掀起了如火如荼的民族解放运动。这些运动以反对帝国主义、殖民主义和霸权主义为主要内容，采取武装斗争和民主运动相结合的形式同这些欧洲列强进行了艰苦卓绝的斗争。最终，亚非拉各国纷纷挣脱了殖民者强加在他们头上的锁链，从衰落的欧洲列强手中取得了民族独立和解放。因此，欧洲列强的外部殖民地市场渐次丧失。从内部市场来说：连年累月的资本主义商业战争最终肢解了欧洲大陆，就连先前那些松散的王朝联盟也已彻底解体。由此造成的直接后果是国家林立且民族繁多，加剧了错综复杂的国家民族的利益冲突。欧洲各国门户紧闭且关卡林立，各国之间坚耸的投资贸易壁垒严重地分割了欧洲内部市场，而欧洲各国狭小的国内市场极大地限制了市场需求的扩张。在经济全球化的历史背景下，作为其物质技术基础的交通运输、信息通信等技术发展迅速，欧洲这种行政壁垒造成的区域内部投资贸易成本更显高昂。因此，四分五裂的欧洲各国撕裂了其内部统一的市场，也严重消解了欧洲的整体实力。欧洲由于其政治/领土逻辑遭受困境，资本逻辑也难以顺畅地展开。

8.1.2 欧洲一体化加速推进

为了防止欧洲再发生新的战争，更为了推进欧洲地区各国垄断资本在更大区域范围内积累，欧洲各国迫切希望在区域内部组织一个共同市场——欧洲单一市场，以便与美、苏两个超级大国相抗衡。这种构想在欧洲由来已久，然而，构想变为现实却是一个渐进的过程。

早在1946年，时任英国首相丘吉尔就曾提出建立"欧洲合众国"的构想。然而，直到1949年，第一个松散的具有论坛性质的泛欧组织——欧洲委员会成立，共同体真正意义上却是为了防备德国军国主义东山再起。法国外长舒曼于1950年倡议，整合作为武器装备必要材料的欧洲煤钢工业。于是在1951年4月18日，法国、联邦德国、意大利、荷兰、比利时和卢森堡六国在巴黎签署了有效期50年的《关于建立欧洲煤钢共同体的条约》，也称《巴黎条约》，1952年正式成立的欧洲煤钢共同体就是今天欧盟的雏形。

然而，欧洲煤钢共同体受其目的所限，市场结构单一、产业范围狭窄、功能也相对简单。随着时间的推移，欧洲煤钢共同体越发不能适应欧洲单一市场扩张的要求。拓展煤钢共同体的原则、适用范围并推广至其他经济领域势在必行，于是在 1957 年 3 月 25 日，法国、联邦德国、意大利、荷兰、比利时和卢森堡六国首脑和外长按照欧洲煤钢共同体原则签署了两个新的条约——《欧洲经济共同体条约》和《欧洲原子能联营条约》。由于签署地在意大利罗马，故合称为《罗马条约》。1958 年 1 月 1 日正式生效的《罗马条约》不再规定期限，并且内置有进无出的条文，因而《罗马条约》是一个开放性的条约。欧洲经济共同体被看作欧洲一体化的新起点，也被认为是今天欧盟的前身。

尽管《罗马条约》较之《巴黎条约》范围更为广泛，欧洲经济共同体依然存在着《巴黎条约》的缺陷，特别是共同体条块化管理结构的局限性很大。于是，在 1965 年 4 月 8 日，法国、联邦德国、意大利、荷兰、比利时和卢森堡六国又签订了《布鲁塞尔条约》，该条约于 1967 年 7 月 1 日正式生效。《布鲁塞尔条约》将各自为战的欧洲煤钢共同体、欧洲经济共同体和欧洲原子能共同体进行统一管理，重新命名为欧洲共同体（以下简称欧共体）。欧共体本质上是国家垄断资本主义的国际联盟的变体，欧洲共同体较之前的共同体更为接近欧洲单一市场的远景规划。

然而，欧洲共同体的组织形式还是较为松散，对各成员国的约束性并没有那么强。为了在更大范围、更高层面的政治、经济领域推进欧洲一体化进程，1991 年 12 月 11 日，欧共体成员国首脑在马斯特里赫特会议上通过了欧洲经济货币联盟和欧洲政治联盟的《欧洲联盟条约》，又称《马斯特里赫特条约》。1993 年 11 月 1 日正式生效的《马斯特里赫特条约》表明，欧共体正式过渡到了欧洲联盟时代[①]。回溯欧盟演变历程，其组织形态历经"欧洲煤钢共同体—欧洲共同体—欧洲联盟"的历史沿革，组织功能由简单到完备，组织结构由松散到严密，最终以成员国让渡部分经济主权而产生出这个超国家性质的独立的欧盟组织。事实上，以西欧发达资本主义国家为中心的欧盟组织将战后开始的西欧联合进程推上了一个新台阶，也必定会对未来世界新格局产生重大而深远的影响。

伴随欧盟组织形态变化的同时，欧盟自身也在不断扩张。作为欧盟前身的欧洲经济共同体只有法国、联邦德国、意大利、荷兰、比利时和卢森堡六个创始国。由于国际风云变幻和世界格局重组，欧盟成员国也在不断变化。以 1957 年《罗马条约》的签署为起点，迄今为止，欧盟成员国已经过七次扩张。

---

① 任保平，马晓强.欧盟一体化进程中区域经济协调发展的实践、政策及其启示［J］.山西师范大学学报（社会科学版），2007（2）：1-6.

以欧盟正式成立为界限，在此之前的三次扩张以经济性扩张为主，主要是在同质的西欧发达资本主义国家之间进行；之后四次扩张以政治性扩张为主，它是因应苏联解体、东欧剧变等国际形势新变化，欧共体吸纳异质的东欧转型国家为其成员。

就前欧盟时期扩张而言：英国作为曾经的霸权国家，一直对欧洲大陆有强烈的疏离感，特别是对法国、联邦德国等大陆国家主导的欧洲共同体更是若即若离。然而，随着日不落帝国的衰落，英国殖民地逐渐丧失。作为一个岛国，英国国内市场非常狭小，内外交困迫使老牌资本主义列强英国于1973年加入了欧洲共同体。由于对英国经济依附性强，丹麦、爱尔兰也于同年加入欧洲共同体，这是欧洲共同体成立以来的第一次扩张。1981年，作为西方文明发源地的希腊加入欧洲共同体，这是欧洲共同体的第二次扩张，也使欧洲共同体的势力范围到达南欧巴尔干半岛。伊比利亚半岛上的葡萄牙和西班牙作为欧洲最老牌海外殖民帝国，20世纪以来自身经济实力急剧下滑；同时它们也面临着与英国同样的问题，国内外市场大幅收缩。因此，西班牙和葡萄牙两国在1986年加入欧洲共同体，这是欧洲共同体的第三次扩张，这次扩张使欧共体的势力范围扩张到南欧伊比利亚半岛。

就欧盟成立后扩张来说：欧盟正式成立，表明先前聚焦区域经济共同发展的欧洲共同体开始向整合政治经济的欧盟过渡。政治经济高度一体化和制度化的欧盟架构对尚未入盟的发达资本主义国家产生了极大的吸引力，1995年奥地利、芬兰、瑞典先后加入欧盟，这是欧盟正式成立后第一次扩张。实际上，欧盟正式成立时间正赶上苏联解体和东欧剧变等国际大变局时期，欧盟东扩顺应潮流，广泛吸收东欧前社会主义转型国家。一方面，欧盟的发展水平对那些前社会主义转型国家产生了强烈的吸引力，它们纷纷向欧盟靠拢；另一方面，欧盟也需要这些东欧前社会主义国家作为它们的发展腹地。为此，双方积极展开入盟谈判，在2004年5月1日，波兰、匈牙利、捷克、斯洛文尼亚、斯洛伐克、塞浦路斯、马耳他、立陶宛、拉脱维亚和爱沙尼亚十个国家同时加入欧盟，这是欧盟正式成立以来第二次扩张，此次东扩在欧盟历史上规模最大，它将欧盟的版图扩大到了东欧地区。欧盟的第三次扩张和第四次扩张分别是2007年1月1日保加利亚和罗马尼亚加盟以及2013年7月1日克罗地亚加盟，欧盟这两次扩张也以吸纳南欧的巴尔干半岛的前社会主义国家为主。

8.1.3 欧盟经济异质性增加

经过七轮扩张，欧盟已经成长为一个经济巨人，经济规模雄居世界第一。

这个超级经济实体成员国达到 28 个，人口规模达 5 亿多，面积 440 万平方公里，GDP 总额达 18.46 万亿美元（2013 年国际汇率）。

然而，随着欧盟的七次扩张，特别是随着南欧没落资本主义国家和东欧前社会主义国家的入盟，欧盟成员之间先前经济状况和意识形态等高度趋同的特质遭到破坏。欧盟内部也出现了中心区域与外围区域之分：作为欧盟中心区域的法国、德国、荷兰、比利时等高度发达资本主义国家，产业结构相对完整，科技高度发达，国家治理结构高效有力，经济发展水平位居世界前列。而作为欧盟外围地区的是新入盟的东、南欧的转型国家或衰落资本主义国家。东欧转型国家存在重工业和轻工业、生活资料部门和生产资料部门以及三大产业之间的比例失调问题，因而经济结构上存在很大扭曲。南欧衰落资本主义国家则存在严重的空心化问题，其高端研发领域被美国和欧盟中心区域国家所抢占，而低端加工制造领域又被世界外围地区的新兴经济体所抢占。工业的空心化迫使这些国家只能从事诸如手工业、农业、旅游业等传统产业，产业结构上虚实失当使其经济存在被边缘化问题。

为了消除区域经济的异质性问题，进一步提高欧盟政治经济的一体化水平，欧盟采取了经济先行原则。《欧洲联盟条约》规定，从 1999 年 1 月 1 日开始实行单一货币欧元和在实行欧元的国家实施统一货币政策。为此，欧盟确立了欧洲经济一体化向欧元过渡的经济数据收敛性标准[①]，核心内容包括：每一个成员国年度政府财政赤字控制在国内生产总值的 3% 以下；国债必须保持在国内生产总值的 60% 以下。2002 年 1 月正式流通欧元纸币和硬币，2002 年 7 月本国货币退出流通，欧元成为欧元区唯一的合法货币。欧元区的形成能够极大地降低区域内投资贸易的成本，更因消除汇兑风险而促进欧洲资本市场的高速发展。

为此，欧盟各国加入欧元区的积极性非常高。德国、法国、荷兰等中心区域的发达资本主义国家率先达到了欧元区的五项标准，因此它们第一批就加入了欧元区。然而，作为外围区域的东、南欧国家，它们要么是转型国家，要么是欠发达资本主义国家，经济状况普遍不理想，难以达到加入欧元区所要求的具体经济指标。为了尽快加入欧元区，这些国家不惜以身犯险，竞相进行经济

---

① 第一，每一个成员国年度政府财政赤字控制在国内生产总值的3%以下；第二，国债必须保持在国内生产总值的 60% 以下或正在快速接近这一水平；第三，在价格稳定方面，成员国通货膨胀率≤三个最佳成员国上年的通货膨胀率 +1.5%；第四，长期名义年利率（以长期政府债券利率衡量）不超过上述通胀表现最好的三个国家平均长期利率 2 个百分点；第五，该国货币至少在两年内必须维持在欧洲货币体系的正常波动幅度以内。

数据造假。例如，1999 年，意大利政府为满足欧元区规定的赤字门槛，通过从银行获取预付款项"美化"了自己的账目[①]。2001 年，希腊根本达不到欧元区成员国关于预算赤字不能超过国内生产总值的 3% 和负债率低于国内生产总值的 60% 这两个关键标准。然而，希腊花了 3 亿美元的巨额佣金，从华尔街请来了"天才发明家"高盛公司，让后者给希腊量身定做了一套"债务隐瞒"方案，希腊顺利加入欧元区[②]。与此相类似，东、南欧国家普遍存在为加入欧元区而进行经济数据造假的情况。然而，异质的欧洲经济强行同化实际上赋予了成员国滥用规则以便从中渔利的空间，这就埋下了一体化解体的隐患。

8.2 欧洲债务经济的公债依归

8.2.1 欧盟架构原基

欧洲单一市场建设发展到欧盟，也就达到了一个顶峰，欧盟内部已充分实现了人员、商品、劳务、资本的自由流动。随着欧元的发行及单一货币政策在欧元区内的实施，欧洲内部市场进一步深化，欧盟的一体化程度至此达到了一个巅峰。然而，任何一体化都是利弊两端的，欧洲一体化也不例外，它既有积极的一面，也有消极的一面。事实上，欧盟奉行欧洲本位逻辑，其内部设置了诸如欧洲联盟理事会、欧盟委员会、欧洲议会、欧洲法院、欧洲统计局、欧洲审计院、欧洲投资银行、欧洲中央银行等区域统一的上层建筑，这就杜绝了先前那种政出多门的涣散状况。简政集权的欧盟组织架构极大地降低了区域行政管理成本，相应地提高了区域管理效率。例如，欧洲央行（ECB）成立，取代了先前欧元区各国的央行功能，统一领导、统一指挥，极大地增强了欧元区货币政策效率和执行力。这些集权组织推动了区域一体化进程发展，诸如区域内部产业结构进一步得到优化、投资贸易规模迅速扩大、资本市场更是发展迅速、欧洲各国之间经贸联系更为紧密、域外采取集体行动、对国际经济事件共同发声，体现了欧洲优先主义原则。

不言而喻，这种一体化也存在很大的缺陷。首先，欧盟东扩后，各成员国政治经济发展不平衡状况进一步加剧。在欧洲一体化过程中，它们的利益考

---

① 李娜.意大利被曝曾为加入欧元区"粉饰账目"［EB/OL］. http：//finance.huanqiu.com/world/2013- 06/4066539.html，2013-06-26.

② 王婧璐.欧洲债务危机真相［EB/OL］. http：//news.163.com/special/00012Q9L/greececrisis.html，2010-05-06.

量也不相同。财权涉及政府治权问题，放弃财权就意味着成员国政府解体消亡，因而其牵涉面极其复杂。经济异质又强化了成员国政府作为本国利益守护神的作用，经济发达国家也不愿直接牺牲本国利益让经济落后国家"搭便车"。此外，快速的一体化过程还会遭遇到欧洲所固守的城邦文化的阻挠。因此，欧盟整体利益与成员国私利的冲突阻碍了欧洲政治一体化进程。其次，随着东、南欧转型经济国家或衰落资本主义国家的入盟，欧洲区域内部的经济异质性问题更为凸显，国际金融垄断资本也需要利用这种"差异性空间"的生产阻止欧洲无产阶级赤贫化，以巩固其统治地位[①]。资本主义国家权力的政治/领土逻辑和资本逻辑在欧盟区域内错位冲突，使欧盟内部形成了一个独特的资本积累体系：在经济全球化的大背景下，欧洲资本小循环体系得以形成。由此可见，欧盟政治改革和经济改革难以同步，政治一体化程度远远滞后于经济一体化程度。政策层面上表现为财政政策和货币政策的不协调。这种不协调形成一个痼疾，即欧盟各成员国在发展本国经济、应对衰退时放弃了货币政策，于是，它们对于财政政策的使用近乎放纵。这也就延阻了欧洲政治经济一体化进程。

如前所述，欧盟的建立是以德、法两国为主导，主要以荷兰、奥地利、瑞士以及斯堪的纳维亚等西欧、北欧国家为基础。这些国家历史文化悠久，社会基础相似，因而成为欧盟最中坚的部分。作为欧盟创始国，德国、法国、荷兰等属于西欧高度发达资本主义国家，它们发展模式大体相同，且这些国家大多数分布于莱茵河流域，为此，学术界将它们的发展模式称为莱茵模式[②]。莱茵模式的一般特征表现为：这些国家的政府力量很强，劳资关系相对协调，社会福利状况普遍较好。这些主要得益于以德国为首的莱茵河畔各国的资本主义生产方式形成较早，早年经常遭受资本主义经济危机的惩罚以及此起彼伏的工人运动困扰，动荡不安的社会乱局加速了这些国家资本主义治理方式的成熟。所谓相生相克，一国资本主义生产方式越发达，作为其基础构成的工人阶级力量也就越强大。莱茵河畔各国社会生活中形成了一股不可忽视的左翼势力，从而这些国家内部塑造了一种着眼于资本主义生产方式可持续发展的颇具特色的社会市场经济模式。

莱茵模式以"社会整体利益和长远利益优先"为内核，以"社会共识"为行动纲领。具体表现如下：就政府宏观层面而言，政府不断健全完善社会保障

---

① 汪仕凯. 全球劳工治理：议题、机制与挑战 [J]. 世界经济与政治，2015（8）：66-87.

② 孔君素. 当代资本主义"美国模式"与"莱茵模式"之争 [J]. 河北经贸大学学报（综合版），2004（1）：49-52.

体系，以此作为资本主义发展的安全防护网。并且，政府广泛利用财政税收和转移支付手段，调节社会收入分配，并以此提高全社会的公共福利水平，维持社会整体环境的良好发展。就市场中观层面而言，市场强调商业原则和社会公平原则的内在逻辑一致性，突出整个市场生态环境的相互依赖性。市场关注构成市场的利益相关方的协同发展，包括企业、雇员、顾客、供应商、政府、社区、工会乃至整个社会和谐发展。就企业微观层面而言，企业秉持"以人为本"的价值观，将雇员看作企业发展最为重要的资产。企业在经营管理决策中充分重视员工的意见，形成了雇员、工会、管理层共同参与的企业民主治理结构。企业也重视员工的职业发展，长期劳动雇佣关系提高了员工的工作安全感、降低了员工流失率，员工的内部提拔制度强化了员工对企业的归属感和荣誉感。企业更重视员工技能的提升，积极鼓励员工钻研技术、提高技能，给予高技能员工很高的待遇和地位。企业与政府共同出资为雇员提供追踪的技能培训，建立员工技能档案，由此奠定了工匠精神基础。独树一帜的莱茵模式很好地推动了西欧、北欧资本主义的发展，特别是在管制资本主义时期大放异彩。莱茵河畔各国经济表现卓越，人民生活富足，社会局面安稳，很大程度上与莱茵模式内在的秩序性和协同性特质密切相关。

8.2.2 莱茵模式两难

随着新自由主义经济全球化的推进，莱茵模式在国际市场竞争中遭遇美、英等金融资本主义国家和新兴市场经济体的两边夹击，国际市场日益丧失，发展空间受限，这也正是以德国为首的西、北欧国家构建更为紧密的欧洲单一市场——欧盟经货同盟的初衷所在。随着东、南欧那些不甚发达的国家入盟，特别是欧元的发行和统一货币政策的实施，一个更为紧密互补的欧元区由此形成。欧元区内部也形成了中心与外围的区域结构，以德国为首的莱茵河畔各国形成了欧元区中心区域，西班牙、葡萄牙、希腊等东、南欧各国则形成了欧元区外围区域，欧元中心区各国试图将莱茵模式扩展到整个欧元区。然而，欧元区的异质经济状况改变了莱茵模式的产业布局，欧元中心区各国致力于以技术研发为特征的高端制造业，欧元外围区域则致力于以密集劳动为特征的低端加工制造业，东欧转型国家的加盟进一步深化了欧元区的产业分工。

欧元发行以后，其内外价值经历了两种不同的趋势：一方面，欧元对外价值不断上升，也即升值。另一方面，欧元对内价值又在不断下降，也即利率下降。这对于欧元区中心与外围产生了截然不同的后果：前者促进了中心区的实体经济而损害了外围区的实体经济；后者膨胀了外围区的虚拟经济，也推动了前者的经济虚化。欧元发行之初，区域统一的欧元阻止了以德国马克为首的西北欧国家货币快速升值的趋势，这一方面扩大了西、北欧国家制造业，特别是德国高端制造业的市场销路，另一方面也阻止了西、北欧国家工人工资快速提高的趋势。同理，欧元低估也增强了东、南欧国家加工制造业的竞争力，促进了东南欧国家加工制造业的发展。这种经济互补性以及欧洲优先的区域保护政策，使欧元区各国之间经贸联系更为紧密、内部市场更为深化，因而夯实了以莱茵模式为内核的欧元区统一的技术—产业复合体，增强了欧元区的技术水平和国际竞争力。这个时期各国还能遵守欧元区《稳定与增长公约》（SGP）[①]，因而它们的财政预算也能大致维持平衡。

随着欧元区的扩张趋缓，欧元区内部产业分工和市场深化遭遇瓶颈。欧元区统一而严格的货币政策提高了欧元的国际信誉，世界各国纷纷将欧元纳入本国的外汇储备，欧元保持了长期升值的势头。欧元升值对欧元中心区和外围区产生了不一样的影响，因此，它也成为破坏先前统一的欧元区技术—产业复合体的阿喀琉斯之踵。相对而言，欧元中心区域的产业结构更为完整和优化，对于欧元升值的影响也更不敏感。因而，欧元中心区各国除了采用通常的需求管理政策来抵御欧元升值的影响外，纷纷转向总量管理政策，加大了结构政策的实施力度。欧元中心区更多地采用提高技术、质量为内涵的供给管理的政策。例如，欧元中心区各国开展了自动化、合理化运动，其目的就是进一步深化产业之间和产业内部分工，保留高端产业或高附加值的研发制造工序，而将那些劳动密集型的低端产业或价值链低端的生产工序向外围地区转移。因此，欧元中心区奉行的新重商主义积累策略使它们逆势而上，1998 ~ 2007 年欧元中心区的"奥地利和芬兰的盈余从 24.3 亿和 44.8 亿欧元上升到 81.3 亿和 69.3 亿欧元……1996 ~ 2008 年，德国的出口增长率是其他欧元区国家的两倍"[②]。由此可见，在莱茵模式下，资本积累奉行以空间修复为主要内涵的国家权力的政治/领土逻辑，本质上是产业资本导向的。

欧元升值对欧元外围区实体经济的影响却是灾难性的。首先，因为欧元外围区各国主要从事劳动密集型的加工制造业，这种低端产业由于面临的国际市场竞争异常激烈，因而对欧元升值特别敏感。在欧元区实施统一货币政策的背景下，欧元区外围各国只能接受欧元升值的既成事实，其产品在国际市场失

---

① 《稳定与增长公约》规定，欧元区各国政府的财政赤字不得超过当年国内生产总值（GDP）的 3%、公共债务不得超过 GDP 的 60%。按照该公约，一国财政赤字若连续 3 年超过该国 GDP 的 3%，该国将被处以最高相当于其 GDP 的 0.5% 的罚款。

② 王铁军. 时空修复、积累模式与欧洲主权债务危机［J］. 国际经贸探索，2015（4）：30-39.

去竞争力，出口市场很大部分被亚洲等新兴市场经济体给抢占。其次，在人员、商品、劳务与资本等资源在欧盟范围内自由流动的背景下，欧元升值强化了欧盟中心国家对外围国家的虹吸效应①。大量高效能生产要素都趋向欧元中心区，打击了欧元外围区投资，欧元外围区各国出现产业空心化，它们产业结构的脆弱性进一步加剧。欧元外围区各国因经济衰退而提高的失业率水平：一方面减少了它们的财政收入，另一方面又增加了政府转移支付和公共支出水平。然而，意大利、希腊等欧元外围区各国左翼势力在其政治生活中较为活跃，为了满足西方选举政治周期的需要，欧元外围区各国保持较高的公共集体消费水平，这是这些国家各政党吸引选票的重要举措，使欧元区外围区域向中心区域的福利标准看齐。因而，欧元外围区各国经济衰退并未显著影响它们的福利状况。经济衰退和高福利水平形成强烈对比，经常项目赤字剧增。

8.2.3 财政政策滥觞

在体现经济主权的独立货币政策丧失的前提下，经济衰退倒逼欧元外围区铤而走险，那就是实施积极的财政政策，包括减税、财政补贴和发行公债等。尽管欧盟颁布了明确的《稳定与增长公约》（SGP）和《欧盟过度赤字程序》等，然而，在各国利益集团的压力下，这些举措难以对体现政治主权的财政政策形成硬性约束。2001年，新经济泡沫破灭引起全球经济衰退，德国、法国等欧元中心区大国大肆发行公债，率先违反《稳定与增长公约》。然而，《欧盟过度赤字程序》却没有得到执行，使《稳定与增长公约》形同虚设。于是，欧元外围区各国纷纷放松财政纪律，竞相发行公债。于是，为了给日益扩大的经常项目赤字进行融资，自2003年起，欧元外围区各国的公共部门向外部借贷行为激增，其公债发行规模日益增大（其中很大一部分是主权债务），纷纷突破了《稳定与增长公约》所规定的公共债务不得超过GDP的60%的界限。另外，经济的衰退也使全球资本过剩加剧，特别是以法国、德国为首的欧元中心区各国巨额的产业利润，它们化身为借贷资本涌向欧元外围区，追逐外围区所发行的、作为固定收益类有价证券的公债，这种状况最终破坏了欧元外围区的产业资本积累模式，使先前的欧元区技术—产业复合体难以为继，欧元区莱茵模式惨遭破坏。

---

① 虹吸效应是指中心区域强大的吸引力会将外围区域的人才、资本等生产要素吸引过来，从而减缓外围区域的发展。

"上帝关上了一扇门，就必然为你打开了另一扇窗。"① 伴随欧元对外升值而来的是其对内贬值，也即欧元基准利率的连续下调。前者打击了欧元外围区实体经济，后者却活跃了其资本信贷市场。欧元面世适逢 2001 年新经济泡沫的破灭，全球经济深陷衰退，欧元外围区实体经济发展遭遇极大困境。以欧元中心区为主体的全球产业资本过剩加剧，欧元跟随美元开启了连续降息周期以应对经济衰退。经济衰退使大量追求暴利的欧元投机资本涌入欧元外围区。一方面，投机资本极大地扭曲了欧元外围区的私营经济结构：垄断性、操控性强的房地产成为这些投机资本的蓄水池，从而也成为欧元外围区域最为重要的投机对象，欧元外围区的房地产业迅速发展起来。另一方面，投机资本降低了欧元外围区的借贷成本：欧元外围区享受了欧洲资本市场低息贷款的好处，私人信贷快速膨胀，欧元外围区资产价格急剧攀升，私人消费也随之快速增长，以信贷消费为主要内容的虚拟经济成为拉动欧元区外围区域增长的主要引擎。

于是，以房地产为主体的金融资产价格在欧元外围区迅速飙升，借贷成本下降，资本信贷市场异常活跃。扩张的消费信贷增加了居民债务消费水平，欧元外围区的家庭负债率急剧上升，反过来提高了欧元中心区域的债权比率。"到2010 年，欧元区银行持有的债务达到 1.4 万亿美元，德国和法国银行各持约5000 亿美元，美国和英国银行持有 4000 亿美元。"②

这种融资融债型积累策略限制了政府的宏观调控作用，因而具有盎格鲁—撒克逊模式（又称英美模式）③ 的典型特征。然而，对于失去独立货币政策的欧元外围区而言，这是一种外在的盎格鲁—撒克逊模式，形势所然，不得已而为之。就欧元外围区而言，虚拟经济既是实体经济衰退的结果，反过来又会加剧实体经济的衰退。在金融资产价格飙升的背景下，企业追求利润最大化，从事传统的加工制造业等实体经济得不偿失。大量产业资本向金融领域转移，进一步降低了欧元外围区的生产增长率，恶化了欧元外围区的国际竞争力。欧元外围区各国虚拟经济的繁荣与其实体经济的衰退形成鲜明对比，由此而来的经常项目赤字扩大，却得到源源不断的低息外部融资。这种债务金融全球化浪潮甚至连欧元中心区各国也被裹挟进来，金融资产占其 GDP 的比重也大幅度上升。债务金融的扩张趋势，使原先以弥补公共支出缺口为目的而进行的公债发行，逐渐被获取金融资产升值利得的私人信贷替代，私人信贷增速远远超过公共债

---

① 出自《圣经》。

② 王铁军. 时空修复、积累模式与欧洲主权债务危机 [J]. 国际经贸探索，2015（4）：30-39.

③ 盎格鲁—撒克逊模式：主要内涵是政府减税、金融市场直接融资以及股东利益最大化，倡导"国家最小化，市场最大化"的宗旨。

务的增速。但是，减税、巨额公债的还本付息，又使得公债发行规模有一种内在的自我扩张的趋势①。

8.3 结构性冲突加剧，引发欧债危机

8.3.1 欧盟中心私人部门金融危机转向

欧元公债的不断发行，极大地促进了整个欧盟虚拟经济的膨胀，特别是欧元外围区的虚拟经济膨胀。与之相对应，莱茵模式支配下的欧元中心区各国资本积累以政治/领土逻辑为依据，通过出口导向政策积累起巨额产业资本。鉴于欧盟内部市场容量毕竟有限，萧条的实体经济不断削弱欧元外围区域的支付能力，欧元外围区虚拟经济进一步发展的空间也就遭到削弱，难以继续吸纳欧元中心区伴随产业资本规模扩张而来的巨额过剩资本。因此，欧元中心区继续进行资本积累就必须另辟蹊径，全球最大的金融市场——美国金融市场就成为欧元中心区过剩资本的主要流入地。如前文所述，随着金融全球化的发展，欧盟与美国的金融市场高度相关，甚至可以说是高度一体化。因而，全球两个最大的经济体——欧盟和美国的金融机构彼此交叉持有对方的巨额头寸，它们之间紧密的金融联系决定了彼此金融市场影响巨大。然而，它们在国际金融市场上的角色却有差异，一般而言，奉行出口导向政策的欧洲在国际金融市场上扮演了债权人角色，以债务消费立国的美国却扮演了债务人角色。事实上，美国次贷及其金融衍生品向欧洲扩散的过程，也就是欧盟过剩资本介入美国金融市场的过程。

如前所述，由于美国涉入了较少的源自欧盟的次贷及其金融衍生品，相反，欧盟却涉入很多源自美国的次贷及其金融衍生品，因此，相对美国而言，欧盟在次贷及其金融衍生品上面存在巨大的敞口风险。这种敞口风险给高度膨胀的欧洲虚拟经济埋下了隐患。事实上，日渐萧条的实体经济支付能力难以支撑虚拟经济的膨胀态势，这种端倪早在2004年欧元开启加息进程前就已显露，而2007年8月爆发的美国次贷危机不断发酵，其经由金融渠道给了欧洲过度膨胀的虚拟经济致命一击。

因涉入次贷及其金融衍生品金融市场过深，欧洲大量的金融机构破产或被国有化。例如，2007年8月，法国最大银行——巴黎银行因持有大量的高风险次贷及其衍生金融产品的敞口头寸，遭受巨大损失并陷入危机，不得不宣布

---

① 佐证数据可查欧洲中央银行数据库：2006～2007年欧元区17国公共债务占GDP的比重。

冻结旗下三只基金的赎回业务，此举加深了欧洲金融市场的恐慌。2007 年 9 月，英国的北岩银行因次贷产品滞销而陷入流动性危机，进而发生罕见的挤兑事件，于是该行不得不于 2008 年 2 月以被英国国有化而告终。2007 年 10 月，瑞士银行宣布，因涉入次贷相关资产，银行出现巨额亏损。德国也不例外，早在 2007 年的时候，德国工业银行和德国州立银行双双陷入次贷危机；到 2008 年 8 月，安联保险公司——德国最大保险企业由于业绩不佳，不得不把旗下的德累斯顿德国第三大银行出售。

欧洲地区主要股市在 2008 年 1 月 21 日纷纷遭遇黑色星期一，主要股指大幅下挫，下降幅度历史罕见。我们从 2008 年 1 月 21 日欧洲三大投指来看，伦敦《金融时报》100 种股价指数较前一交易日下跌高达 5.48 个百分点。与英国《金融时报》指数齐名的德国法兰克福股市 DAX 指数同日大幅下跌，跌幅达 7.16 个百分点。而作为法国巴黎证券交易所上市的 40 家公司的股票价格综合指数的法国巴黎 CAC40 股指较前一交易日大幅下跌了 6.83 个百分点。其他一些欧洲国家的股市当天同样出现大幅下跌，意大利的米兰 MIB30 指数下跌 5% 左右，西班牙的 IBEX 指数急挫约 7% 的幅度，而瑞士的 Benchmark 指数也下跌了 5% 的水平。欧洲股指的普遍大幅下跌，表示美国次贷危机的主战场已经转移至欧洲大陆，美国次贷危机由此演变为欧盟中心区域私人部门金融危机。

8.3.2 欧盟外围主权债务危机转向

由于涉入美国次贷及其金融衍生品市场过深，私人部门金融危机使欧盟中心经济体中相关金融机构遭受重大损失。次贷危机持续发酵导致这些金融机构出现了巨额坏账，直接恶化了它们的资产负债表。为改善它们的资产负债表，防止更大的经济损失，持有美国次贷及其金融衍生品的欧盟中心经济体的金融机构，纷纷调整自己的资产结构，通过回收债权来增加资产流动性。欧盟外围经济体的经济结构尤为脆弱，金融危机逆转了国际金融垄断资本的流向，这就击碎了欧盟外围经济体先前"信贷消费驱动型"经济增长模式的基础。外围区畸形的产业结构难以支撑泡沫化经济所必需的后续支付能力，欧盟外围经济体信贷风险陡增。

为防止陷入信贷风险所引发的金融危机泥潭之中，金融机构资金纷纷从欧盟外围经济体抽逃，缩减在该地区的相关金融业务，抛售它们所持有的次贷相关金融产品等风险资产以降低杠杆化程度，试图收回一些流动性资产。然而，当这些金融机构都采取同样的策略跟风出逃时，次贷及其金融衍生品等风险资产价格就会面临断崖式下跌的窘境。在金融全球化的时代背景下，负有稳定国内政治经济形势使命的欧盟外围经济体国内主要金融机构资金的抽逃速度，相对而言，总是慢于国际金融机构资金的抽逃速度。如此一来，主营次贷及其金融衍生品等风险资产的欧盟外围经济体国内主要金融机构必定陷入资不抵债的窘境。在欧盟外围经济体中，一方面由于这些金融机构介入这些风险资产程度深、社会牵涉面极广，另一方面由于它们代表国内金融垄断资本的存在，深度地介入了国内政治生活，因此，欧盟外围经济体政府不允许这些主要金融机构破产，所谓 "Too Big to Fail"（大而不能倒），政府基于上述立场必定对它们进行金融救助。在实体经济不振的前提下，政府只能从本已高筑的公债上想办法，也是政府以公债形式来置换金融机构的私人债权，其实质就是损公济私。

金融救助所引发的巨额公债导致欧盟外围经济体债台高筑，财政赤字进一步恶化，远远超过欧盟《稳定与增长公约》所规定的3%的上限[1]。最终，到期债务偿还出现困难，政府不得不直面公债规模超限（先前处于隐蔽状态）问题，正式公布公债规模和财政赤字相对 GDP 占比严重超标。国际信用评级机构立即下调外围各国的主权信用评级，从而形成恶性循环。由于没有自己独立的货币发行权，主权国家债务货币化的途径也被切断了，"拆东墙补西墙"[2]的举债游戏难以为继。不断恶化的公债规模和财政赤字状况逆转了市场信心，欧盟外围经济体在国际金融市场融资日益困难，公债发行利息率急剧飙升。国际金融垄断资本非但不施以援手，反而推波助澜，不断下调欧盟外围经济体的主权信用评级，致使这些经济体形势不断恶化。紧缩财政支出的应急措施又导致欧盟外围经济体社会形势动荡不安，政府更迭不断。最终，欧盟外围区域的希腊、爱尔兰、葡萄牙、西班牙和意大利等所谓的"欧猪五国"面临主权债务违约，欧盟中心区域私人部门金融危机由此演变为欧盟外围经济体的主权债务危机。

8.3.3 欧洲主权债务危机转向

由于公共债务和财政赤字超限问题在欧盟各成员国都或多或少存在，欧盟外围经济体主权债务危机于是在整个欧盟地区不断发酵，由此引起的连锁反应甚至波及包括德国、法国和英国在内的欧盟中心经济体。激荡已久的欧盟中心区私人部门金融危机也使中心区各国金融机构去杠杆化加剧，这些机构不得不为其所涉入的风险资产计提资产减值损失，通过大规模的资产减记

---

① 数据来源于欧洲中央银行数据库：1995~2009年"欧猪五国"年度财政赤字［GDP占比（%）］。

② 钟茂初.“庞局经济”的运行机理及其经济社会影响［J］.学术月刊，2012（9）：78-86.

以调整它们的资产负债表，以免遭受更大损失。据统计，到 2008 年 12 月底，欧洲银行业受损程度巨大，累计亏损金额高达 2777 亿美元，其全球占比高达 37.3%[①]。然而，危机的正反馈推动致使欧盟中心经济体更大规模的金融机构申请破产，私人信用的收缩加剧市场流动性收缩。反过来，流动性紧张传导到实体经济，加剧了实体经济的衰退，进一步恶化了经济形势。

为阻止本国实体经济的衰退以及经济形势的进一步恶化，欧盟中心区不得不通过欧洲央行和英国央行等出手施救私人金融机构。从 2007 年下半年起，欧洲央行、英国央行借助货币政策工具进行了一系列的货币贷放操作，试图缓解货币市场流动性不足的局面。例如，"2007 年 12 月 18 日，欧洲央行宣布额外向欧元区银行体系提供 5000 亿美元左右的两周贷款……2008 年 4 月 21 日，银行大型贷款商的资产负债表受到信贷紧缩的严重影响，为了应对这种不断增大的压力……英国央行宣布，将动用 500 亿英镑的政府债券，调换商业银行持有的抵押资产，以帮助银行业复苏"[②]。

然而，这种大金融机构导向的选择性施救不能阻止欧盟外围经济体主权债务危机的恶化。因为伴随着危机的发酵，先前希腊、意大利、西班牙等外围经济体为加入欧盟以及入盟后骗取欧盟预算，大规模对经济数据进行造假，这些事件也陆续被揭露，引起整个市场的震动以及对欧盟一体化发展前景的悲观，整个欧盟公信力遭到市场严重质疑。同时，大金融机构导向的选择性施救也难以逆转欧盟中心区的金融恶化趋势。因为以法国、德国为首的欧盟中心经济体在欧盟外围有着巨额的债权。如前所述，"到 2010 年，欧元区银行持有的债务达到 1.4 万亿美元，德国和法国银行各持约 5000 亿美元，美国和英国银行持有 4000 亿美元"（Euro Memo Group，2010、2011）[③]。由此引起的国际金融垄断资本亡命出逃，最终也必将影响到包括中心区在内的整个欧盟的利益。由此可见，对于德国和法国等欧盟中心经济体而言，欧盟解体于私于公都不是一个好的结局。

鉴于此形势，欧盟中心区不得不妥协，同意欧洲央行出手购买政府公债，以阻止债务危机进一步恶化。最终，欧洲央行于 2015 年 1 月 22 日宣布"推出欧版量化宽松政策（QE），每月采购 600 亿欧元资产，持续到 2016 年 9 月。从 2015 年 3 月 1 日启动计算，本次欧洲版 QE 将持续 19 个月，总额度为 1.14

① 宋玮.欧洲银行业在次贷危机冲击下黯然失色［J］.银行家，2009（3）：86-89.

② 童展鹏.美国次贷危机爆发以来的救助措施及评论［J］.武汉金融，2008（12）：23-26.

③ 王铁军.时空修复、积累模式与欧洲主权债务危机［J］.国际经贸探索，2015（4）：30-39.

万亿欧元"①。这种量化宽松政策允许欧洲央行以每月 600 亿欧元的规模购买欧盟成员国的政府债券，以缓解欧盟货币市场的流动性。由于施救对象全面普适，救援规模巨大以至于远超市场预期，因此暂时缓解了欧盟外围主权债务危机的恶化。

然而，欧盟版量化宽松政策的开始实施，意味着欧盟全面放弃了《稳定与增长公约》这个欧盟一体化的基础，其实质就是欧盟债务货币化。这就意味着即将到来的通货膨胀必将伤害由于先前实施严格货币政策所获得的欧元国际声誉。并且，相对于美元，欧元在全球外汇储备中占比本来就较少，欧元下降的国际声誉将进一步减少它在全球外汇储备中的份额，欧元在未来全球货币战争将处于非常不利的地位，甚至会引发欧元区解体的危机。因此，滥用的量化宽松政策可以看作欧盟主权债务危机（泛称欧洲主权债务危机或欧债危机）爆发的起点。

8.4 小结

综上所述，欧洲主权债务危机演变的完整逻辑链条如下：欧盟中心经济体私人部门金融危机→欧盟外围经济体主权债务危机→欧洲主权债务危机。这种危机形式转换根源并非如某些主流经济学家所说的诸如非生产性的欧洲社会却享受高福利水平和超前消费、欧盟财政政策和货币政策不匹配等偶然因素。本书认为，欧债危机爆发有其必然性，它根源于欧洲不对称产业结构基础上的非对称主权，本书最后从欧洲区域和全球两个不同层面对此进行了分析。

首先是区域主权不对称。欧盟经济结构存在巨大的矛盾冲突，欧盟中心区的法国、德国等，并非真正希望发展欧盟外围经济，它们仅是将外围区作为自己的销售市场和原料基地，借此加强同美国、日本等资本主义新贵在国际市场上竞争的实力。中心区产业结构相对完整，并借助供给侧结构性改革实现了产业结构的高度化，它们垄断了高端产业。欧盟外围区由于区域一体化过程中的虹吸效应，加剧了外围区产业结构的单一化和畸形化，因而，外围产业处于区域产业链的低端。然而，区域产业结构的辩证法却是：高端产业可以再造低端产业，因而处于操控地位；低端产业却难以复制高端产业，只能陷于依附地位。欧盟产业结构的异化使得其中心区能够采用产业资本和金融资本双重积累模式，因而欧盟中心区通过出口导向政策积累了大量的经常项目顺差：一方面，它使中心区易受霸权货币母国经济形势的影响，从而爆发外部诱致性私人

---

① 苏剑，林卫斌.发达经济"新常态"的根源和表现［J］.学术研究，2015（7）：74–78.

部门金融危机，如次贷危机率先触发的是欧盟中心区私人部门金融危机；另一方面，中心区也通过将经常项目顺差输送到欧盟外围地区，从而加强对外围区的经济控制。反观欧盟外围区，它们只能被动采用基于债务融资的虚拟资本积累模式。因为它们的诸多产业被欧盟中心区私人金融机构控制，它们仅被当作中心区出口产品的消费市场而已。

由此可见，欧盟中心区对高端产业控制和垄断就造成了欧盟区域内主权的不对称，欧盟中心区掌握了经济政策的制定权，特别是对欧元区货币政策的操纵。欧盟外围区金融控制权掌握在欧盟中心区手中，特别是后者的私人金融机构手中。最终，在欧盟外围区发生主权债务危机时，外围区经济体由于丧失了货币政策自主权，只能寄希望于被动的外部金融救助。然而，欧盟中心区要么不救助，要么附加苛刻条件进行救助，其目的就是迫使外围区经济体进一步放弃国家主权，从而增加对欧盟中心区的依附性。因此，欧盟产业结构的异化凸显了债权国对债务国的主宰地位，欧盟外围区主权债务危机根源于债权主导的不平等区域经济秩序。

其次是国际主权不对称。两次世界大战，欧洲列强经济实力极大地下滑，最终依附于美、苏两大帝国，这极大地限制了该区域资本主义的发展。为了推进欧洲资本主义积累进程，"二战"结束以后，欧洲就开启了欧洲一体化进程，其最大成果就是欧盟的成立。然而，欧洲经济一体化是在美国主导的金融全球化背景下推进的，这种全球化是服务于以华尔街为代表的国际金融垄断资本的根本利益的，后者从本质上是反对欧盟这种由成员国政府主导的、高度结构化的超国家组织的。因此，美国对欧盟进行了多方面的高度渗透与控制：政治上，欧盟依附于美国，美国借助北约军事同盟，保持在欧盟各地的军事存在，欧盟各国都有美国的军事基地；经济上，欧盟的很多经济组织都有美国影子存在，美国金融资本通过控股参股方式，广泛参与欧盟金融机构的决策。相对于建立在超强军事基础上的美国全球霸权，欧盟整体上表现为非完全主权状态。因而，欧盟依附于美国的尴尬地位，使欧美主权之间呈现为一种非对称状态。由此可见，欧盟这种超国家组织，名义上是主权独立，实际上是依附于美国，并不存在完全独立主权。欧盟在国际事务中唯美国马首是瞻，美国对欧盟政治经济生活的多重控制使欧盟政经一体化难以最终完成。

这种非统一国家体系使欧盟在参与全球竞争中，特别是与美国的竞争中被施加了很大的经济负担。例如，欧洲人民长期斗争所获得的较高社会福利，在美国主导的新自由主义国际经济秩序下，成了欧盟与美国竞争的羁绊与负担。美国能够通过削减美国工人的社会福利或将生产转移到世界体系的外围地区，从而降低劳动力成本。因此，在全球竞争中，美国能够轻装上阵，而欧盟却必须背负很大的社会福利负担，无形中使欧盟的财政压力大为增加。又如，美元是全球占比最高的储备货币，而欧盟严谨甚或僵化的货币政策难以应对外部经济冲击，其政策协调以及实施的成本特别高昂。因此，美国的美元是世界的问题，而欧洲的欧元却将它们自己的手脚自行束缚了。美国主导的债务融资全球化使高度发达的欧盟经济体也难以独善其身，曾赋予欧元良好国际信誉的货币政策最终以量化宽松政策而告终。然而，这种有限度的区域内部救助最终引爆了欧洲主权债务危机。由此可知，美欧在国际金融主权上的不对称强化了债务国对债权国的主宰地位①。因而，欧洲主权债务危机根源于债务主导的不平等国际经济秩序。

---

① 孙杰.主权债务危机与欧元区的不对称性［J］.欧洲研究，2011（1）：30–56.

第9章

金融霸权拟制^①的美国主权债务危机

美国借助早熟的国家垄断资本主义攫取了国际金融霸权，成功实现了霸权基础由国际债权转变为国际债务，美国借此成为国际金融垄断资本的新宿主。美国金融霸权外化为全球双重资本积累体系，美国信贷消费驱动经济增长模式得以确立。然而，私人信贷膨胀吹起美国金融资产泡沫，后者最终越出了美国私人信用的范围，美国私人部门金融危机爆发。损公济私的政府金融救助，则拟制了或有公债基础上的美国主权债务危机。

9.1 债权→债务：美国金融霸权基础的转向

9.1.1 美国国际债权的缘起

美国历史并不悠久，自 1776 年独立至今也不过短短 240 年而已，然而，这个年轻国家的扩展速度却非常惊人。美国自独立以来，就掀起了波澜壮阔的西进运动，从 18 世纪末一直到 19 世纪末，时间跨度长达一个多世纪。这次大规模的移民拓殖运动使美国的疆域急剧扩张，其疆域由原来偏居于美洲大陆东部、濒临大西洋沿岸的一隅，拓展到整个北美大陆，美国东、西两端分别连接了大西洋和太平洋。一方面，此次西进运动异常残忍暴虐，整个西进过程都

---

① 拟制是一个法学术语，即将原本不符合某种规定的行为也按该规定处理。这里将其转义为主体根据自身需要而操纵对象的行为。

浸染着无数土著印第安人的鲜血与泪水；另一方面，此次开疆辟土的规模是空前的，它深刻地改变了美国的政治、经济和社会生活，并对美国后来的历史走向产生了最为深远的影响。因此，西进运动既是美国领土扩张的过程，也是美利坚民族大融合的过程，更是美国工业化、城市化快速推进的过程。如果说在1861~1865年美国南北战争爆发以前，美国还是一个典型的农业国，那么毫无疑问，这场国内战争加速了美国从农业国走向工业国的进程。尤其是1869年5月美国第一条横贯美洲大陆、枕着华工累累白骨的美国太平洋铁路的贯通，标志着美国由一个形式上统一的国家变成了一个实质上统一的国家。由此，美国建国后至"一战"前这段时间，其经济发展可粗略地分为以下三个阶段：

第一个阶段，建国至美国内战结束。由于疆域不断西扩，美国基本上是一个典型的农业国，工业主要以从属于或服务于农业的工场手工业形式存在。当然，由于地理位置优越，美国北方州的工业得到了一定程度发展，具备了一定的工业基础。然而，一些大型机器设备仍然需要从英国等发达资本主义国家进口。因而，这个阶段美国外贸总体上处于逆差状态。

第二个阶段，美国内战结束至19世纪末。实际上，南北战争期间，美国政府通过国债制度、现代税收制度和关税制度等原始积累手段，强力资助美国北方资本主义工业集团，最终美国内战以北方工业资本的胜利告终，这标志着美国政治实质统一。此后，美国强化了抑农重工的政策导向，先前西进运动中获得小块土地的农场主大量破产，土地集中不断加剧的趋势导致农业生产组织发生改变。资本主义生产方式向农业生产组织渗透，规模化经营的农业能够为工业发展提供较多剩余，破产小农场主以及世界各地的移民纷纷涌入城市，加快了美国的城市化过程。统一技术标准的美国太平洋铁路的贯通，由此形成规模空前的美国内部市场，美国内视政策^①得到用武之地，美国经济实现实质统一。随之而来的就是美国铁路建设的狂飙，并带动了美国工业化浪潮。第二次工业革命的成果在美国得到广泛应用，冶金、化工、钢铁业、制造业、石油、煤炭等工业迅速发展起来，取代工场手工业的工厂制度则极大地提高了工业生产效率，美国工业化水平迅速提高。"1890年制造业产值已是农业的3倍……在1810年甚至在1860年，美国工业产值落后于英国、法国并且可能也有德国。"^②

第三个阶段，20世纪末至"一战"开始前。美国铁路建设统一技术标准所产生的高效率也引起了企业管理的革命，以标准化作业程序为主要内涵的泰勒科学管理理论在企业现场管理实践中得到了广泛的应用。工厂内部分工更加

---

① 内视政策是指政府仅仅专注于本国内部，政策的制定完全以国内情势为考量。

② 杰里米·阿塔克，彼得·帕塞尔.新美国经济史［M］.北京：中国社会科学出版社，2000：457.

细化，作业的标准化使企业生产成本极大下降，生产效率却极大提高，最终促成了福特制——资本主义工业化大生产的诞生。福特制以标准化、批量化为基本特征，这种流水线生产使企业生产效率以几何级数提高。福特制也就成为美国工业生产的主要形式，极大地增加了美国工业的产值。"到1894年，美国工业产值比世界上其他任何国家都高。一战前夕，美国工业产值是其他3个最大竞争对手——英、法、德的总和。"[①]

很明显，大规模生产要求巨额工业资本相匹配，工业资本兼并加剧。伴随工业资本的集中，银行资本也出现了集中趋势，它们相互融合成长为金融资本。工业寡头不再满足于美国内部市场，其后采取的外向政策使美国海外贸易蓬勃发展，美国商品资本大量输出，外贸顺差不断扩大。特别是第一次世界大战，美国国家垄断资本主义加速成型。作为金融资本总代理人的美国政府起初以中立国的身份与交战双方进行军火贸易，大发战争横财，外贸顺差急剧飙升，最终，美国政府成为交战双方的债权国。

事实上，由于担心对外贷款遭受损失，美国在"一战"后期宣布参战。然而，战后在涉及政府债务清偿的时候，美国政府意识到作为战败方的同盟国集团无力偿还债务。因而，美国不承认自己与协约国集团之间是同盟关系，只愿将它们之间的关系定位为合作伙伴。美国政府认为，其向欧洲提供的120亿美元军备和重建贷款必须按照商业原则进行对待，债务偿还责任必须由协约国集团承担。于是，美国对于战争过程中累积起来的巨额国际债权，采取了只考虑自己利益的单边主义倨傲态度。战争一结束，美国就开始对债务国进行逼债。这种债权勒索极度地收缩了国际信用，也是推动全球经济陷入大萧条困境的重要因素。世界形势动荡不安，民怨沸腾，最终酝酿成了第二次世界大战。因此，一方面，美国奉行的内向型国际债权导向的对外经济交往原则削弱了昔日世界霸主英国英镑的霸权地位；另一方面，美国的巨额国际债权却未能有效地转化为金融霸权，这一切都根源于美国过于早熟的国家垄断资本主义发展。

9.1.2 国际债权筑基美国金融霸权

两次世界大战，美国都是以中立国身份大发战争横财，都是在战争中途宣布参战，并且都积累起巨额的国际债权。然而，美国对这些国际债权的战后处置却有着巨大区别。如前所述，"一战"后，美国以向盟国逼债的方式达到国际债权勒索的目的，这种勒索使美国经济成为全球经济新的"领头羊"。然而，

[①] 杰里米·阿塔克，彼得·帕塞尔.新美国经济史［M］.北京：中国社会科学出版社，2000：457.

美国以高利贷者的眼光来对待国际债权，其巨额国际债权没有转化为政治上的话语权，政治影响力与美国经济实力明显不相匹配，美国的金融霸权没能有效地实现。具体来说，美国这种极度短视的自利主义行为开了历史的倒车，它使各国壁垒高筑，世界经济支离破碎、四分五裂、原子化为各民族经济。起源于美国而后盛行的世界关税贸易壁垒使各国独立发展民族经济的趋势得以强化，各国经济发展并不依附美国这个"领头羊"。这种拒斥国际经贸联系的内倾态度也就悬置了美国的国际债权国地位，随之而来的就是大萧条、动荡、民粹主义以及世界大战，这种状况使全球经济形势处于巨大的不确定性之中。而遭战争摧毁的各国经济使美国国际债权更加难以实现，国际债权最终也未能转化为美国的金融霸权。过于早熟的国家垄断资本主义形塑强势的美国政府，终致悖逆市场的政府主导行为盛行。

第二次世界大战结束后，美国经济实力更加壮大。美国采矿业和制造业约占资本主义世界的 2/3，小麦产量约占资本主义世界的 1/3[①]。1945 年美国持有59% 的世界黄金储备，到了 1948 年这一比例增加到了 72%[②]。当然，遭受战争打击的欧洲经济衰败更加强化了美国经济的相对优势，实际上，美国绝对经济增长并没有其相对经济增长那么明显。一般而言，美国超强的经济实力、军事实力使美国国家垄断资本主义发展进一步成熟，其政府主导行为开始顺应市场的要求。然而，必须清楚的是，美国经济增长是伴随着美国市场结构垄断程度加剧而实现的，其中工业产出绝大部分都来源于美国工业寡头，金融寡头力量也随着工业寡头进一步增强，他们对美国经济政策的导向作用也就日益明显，最终推动美国对外政策改弦易辙。

为使美国的国际债权转化为金融霸权，防止再次出现两次世界大战之间的经济战，美国采取了向前看的态度，通过推进世界经济一体化来增加美国话语权。为此，"二战"尚未完全结束时，美国就重新规划设计由其主导的国际经济秩序，先后组建了布雷顿森林体系[③]和联合国等框架性的国际政治经济组织。布雷顿森林体系目的是借由金汇兑本位制，改变先前各行其是、自由放任的混乱国际货币制度，重新调控和稳定国际货币关系，进而稳定国际经济秩序。在布雷顿森林体系之下，美元按 35 美元兑换 1 盎司黄金的比价钉住黄金，其他国家货币则钉住美元。由于这些货币和美元一样，都规定了含金量，这些货币

---

① 伊藤·诚，拉帕维查斯.货币金融政治经济学 [M].北京：经济科学出版社，2001：234.

② 迈克尔·赫德森.金融帝国：美国金融需要的来源和基础 [M].北京：中央编译出版社，2008：133.

③ 基于研究主题需要，这里主要分析布雷顿森林体系。

也就间接钉住了黄金。因而，美元与黄金挂钩，其他货币与美元挂钩的双挂钩制度是一种特殊的国际金汇兑本位制。在布雷顿森林体系下，无论是美元与黄金比价，还是其他货币与美元比价，都由政府外生决定。因此，布雷顿森林体系下确立的国际汇率制度是一种"美元—黄金"二元本位制，客观上强化了美元的关键货币地位。

布雷顿森林体系由 IMF（国际货币基金组织）、世界银行以及关税与贸易总协定 [GATT，前身是国际贸易组织（ITO）] 三个支撑性国际经济组织组成。IMF 主要确保固定汇率平价制在战后平稳运行，世界银行作为一种经济激励增加了其他国家加入 IMF 的意愿，GATT 目的则是极力推动世界关税的削减以及促成国际商品协议，而它们的共同目的都是为美国商品拓展国际市场服务。事实上，这三个组织是三位一体的，"退出三个至关重要的国际经济组织中的任何一个，在事实上也是从另外两个退出。没有加入三个（IMF、世界银行、GATT）中的任何一个或者是 IMF 和世界银行成员但不遵守 GATT 原则，也是明显不为所容的"[①]。当时美国经济在全球处于绝对优势，美国拥有巨额的国际债权和雄厚的黄金储备，控制了全球大部分关键性资源。

因此，在上述三个主要的国际经济组织中，美国作为它们的最大股东，拥有独一无二的一票否决权，凡是不利于美国利益的决议绝对不能通过。而遭战争毁坏的自由世界各国，由于身负沉重的国际债务负担，相应地丧失了话语权。"不依附于 IMF 和世界银行的国家肯定会发现，而不依附于 GATT 的国家很可能会发现它们被挡在西方的市场和投资资源之外。因此，任何国家追求经济完全自主的代价就是自我流放。"[②] 如果不想被世界抛弃，留给它们的选项只一个：加入美国主导的国际经济组织，以向世界（实质就是美国）开放本国国内市场为代价来获得美国所提供的重建贷款。事实上，当时美元发行的黄金储备雄厚，美元—黄金双挂钩的国际金汇兑制强化了美元的关键货币地位，它进一步放大了美国的放贷能力。

由此可见，美国规制这种开放性的国际经济秩序，其目的在于将所谓"自由世界"的国家联成一体，防止它们与美国"离心离德"，并使它们作为卫星国服务于美国利益。并且，美国打着推动世界经济，尤其是重建欧洲各国经济的旗号，干预这些国家的经济政策，以集体名义来保证美国国际债权的最有效

---

① 迈克尔·赫德森.金融帝国：美国金融需要的来源和基础 [M].北京：中央编译出版社，2008：139.

② 迈克尔·赫德森.金融帝国：美国金融需要的来源和基础 [M].北京：中央编译出版社，2008：140.

实现。也就是说，"任何希望加入世界银行的国家都要同意加入基金组织，并同意清偿其欠外国的全部当前和未来的、官方政府的和由政府提供担保的债务，从而支撑起政府间贷款体系"[①]。在美国经济实力雄霸权天下和世界各国竞相追逐美元的背景下，美元获得了操纵各国经济命脉的独裁权。美国借此党同伐异以实现自己的战略意图，那些卫星国被迫放弃本国经济的独立，让渡本国部分经济主权。因此，建立在美国巨额国际债权基础上的金融霸权，是以资本主义世界其他国家的主权不完整为前提的，它源于美国的国家垄断资本主义发展日益成熟。

9.1.3 美国金融霸权转置国际债务新基

前述可知，美国金融霸权主要体现在国内经济政策制定的自主权以及对债务国（主要是指 IMF 成员国）经济政策的干预权，具体表现为美国对国内经济运行和决策拥有完全主权，这种完全主权又主要是以欧洲对美国的高度依附或欧洲的不完全主权为前提条件。因而，美国在国际经济交往活动和国际经济规则制定中拥有极大的话语权和专断权。显而易见，战后美国雄厚的经济实力特别是巨额的黄金储备成为美国金融霸权的基础。作为美国金融霸权的载体，布雷顿森林体系宣称在稳定国际经济秩序的基础上，维护世界范围的自由贸易趋势。美国如此作为基于两方面考虑：一方面借此保证两次世界大战前后世界各国（主要是欧洲）对美国国际债务的清偿；另一方面借此获得一个日益扩大的海外市场，通过增加商品出口以保证美国国内的充分就业需要。

然而，美国这种试图两全其美的愿望存在一个悖论：考虑到欧洲黄金储备近乎耗尽，美国又不肯向其直接输出作为金融霸权基础的黄金。布雷顿森林体系下单一美元与黄金挂钩的机制试图为这种窘境纾困，作为黄金替代物的美元为欧洲的外部融资提供了一种替代选择。美国通过布雷顿森林体系，既可以保住巨额黄金储备充当其金融霸权基础，又可以输出关键货币美元来保证金本位制的运行。

"二战"后经济格局的不对称使这种所谓"自由贸易"需要依靠美国不断输血（美国不断通过 IMF 和世界银行发放贷款）才能维持。事实上，战后重建阶段，欧洲也亟须获得以美元定价的巨额重建贷款，但又缺乏与美元相交换的等价物。因此，布雷顿森林体系初期平稳运行的关键在于欧洲获得大量美元

---

① 迈克尔·赫德森.金融帝国：美国金融需要的来源和基础［M］.北京：中央编译出版社，2008：128.

重建贷款。然而，建立在国际债权基础上的美国金融霸权却是服务于美国整体利益的。

就经常项目而言，美国鼓吹全球范围自由贸易的一般原则，在倡导"自由世界"各国相互降低关税壁垒以提高全球对外开放水平的同时，又在 GATT 中规定了许多例外情形，这些都体现了美国在国际经济活动中的专断权。例如，原则上，只有 IMF、世界银行以及 GATT 成员国商品才能进入美国市场，美国进口哪些国家的哪些商品以及相应的配额要求等，都作了具体要求。而美国向别的国家出口商品，则要求对手国最大限度地降低关税以及取消配额等，这些都是为了保证美国的出口市场。在这种情势下，20 世纪 40 年代后半期，美国的出口市场全球份额越来越大，乃至出现了巨额的贸易顺差，"1945～1950 年，美国年平均贸易顺差有 35 亿美元"①。另外，欧洲要从美国进口商品，必须以美元进行定价，它进一步强化了美元在国际经济交往中的主宰作用。

就资本项目而言，对欧洲的重建贷款发放给谁或不给谁、给多少贷款额度、以什么方式发放贷款以及附加一些特殊的规定等方面，美国都做了非常具体的一对一的规定，即美国在重建贷款的对象性和条件性等方面拥有高度的自由裁量权。面对战后欧洲重建对战略物资的巨大需求，世界银行的重建贷款和 IMF 的稳定国际收支贷款根本不敷所用，世界各国（主要是欧洲各国）残存的黄金进一步涌入美国。"1945 年战争结束时，美国的黄金持有量为 200 亿美元……1949 年，它的黄金储备达到了最高点，达 248 亿美元，这说明自'二战'结束以来，美国几乎流入了 50 亿美元的黄金。"②究其原因，在不对称的世界经济格局下，生产性的国家垄断资本主义没有进行分型③，各国出口商品同质化，这种竞争致使世界市场没有形成有效的互补性，即没有形成一个有机的世界体系。而局限于美国利益的有限度开放必然扭曲国际经济体系，引起全球生产资源向美国的集聚。

显而易见，黄金储备的过度集中远远超出了国际体系的承载能力，美国巨额的经常项目顺差也必将危害国际贸易持续扩张的基础，最终危及布雷顿森林体系下的国际金汇兑制的运行。问题的焦点集中于美元能否大规模地输出。事

---

① 迈克尔·赫德森.金融帝国：美国金融需要的来源和基础［M］.北京：中央编译出版社，2008：127.

② 迈克尔·赫德森.金融帝国：美国金融需要的来源和基础［M］.北京：中央编译出版社，2008：141.

③ 生产性的国家垄断资本主义没有进行分型，是指生产性国家垄断资本主义没有进行生产性的角色分工，没有形成有机的生产性国家垄断资本主义子型。

与愿违，欧洲各国普遍存在美元饥渴，而美国国内对于向欧洲持续发放重建贷款的争议和阻力巨大。问题的转机出现在美苏争霸格局的形成，东、西方两大阵营对立日益加剧，冷战铁幕随之揭开。出于遏制欧洲社会动荡引起政治"左倾"的需要，美国转向支持向欧洲继续发放重建贷款，并且大范围地取消了美国普通商品进口市场的限制，允许欧洲普通商品大规模进入美国国内市场。在美国重建贷款以及欧洲出口创汇的推动下，流入欧洲的美元日益充裕，欧洲迎来了一段长达二三十年的经济高速增长时期，尤其是西德经济超过英国和法国，跃居为资本主义世界第二经济体（后来德国又被高速发展的日本所超越）。美元的流入带来了欧洲各国经济的繁荣，资本主义迎来发展的黄金时期。因此，欧洲各国对于美元涌入是持欢迎和支持态度的，这种状况一直持续到 20世纪 60 年代末，各国蓦然回首，开始意识到欧洲各国的美元流动性过剩问题的严重性。

实际上，早在朝鲜战争期间，美国的国际收支就已经开始出现贸易逆差。随着美国军事干预主义的兴起，军事采购和军事援助使美国的军事开支剧增。之后，美国的贸易逆差以日渐扩大的规模惯性维持。直到 1964 年，"外国持有的美元数量增加到超过了美国的黄金储备"①。这种情况意味着 35 美元兑换 1 盎司黄金的官方比价——布雷顿森林体系下国际金汇兑制运作的基础不再得到保证世界金融体系日益凸显内在不稳定的趋向。

当然，美国也曾经通过扩大同欧洲共同体成员的货币互换以及联合它们组成"黄金总汇"，试图挽救布雷顿森林体系。然而，这些纾困措施不但没有让美国调整其经济结构，反而进一步刺激了美国军事支出的扩张，使美国贸易赤字有增无减。最终，在国际金融投机资本的攻击下，黄金总汇于 1968 年 3 月17 日被迫宣布解散，这意味着维护金汇兑制的最后努力也以失败告终。于是，1971 年，美国停止履行外国政府或央行以美元兑换黄金的义务，美元与黄金脱钩。1973 年，西方主要资本主义国家宣布实行浮动汇率制，这标志着布雷顿森林体系彻底崩溃。

苦于美元泛滥的外贸盈余国试图摆脱对美国主导金融体系的依附，然而，为时已晚，世界各国经济已被美国巨额外债绑架。不再受黄金羁绊的美国开始放任美元的超发，国际收支盈余国进退失据，如不承接美元则美元贬值，它们国内市场会被美国抢占；承接过剩美元，它们又会被美国债务更深地套牢。美国给国际收支盈余国设计的最好出路就是：将这些盈余去投资美国财政部发行

---

① 迈克尔·赫德森.金融帝国：美国金融需要的来源和基础［M］.北京：中央编译出版社，2008：270.

的标准化债券——国库券，为美国将来的信贷消费进行融资。这就意味着美国金融霸权基础发生改变，债权导向战略被债务导向战略所替代。

自由资本主义世界毕竟保持了较长时期的繁荣，西方主流经济学通常将战后资本主义世界的繁荣归结为凯恩斯需求管理理论的胜利，将这种建立在布雷顿森林体系所确立的固定汇率制基础上的稳定经济秩序，称为凯恩斯式的管制资本主义。事实上，债务基础上的美国金融霸权以及自由资本主义世界经济增长之所以能够实现，根源在于世界范围的国家垄断资本主义成功转型。在其他资本主义国家继续深化生产性国家垄断资本主义的基础上，美国率先走上了军事国家垄断资本主导的工业化道路，自由资本主义世界在美国军事庇荫下专事生产。

9.2 全球融资支撑美国私人信贷消费

9.2.1 新自由主义国际经济秩序成型

随着布雷顿森林体系的破产，黄金不再作为货币发行的保证，黄金非货币化意味着货币发行基础彻底虚化。在货币发行债务本位制的基础上，代之而起的是以浮动汇率制为内核的牙买加体系，这是建立在国际债务基础上美国金融霸权的胜利。美国金融霸权的债务新基造成了地理和历史两方面的效应：一方面，它迫使极富生产性的欧洲大陆彻底被美国所驯服，在国际经济事务中欧洲唯美国马首是瞻，从一定意义上说，美欧结成了一个利益共同体。由此，一个以美国为核心，以美欧为中心，以及由亚洲、非洲、拉丁美洲的发展中国家为外围的新世界体系得以成型。这个新世界体系是一个金字塔式结构，美国是塔尖，欧洲为支柱，包括新兴市场经济体、石油国家、拉美国家以及非洲国家等组成各异的广大第三世界国家为塔基，这就为美国直接或通过欧洲控制和剥削广大外围国家创造了空间差异。另一方面，这种金融霸权也造成凯恩斯式管制资本主义的失效。

虽然，"二战"后资本主义世界出现了一段较长的繁荣期。然而，受制于资本主义基本矛盾，到 20 世纪 70 年代末，自由资本主义世界普遍出现过度积累的情况，发达资本主义国家纷纷陷入了经济停止增长的局面。金融霸权下债务本位制使货币发行不受羁绊，但积极的货币政策不但没有解决经济停滞问题，反而带来了日益严重的通货膨胀问题。经济停滞和通货膨胀并存的窘境，已经超出了凯恩斯式管制资本主义调控的范围，这就为资本主义的转型提供了历史契机。

凯恩斯主义失灵被滞胀危机进一步放大，强调复兴古典自由主义的新自由主义思潮风起云涌，诸如货币主义学派、供给主义学派、奥地利学派、芝加哥学派等。新自由主义共同的主旨就是所谓自由化、市场化和私有化的三化论；其理论主张就是鼓吹市场至上、全面私有化以及去管制化；其政策层面就是市场决定资源配置、公用事业私有化和政府简政放权。新自由主义鼓吹：通过重新界定政府与市场的边界确保个人政治自由、财产自由，通过放开公共领域和大力削减个人所得税等措施以激发市场主体活力等①。所有这些理论都打着复兴古典自由主义、对凯恩斯主义进行全面革命的旗帜，其实质却是在国际金融垄断资本主义新阶段下对古典自由主义和凯恩斯主义的继承和发展。正是在这个意义上，这些理论都被称为新自由主义理论或思潮。如果说古典自由主义反映的是自由竞争资本主义阶段工业资本家的利益诉求，凯恩斯主义反映的是国家垄断资本主义阶段工业寡头的利益诉求，那么新自由主义反映的则是国际金融垄断资本主义阶段金融寡头的利益诉求，由此表明资本主义基本矛盾至此发展到了一个新的高度。

新自由主义理论学说代表了国际金融垄断资本的利益，相应地，这些资本也成立各种基金会以支持各类新自由主义学派和研究团体，极力培养新自由主义精英人才以及将他们推向政府决策层。由此，新自由主义学派在全社会掀起一浪高过一浪的思想解放运动，最终将凯恩斯主义推下了神坛，国家权力的天平开始倒向代表金融资本利益的政治势力。1980 年前后撒切尔和里根分别在资本主义大本营英国和美国取得了政权，它成为战后新自由主义全面复兴的一个重大标志②。

然而，新自由主义面临的历史情境完全不同于古典自由主义，古典自由主义的内涵特质强调自由竞争资本主义下无序或粗放的自由，原子式的经济主体借助经济利益结构成市民社会。由于第三次科技革命的推动，生产社会化程度已然达到了全球经济一体化程度，新自由主义虽是经由古典自由主义和凯恩斯主义演变而来，但它面临的是资本主义发展的历史新阶段，这就使得新自由主义内涵既具有古典自由主义和凯恩斯主义的特点，又有其自身的新特质。新自由主义的主体内容是经济自由，然而，依托的却是霸权主义带来的秩序。因此，新自由主义的实质内涵就是国际金融垄断资本主义下有限度的自由，它建基于霸权主义和强权政治外化而成的依附型世界体系。

由此可见，新自由主义在理论上是相互矛盾的，在实践上是脱节的，因为

---

① 蔡万焕.新自由主义的兴衰［M］.北京：社会科学文献出版社，2012：137–145.

② 刘爱文.西方主权债务危机形成机理研究［M］.武汉：武汉大学出版社，2014：67.

当自由权遭遇自由权的时候，新自由主义国家内部就会演变为金融寡头的专制，国际上则会变成霸权国家的专制。事实上，里根和撒切尔上台伊始就在自由资本主义世界实践新自由主义思想。他们按照新自由主义理论改造国内外经济政策，构筑一个国际金融垄断资本主导的新型国际经济秩序。

就国内层面的新自由主义实践而言，首先，新自由主义政府大力推动劳动力市场的去管制化，把劳动力市场完全推向市场，不断加强市场机制在劳动力市场中的作用，劳动力工资由市场竞争决定，并大规模地减少对劳动力市场的干预和保护、冻结最低工资法的实施、大力打击工会组织等。其次，新自由主义大力推进私有化进程，既主张将诸如土地、河流、矿藏等自然资源之类的公共资源私有化，又主张将诸如水利、电力、电信、运输、石油天然气等自然垄断的国有企业私有化。另外，它还主张将那些公益性非常强的公用事业私有化，诸如公共教育、医疗卫生等领域。再次，新自由主义认为，推行社会福利制度加大了国家财政的困难，降低了一国的经济效率，从而削弱了其国际竞争力。因此，新自由主义主张，大量削减社会福利开支，包括失业保险金以及诸如住房、家庭、伤残、食品、学生等补贴；降低工人的实际工资，鼓励灵活就业，迫使竞争向社会下层推移，降低了工人的议价能力，这样就能增加利润从而激励大量的投资。最后，新自由主义极力推崇减税，认为只有富人才有足够的资金去投资，所以必须给富人甜头。只有富人从减税中得益，富人才有动力去投资，所以要让富人愿意投资必须制定"合理"的税率。

就国际层面的新自由主义实践而言，国际金融寡头大力培训所在国的政界、学术界以及新闻媒体等新自由主义精英分子；扶持所在国的金融买办政权，促使他们严肃财政纪律，实施紧缩的财政政策和货币政策，并全面开放资本项目；推动所在国去国有化和公共事业私有化进程；发展所谓比较优势产业；全面放开国内市场；等等。这种国际层面的新自由主义实践的典型成果就是"华盛顿共识"普遍推广，"华盛顿共识"的十项措施完完全全体现了新自由主义的精神内核，它的达成标志着新自由主义的国际经济秩序最终确立。这种国际经济秩序以霸权主义和强权政治为基础，以掠夺性和欺骗性为特征，在实践应用中体现着双重标准。新自由主义国际经济秩序使美联储成为世界各国的中央银行，美联储能够通过发行美元向外围国家征收铸币税，换取外围地区的商品和服务。相反，外围地区必须节衣缩食，廉价向美国出口商品以换取美元，借此拉动本地区经济发展，同时防范主要来自美国的国际金融垄断资本的进攻。

9.2.2 全球资本积累体系异化

新自由主义国际经济秩序是因应滞胀危机需要而形成的，而滞胀危机又是先前历史阶段的资本主义——生产性国家垄断资本主义基本矛盾不断加剧的产物。在生产性国家垄断资本主义时代，工业寡头占据国家政治、经济、生活的中心，其依据的生产方式是以标准化、批量化为特征的福特制，这是一种刚性积累体系，它的技术基础是以生产流水线为代表的庞大机器生产体系。滞胀危机表明资本主义进入了常态化的普遍生产过剩状态。在第三次科技革命特别是信息技术的冲击下，那些大型而笨重的机器体系所代表的固定资本便遭遇到价值革命的严重威胁。

如何应对这种迫在眉睫的威胁？对于新自由主义主导的美国政府而言，解铃还须系铃人，即依靠美国金融霸权特别是美元霸权实现经济的脱实入虚。具体来说，美国以信息通信技术为依托，重构和深化全球分工体系，在世界范围内以产业内部分工取代产业之间分工。通过世界分工体系的深化以及全球经贸联系的加强，世界各国对美国的经济依附关系进一步得到强化。新自由主义是国际金融垄断资本的理论表现，它的政策必定维护国际金融垄断资本利益并以其为导向。美国新自由主义全球实践之路的第一步，就是在美国国内通过脱实入虚方式进一步加强金融资本的力量，与此同时，在国际上则通过掀起金融风暴以威逼利诱世界外围国家打开门户。

事实上，20世纪80年代伊始，美国率先提高联邦基准利率，这种举措在国内外带来了两种不一样的效应[①]：就美国国内而言，美联储基准利率飙升，一方面使实体经济的运营成本显著提高，在滞胀的大背景下，美国实体经济领域的大量中小企业破产倒闭。另一方面提高了借贷资本的收益，大量国际金融垄断资本纷纷涌向美国，追逐美国金融资产。而国内诸多产业资本，特别是大型工业企业，由于经营环境恶化，利润不断下滑，纷纷转向金融领域，以至于这些大型工业企业的金融业务的利润远超传统业务的利润。至于美联储基准利率飙升对美国外围地区的效应，需要追溯到滞胀危机期间。大量过剩资本以借贷资本形式流向外围地区，特别是拉美地区。这些借贷资本利率极低，当然借贷期限也较短，采取浮动利率贷款形式。资产泡沫化造成以拉美地区为代表的外围地区一时繁华[②]。美联储基准利率的飙升，快速增加了外围世界各国还本付息的外债负担，这些短期外债急剧恶化了当事国的资产负债表。由于不堪外债的

---

① 李其庆. 马克思经济学视阈中的金融全球化 [J]. 当代经济研究，2008（2）：62-67.

② 安建国. 评拉美债务危机中的资本反向流动 [J]. 世界经济，1985（4）：12-13.

重负，拉美地区首先被国际金融垄断资本引爆了主权债务危机。如前所述，金融资本快速从外围主权国家抽逃来引爆金融危机的事件，之后不断在亚洲各国和俄罗斯等外围国家相继上演。

为了获得紧急救援资金以摆脱债务危机，债务危机国必定遭到国际金融垄断资本的金融讹诈和摆布，外围地区债务危机的结局就是危机国不得不接受"华盛顿共识"。于是，国际金融垄断资本借助于国际金融机构如国际货币基金组织和世界银行等，对这些债务危机当事国进行手术刀般精准的经济结构改造，强迫他们接受苛刻的经济条件，实施丧权辱国的对外开放。外围地区各国老老实实按照所谓比较优势发展出口产业，诸如自然资源或粗加工品等，大规模地积累美元外汇储备，以充足的美元储备来抵御国际金融垄断资本的冲击，以免再次陷入大规模的债务危机。

与此相对照的是，早在1978年，中国实施了对外开放的国策，采取了出口导向的经济发展战略。这既是我国顺应全球经济一体化的时代潮流，主动吸收世界先进文明成果，特别是以信息技术为代表的第三次科技革命成果，审时度势地发展本国经济的需要，更是作为社会主义国家的本质要求，封闭自守是落后的前资本主义社会的典型特征，建立在社会化大生产基础上的社会主义是与封闭自守格格不入的。因此，中国是顺应经济全球化的需要，充分利用国内外两种资源、两个市场，按照国家的有序安排主动实施对外开放政策的，通过发展出口加工业极大地推进了我国的经济现代化进程。与拉美等外围地区丧失主权的对外开放最大的不同，中国始终在坚持国家主权原则的前提下，稳妥地推进对外开放进程。

国际金融垄断资本不断掀起外围地区债务危机，最终迫使世界外围区域进行外向型产业资本积累。在世界外围各国被驯服的前提下，作为国际金融垄断资本的老巢或基地的美国（以华尔街为代表）的积累策略，就必须与世界外围地区产业资本积累策略相反或者说互补。因为这时候全球经济发展所需要的全球信用扩张都取决于美联储，因此美国采取了与前者完全不同的资本积累策略——金融资本积累。在外围地区产业资本积累的前提下，美国放开手脚进行金融资本积累，而这种金融化的路径却是由前述的美国新自由主义紧缩策略实现的。以基准利率飙升为主要内容的新自由主义紧缩策略，致使美国大量产业资本要么破产倒闭，要么向外围世界进行产业转移，或者顺应潮流进行产业资本金融化。

美国产业空心化现象日益加剧，金融资本而非工业资本占据了美国经济、生活的中心。住房、教育、医疗、养老等公共领域不断被金融部门纳入其活动范围，企业和个人的资产负债表都被囊括其中，特别是个人的衣、食、住、行都被金融机构掌控或者由金融机构来打理，美国经济实现了全面金融化。美国金融部门发展极为迅速，金融组织规模也极为巨大。金融创新层出不穷和金融服务无孔不入，企业的投融资和个人的生活需求等都取决于金融部门的特定安排。各类设计复杂而精巧的金融衍生产品催生了大批由私募基金、信贷基金等组成的影子银行。金融资本市场如此发达、如此重要，以至于私人经济主体离开金融部门将寸步难行，从而奠定了诸如银行、证券、保险与房地产等金融部门在美国经济结构中的主导地位。金融资本积累取代工业资本积累[1]，形塑为美国主要的资本积累模式。

由此可见，产业资本积累与金融资本积累的分野使世界资本积累体系发生了异化，美国进行金融资本积累，而外围地区则进行产业资本积累。这种异化的全球资本积累体系的源头却在于，代表极少数国际金融垄断资本利益的新自由主义崛起，推动了工业资本转向金融领域，最终成功实现了美国资本积累模式的转型。

9.2.3 美国信贷消费驱动全球经济增长

美国进行金融资本积累而外围区域进行产业资本积累这种异化的世界资本积累体系确定后，后续的事情就是美国如何吸引外溢的美元资金回流，打通美元国际循环，并不断扩张美元国际循环的规模。这就有赖于这种世界资本积累体系的外在强制性。事实上，异化的世界资本积累体系根源于新自由主义国际经济秩序，这种国际经济秩序通过形式上的平等掩盖了事实上的不平等，即美国作为国际金融垄断资本大本营，通过垄断少数关键资源和核心技术（特别是军事技术），攫取了国际经济规则的制定权和话语权，使美元窃取了国际价值基准地位和全球财富的度量权。美国依靠这种金融霸权剥削和掠夺外围地区国家的劳动产品和自然资源，实质上奴役外围地区的劳动人民。

由此可见，美国的霸权主义和强权政治才是这种新自由主义国际经济秩序有效运作的基础与保证，而建立在新自由主义国际经济秩序上的美国金融霸权又赋予了异化的世界资本积累体系外在强制性，即外围地区积累的美元外汇储备的用途——诸如购买美国的高新技术和尖端设备，特别是先进的军工技术与设备，购买大宗战略资源等被极大地限制了，不得不回流美国投资其金融资产。与之相关的问题就是，美国需要为全球充盈的美元外汇储备提供投资标的物，以便进一步扩张美国金融资本的规模。于是问题就转到了美国如何扩张金

---

[1] 赵峰，马慎萧.金融资本、职能资本与资本主义的金融化——马克思主义的理论和美国的现实[J].马克思主义研究，2015（2）：33-41.

融资产，这就涉及金融扩张途径的问题了。

如前所述，美国金融资本极力在美国国内推行新自由主义的自由化、市场化和私有化。首先，美国金融资本大力开拓个人或家庭的金融业务，将与个人或家庭生活密切相关的公共领域诸如教育、住房、养老金等都纳入了私有化和市场化的进程。构思精巧且内置陷阱的金融产品将美国私人主体深深地卷入了金融生活中，个人生活必需品都需要通过金融市场得到。而受新自由主义压制的工薪阶层的基本收入根本不足以支撑被金融需求激发出来的个人需求，激发个人需求取代先前的集体消费（或公共需求）势在必行。美国金融机构向个人和家庭发放大量信用贷款，包括住房贷款、消费信贷、信用卡、汽车信贷、学生信贷等，"于是，私人赤字代替了公共赤字。或许可以称之为'资产价格凯恩斯主义'取代了传统的凯恩斯主义"[1]。在伴随美国私人债务急剧增加的同时，美国的私人消费信贷规模迅速增加。从这个意义上来说，凯恩斯主义与其说彻底破产，不如说它形成新的变种。

其次，私人与金融的强制结合使美国金融需求迅速扩张。在这种金融需求的诱致下，本来就遭遇产业空心化危机打击的许多工业寡头也转向金融领域，纷纷化身为私募基金、互助基金、保险、养老基金和住房信贷公司等影子银行，和传统金融机构逐鹿金融资本市场，专门从事金融衍生品的投资银行业务。美国金融机构迅速扩张，金融创新层出不穷，金融资本市场异常发达，金融创新在转移和分散金融信用风险的同时，也使美国金融资产规模迅速飙升。至此，一种新型的信贷消费驱动型经济增长模式得以确立，这种模式的引擎在于一体两面的债务金融：其中一极为美国信贷规模的急剧膨胀，单以次级抵押贷款为例，"1995 年美国的次级抵押贷款发放额只有区区 650 亿美元，然而，过了 10 年，2005 年美国的次级抵押贷款发放额接近 6600 亿美元，10 年增长了 10 倍多，可见美国抵押贷款市场规模增长之迅速，尤其是次级抵押贷款增速惊人"[2]。另一极为美国金融资产规模的迅速增加，即消费信贷基础上形成的天量金融资产，"1998 年 6 月底，美国所持有的未平仓金融衍生品总额为 45 万亿美元。而到 2001 年 3 月，美国所持有的未平仓金融衍生品总金额快速上升至 85 万亿美元"[3]。

---

① 蒋宏达，张露丹.布伦纳认为生产能力过剩才是世界金融危机的根本原因 [J].国外理论动态，2009（5）：5-12.

② 刘爱文.西方主权债务危机形成机理研究 [M].武汉：武汉大学出版社，2014：104.

③ 张海涛.四论美国"赌博资本主义"一场世界资本主义经济危机正在形成 [J].今日中国论坛，2002（1）：28-42.

悖常的信贷消费驱动型经济增长模式外化在畸形的世界经济增长途径上。广大外围发展中国家人民节衣缩食、辛勤劳动，不断扩大出口规模，积累起巨额的美元外汇。一方面，外围国家将美元外汇储备充当本国信用扩张的基础，畸形发展本国的外向型经济，也将本国经济捆绑在美国的消费市场上。其实质是，发展中国家通过牺牲本国经济的自主性，强行保持与美国经济周期的一致性。另一方面，外围国家也将美元外汇储备作为防备国际金融垄断资本洗劫、抵挡金融危机的工具。外围地区外汇储备越积越多，应用范围又极为有限，不得不回流到美国国内，投资于美国的金融市场，为美国国内的过度且超前的消费融资。这种由穷国向富国的逆向融资，实质是这些国家被迫向美国进行纳贡。而美国则开始享受超前消费的好时光，在消费支出率不断增长的同时，个人储备率却在急剧下降。

收支背离必定举债度日，表现为美国的外债规模急剧攀升。"据美国商务部公布的统计数据，1998 年底，美国净外债额累计为 1 万亿美元；而到 1999 年底，同口径数据已上升至 1.24 万亿美元，较上年增加 28%。"① 至此，美国进行金融资本的积累，外围国家进行产业资本的积累，美元的国际循环就完全打通了。美国通过金融资本积累能够过度消费，被国际金融垄断资本驯服的外围地区节衣缩食扩大出口，通过这种强制储蓄方式积累起来的巨额美元定价的外汇储备，又通过投资美国金融资产回流美国，为其私人信贷消费进行融资。美国只需要负责制造金融资产泡沫，通过金融资产的财富效应增加美国社会对外围地区出口品的需求。与此同时，美国向外围地区释放美元，借此扩张外围地区的国内信用，并且拉动它们经济畸形增长。这就是美国信贷消费驱动全球经济增长的实质。

在新自由主义国际经济秩序下，全球经济增长取决于美国消费的模式完全异化，美国的过度消费竟然成为全球经济增长的发动机，这种外围发展中国家反向融资美国的怪诞现象，其实质就是美国金融帝国主义下的新型贡纳模式。

9.3 或有 ② 公债超载引爆美国主权债务危机

9.3.1 私人信用超限触发美国私人部门金融危机

美国主导的信贷消费驱动经济增长模式，推动美元国际环流的不断扩张，

---

① 刘爱文.西方主权债务危机形成机理研究 [M].武汉：武汉大学出版社，2014：78.

② 或有是指可能有、或许有的意思，是从法学领域借用过来的。

这在一定程度上是具有积极意义的。

首先，这种模式进一步提高了生产社会化程度。通过新自由主义自由化、市场化和私有化在全球范围的强制贯彻，全球范围的社会分工体系不断深化和细化，产业内的全球分工取代了先前的产业间的全球分工。也就是说，美国占据了全球价值链的高端，主要进行产品的研究开发或技术设计等前端工序，通常它们也会成为金融资本积累的标的物；外围地区则局限在全球价值链的低端，主要进行产品的加工制造等后端工序，而这些通常是产业资本积累的主要内容。这种世界中心—外围的分工体系存在着内在强制性，客观上促进了世界投资与贸易的发展，从而将世界经济更加紧密地联系在一起。

其次，这种模式进一步提高了社会生产力水平。由于美元在金融霸权的支配下取得了价值基准和财富度量权，外围地区为了顺利推进产业资本积累，必须连续不断地获得充当国际货币的美元，借助它扩充本国国内信用。美国为了顺利推进金融资本积累，也必须不断地从外围地区回流美元，扩张和创新本国的金融产品。无论是外围的产业资本积累还是美国的金融资本积累，就其作用于生产而言，都是通过在美元债务的基础上所形成的虚幻财富效应，极大地激发全球劳动人民的生产积极性，从而在主观上提高社会劳动生产力水平。

信贷消费驱动经济增长模式推动美元国际环流的持续扩张，有赖于关键货币发行国的物价保持稳定。因为西方货币主义理论错误地将通货膨胀看作是货币发行过多所致，因而抑制通货膨胀的手段就是加息。然而，加息必然刺破金融资产泡沫，最终破坏美国金融资本积累的基础。因而，美国必须保持低水平通货膨胀的经济环境。在外围地区不断增加向美国的出口，其所积累的美元外汇又不断回流的情况下，美国的物价如何能保持稳定？背后原因在于，外围地区各国不断向美国市场出口商品，通过卖方的竞争就压低了这些生活必需品的市场价格。与此同时，外围地区各国所获得的外汇纷纷投资和追逐美国金融资产，从而将这些金融资产的价格不断抬高。

事实上，美国的货币政策设计也是金融资本导向的。例如，美国货币政策设计中经常参照的泰勒法则，其盯住通货膨胀的货币政策设计就具有明显的金融资本导向。它所监控的通货膨胀指标并不采用 GDP 平减指数，而是采用消费者物价指数（CPI 指数）。这种做法在很大程度上规避了金融资产价格上涨导致加息的可能，造成一种美国整体物价保持稳定的假象，从而不断地助长金融泡沫的膨胀，其目的就是维护金融利益而牺牲广大社会民众的利益。

在新自由主义国际经济秩序下，外围地区遭国际金融垄断资本胁迫利诱，纷纷采用了出口导向的外向型经济发展模式，积累了大量的美元外汇储备。然而，美国金融霸权的存在限制了这些美元外汇的用途，迫使它们投资于美国的金融资产。如此一来，一方面，由于对外贸易是经常项目的主体，因而，外围地区对外贸易的盈余对应的就是美国对外贸易的赤字；另一方面，由于外围地区美元的回流，外围地区的贸易盈余也表现为美国资本项目上的盈余，这就部分填补了美国的贸易赤字。信贷消费驱动经济增长模式所推动的美元国际环流扩张，毕竟是建立在生产社会化和生产资料私有制之间这种对抗性的资本主义基本矛盾的基础上的。美国金融霸权尽管改变了其矛盾的表现形式，但这并不影响逆向的美元国际环流存在着不可逾越的历史界限 ①。

事实上，逆向的美元国际环流的持续扩张就是美国贸易赤字不断扩大的表现。从外围国家来说，随着巨额的贸易盈余的形成，美元引致的外汇占款致使外围地区出现输入性通货膨胀。为抵消这种通货膨胀，外围国家不得不被动发行公债或央行票据回收流动性，这样就导致外围地区的对外债权转化为对内债务。外围国家将这些外汇储备购买价格越来越高的美国金融资产，在资产收益率下降的同时，还存在越来越大的金融信用风险，从而挫伤了外围国家的投资意愿。对美国来说，金融资本囊括一切领域，金融创新不断扩张金融资本规模。金融资产泡沫的持续膨胀，要么取决于外围地区美元的不断回流，如上所述，这条途径遭遇瓶颈；要么取决于美国自身经济的支付能力，然而，伴随金融资本规模扩张而来的是美国产业空心化趋势，美国实体经济的支付能力不断被削弱，而实体经济不断弱化的支付能力铲除了支撑美国金融泡沫持续膨胀的最后经济基础 ②。

追本溯源，这些矛盾的根源在于新自由主义国际经济秩序下经济全球化遭遇到美国私人信用（包括商业信用和银行信用）狭隘的历史界限。不言而喻，在全球生产相对过剩的历史背景下，新自由主义造成全球范围内的社会分工更加精细，各国之间彼此依赖关系更加紧密，生产社会化的程度更深、范围更广。然而，这一切都是建立在美国私人信用充当国际信用的基础上，这种虚幻的国际信用不断扩张，一方面通过金融资产的膨胀激发了劳动人民的劳动积极性，即增加了全球生产规模，另一方面又通过债务的剧增减少了人们的可支配收入，即侵蚀了广大美国人民的消费基础。美国信贷消费既是暂时缓解全球生产与美国消费之间的对抗性矛盾的手段，又会造成两者之间的冲突进一步加剧的结果。

---

① 杨玉华.国际美元的运动规律及其发展趋势——基于马克思金融理论与历史经验的解读 [J].当代经济研究，2011（6）：70-77.

② 徐茂魁，陈丰，吴应宁.次贷危机根源之探讨——基于马克思虚拟资本理论 [J].经济经纬，2009（4）：13-16.

在美联储保持高度独立性的前提下，全球生产与美国信贷消费两种反向运动发展的极限便是美国私人部门金融危机的爆发。美国人民在负债消费基础上的虚幻财富宣告彻底破产，导致许多美国个人或家庭深陷债务旋涡而无法自拔。至此，这种危机的实质便昭然若揭，就是国际金融垄断资本对社会的控制进一步加深，并且使美国信贷消费者陷于更深的奴化状态。

9.3.2 美国政府金融救助损公济私

如前所述，为了将消费信贷金融资产的信用风险转移，美国各类金融机构将那些私人信用风险极高的信贷资产进行了层层包装，试图通过诸如资产证券化、信用衍生工具等对冲信贷资产风险收益的金融创新，规避本金融部门的信用风险。然而，这样一系列构思精巧的数学模型反而将金融信用风险在更大范围、更深程度上传递并扩散开来。美国几乎所有的金融机构都被卷入这个以投机性、食利性和赌博性为特征的巨型金融体系中，甚至包括与美国金融市场高度一体化的欧洲金融机构。这种以追求金融暴利为目的而相互进行残酷竞争的国际金融垄断资本主义也就日益沦为"赌场资本主义"①。由此，建立在私人债务基础上的美国式赌场资本主义，形成了规模巨大、错综复杂的债权债务链条，这种高度发达的信用经济将以美国为主体的全球众多金融机构强行扭结在一起，系统性地进行金融加杠杆行为。

最终，金融杠杆化过度的少量美国金融信贷公司的率先破产，通过多米诺骨牌效应，许多金融机构出现大规模金融债务违约，由此引爆了牵涉私人金融机构极多、极广的美国私人部门金融危机。私人部门金融危机的一个最主要指标就是 3 月期的伦敦银行同业拆借利率（LIBOR）与隔夜指数掉期（OIS）利率之差（3-month Libor-Ois spread）的急剧飙升，它表示信贷机构的惜贷情绪严重，致使金融市场流动性全面收缩。私人信用极度收缩又会引起对现金的追逐，金融市场一片风声鹤唳，股市、债市双双下滑，金融资产价格急剧下跌。

那些涉入大量此类金融资产的金融机构，特别是中小型金融机构纷纷宣布破产清算。因为这么一个赌场性质的金融结构体系本身就是一个销金炉，而抵抗金融风险能力是与金融机构的规模成正比的，中小规模的金融机构抗风险能力较差，大量中小金融资本在这场博弈中被化为乌有。这类金融机构被迫宣布破产清算以及伴随而来的大规模裁员符合赌场资本主义所奉行的"大鱼吃小鱼"的丛林法则，它有利于进一步加强金融资本的集中。另外，金融资产价格

---

① 苏珊·斯特兰奇.赌场资本主义［M］.北京：社会科学文献出版社，2000：1.

断崖式下跌也将金融资产私人投资者打回原形，特别是大量中小投资者血本无归，一夜之间陷入资不抵债的窘境。当然，这并不排除破产的金融公司高管拿着诸如股票赠与、期权及退休补偿金等巨额离职补偿金离开，这是典型的"富了和尚穷了庙"的写照。例如，"前美林证券 CEO 奥尼尔……引咎辞职，……但是其离职后仍可获得高达 1.615 亿美元的股票赠与与收益"①。

很明显，美国私人部门金融危机一定程度、一定范围的蔓延，导致大量中小金融机构破产清算，大型金融机构必然会趁机对它们进行兼并、重组和收购等，金融机构的噬血成长必定会造成强者愈强的金融新格局，这在一定程度上加强了金融资本的集中程度。在上述限度范围内，美国政府并不会立即介入和干预金融危机的发展，它们通常都会允许金融机构破产倒闭、兼并重组。

然而，无论是金融机构之间兼并重组抑或私人部门金融危机的持续发酵都有其不利的一面。就前者来说，在金融资产价格断崖式下跌的背景下，兼并重组过多的中小型金融机构，固然会提高那些大型金融机构的市场占有率，但是大型金融机构会背负沉重的债务负担，最终必然会超越国际金融寡头的私人信用界限。就后者来说，私人部门金融危机持续发酵，反过来进一步祸延美国实体经济部门。美国人们对金融市场信心的崩塌，最终会挫伤它们的消费需求。事实上，负债消费、超前消费是美国信贷消费驱动型经济增长模式的前提，美国消费需求的崩盘必定会破坏信贷消费驱动型经济增长模式的引擎作用，最终逆转美元的国际大循环。这就关系到以美国霸权主导的国际金融垄断资本的根本利益，即威胁到了这些以大型金融公司为外壳的国际金融垄断资本的根本利益。

到那时，作为国际金融垄断资本守护神的美国政府必定会出场收拾残局，美国政府通常打着"大而不能倒"（Too Big to Fail）的旗号变相支持大型金融机构。政府着手实施金融救助计划，或是通过政府注资方式，或是通过国有化方式，借此接管那些大型金融机构的巨额债务。美国政府通过这种财政直接输血的方式为国际金融垄断资本埋单，其实质就是美国人民为国际金融垄断资本的冒险行为埋单，这就使得经年累积且已高耸云端的美国巨额财政赤字雪上加霜。并且，这种有选择性的美国政府金融救助措施进一步强化了国际金融垄断资本的集中趋势或垄断程度，强化了国际金融垄断资本对美国社会的深度操控，变相地鼓励了国际金融垄断资本对美国人民的金融掠夺行为，美国人民日益沦为国际金融垄断资本的经济奴隶，陷入终身为奴和经世为奴的异化状态。

---

① 孙晓辉.美国会介入"次贷黑幕"调查花旗涉嫌逃税［EB/OL］. http：//finance.qq.com/a/20080523/001149.htm，2008-01-16.

另外，财政政策的导向性滥用使美国财政负担急剧飙升，进而使美国政府财政不堪重负，财政赤字狂飙的结局就是美国私人部门金融危机进一步转化为美国财政危机。

由此可见，美国政府的金融救助实质就是损公济私，即通过牺牲美国社会全体人民的根本利益以维护国际金融垄断资本的利益，而其前提就是竭力强化美国国家权力的资本逻辑，即在债务融资的基础上扩张美国在国际上的金融霸权，它典型地维护国际金融垄断资本的利益。至此，美国政府是国际金融垄断资本主导或大金融资本导向也得到充分证实。

9.3.3 主权信用弱化拟制美国主权债务危机

正如前述，美国政府金融救助的性质产生特殊的"逆向性选择"，即救助实力雄厚的大型金融机构而抛弃中小型金融机构的导向，致使在获取政府金融救助中所谓"道德风险"问题丛生。美国财政赤字也就伴随着美国政府金融救助的推进而不断增加，以国债为主体的美国公共债务规模迅速飙升。大资本导向的财政政策滥用加剧了美国财政信用的紧张，美国财政赤字屡屡触及美国债务上限①，从而引发了美国式的财政危机。这种财政危机是在美国公共信用范围内的财政信用过载所致，其影响主要还局限在美国国内范围。

然而，美国政府金融救助并没有阻止财政赤字的恶化，美国的国债规模不断扩张，一再冲击着美国的债务上限。围绕债务上限的提高与否，美国国会两党一直存在着激烈的争斗，美国的财政危机因而也在不断深化。自美国次贷危机以来，美国国债规模急剧扩张，终于在 2011 年 5 月 16 日，美国国债触及国会所允许的 14.29 万亿美元的法定上限，它意味着如果不提高美国债务上限，美国国债将在 2011 年 8 月 2 日面临大面积违约，美国政府也将关门停止运转。

美国国会两党基于各自利益盘算，围绕债务上限开始了长达数月的争斗。鉴于美国国债违约问题的严重性，美国众参两院于 2011 年 8 月 1～2 日分别通过了提高美国债务上限和削减赤字的法案，同意将美国债务上限增加 2.1 万亿美元，提高到 16.39 万亿美元的历史新高，并且要求政府在未来 10 年内将削减赤字 2 万亿美元，从而暂时避免了美国债务违约问题。然而，美国财政赤字却更加恶化，债务规模扩张趋势根本没有被遏制，越发庞大的债务规模不断触及美国新立的债务上限。于是，围绕再次提高债务上限的斗争不断在美国国会

---

① 美国债务上限是指美国联邦政府债务总量的最高限额。美国宪法赋予美国国会有权对美国政府债务规定上限。

上演，美国共和国和民主党缠斗不已。在它们不断斗争、不断妥协的过程中，美国债务上限也在不断提高，时至今日，美国债务上限已接近 20 万亿美元。如果仅是单纯的债务上限提高，那么财政危机影响还仅限于美国国内。然而，自 2011 年以来，美国国债规模已经超过了 GDP 的规模，这意味着美国已完全进入了借债度日的时期，财政信用根本支撑不了美国债务消费。这种糟糕的经济状况也使世界外围地区拒绝再为美国信贷消费融资，美国提高债务上限的难度也越来越大。

当全球利益遭遇到国际金融垄断资本利益时，新自由主义平常对外围国家所鼓吹的央行必须保持独立性、货币政策必须谨慎的那一套说辞，现在显得尤为不合时宜，国际金融垄断资本弃之如敝屣。作为国际金融垄断资本守护神，美国必须采取扩张性货币政策，以配合美国的扩张性财政政策。事实上，自次贷危机以来，美联储分别于 2008 年 11 月 23 日、2010 年 11 月 4 日、2011 年 9 月 14 日和 2012 年 12 月 13 日实施了四次量化宽松政策[①]。美联储大规模地购买美国国债，借此将巨额的美国债务货币化了，而这些债务中相当大的一部分是美国所欠的外债。美国通过这种方式强行逃废所欠的外债，也借此解决外围地区不愿为美国债务消费的融资问题，因此，美国的内政就转变为全球性的问题。

由此可见，美国财政信用超载失效，美国以提高债务上限为内涵的财政政策和以量化宽松为内涵的货币政策相互配合，致使美国公共信用的主体发生变迁，美国财政信用相应转化为美国主权信用。至此，提高债务上限和量化宽松的矛盾运动意味着美国财政危机转化为美国主权债务危机。然而，必须说明的是，美国主权债务危机的性质尤其特殊，这种特殊性源于美国所欠外债的特殊性，它是美国政府以本币美元计价定值的外债。如前所述，这种外债存在着计价货币的法权与作为债务宿主的主权，即存在行权主体的一致性问题，而本币主权债务的定价货币法权的特殊性质决定了这种外债只受美国法律支配和管辖。

因此，这种美元主权债务对美国而言只是一种或有债务，它取决于美国自己的盘算[②]。这种美元主权债务具有欺骗掠夺性和软约束性两大典型特征。就前者而言，世界体系的新霸权国——美国和外围地区各国在形式上是主权平等的，美国通过不断扩大本币主权债务的方式，推动全球经济增长。形式上，这

---

① 货币量化宽松是指中央银行通过购买国债等中长期债券，增加基础货币供给，向市场注入大量流动性的干预方式。

② 刘爱文，艾亚玮．市场定价与汇率制度选择研究述评［J］．统计与决策，2009（9）：138-140．

些本币主权债务的发行也需要经过民主法律程序，也需要授予主权信用评级。这种形式公平性取代赤裸裸的公开劫掠，极大地激发了外围国家生产的积极主动性，使外围国家积累起巨额的美元外汇储备。就后者来说，美元主权债务是建立在美国自己主权信用的基础之上，而美元是一种不兑换的信用货币，美元外债对于美国来说只是一种内部约束或软约束，它的运行完全依赖美国自身。美国既做裁判员又做运动员，能够肆意印钞和提高债务上限，债权国却不能对其形成有效的硬性约束。美国还可以将由此产生的问题全球化，向外围地区转嫁主权债务危机的后果。

由此可见，美国主权债务危机只是一种国际金融垄断资本拟制的主权债务危机，目的就是通过美元贬值使那些债权国的外汇储备资产缩水，以此来逃废美国的外债并变相地强迫那些债权国为美国信贷消费继续融资。追本溯源，在以霸权主义和强权政治为保证的新自由主义国际经济秩序下，美国金融霸权造就作为全球货币体系基础的美国国库券本位制，使作为国际价值基准和全球财富度量权的美元能够不断鼓吹金融资产泡沫，以此劫持全球经济增长并形成新型贡纳关系①。就此而言，美国主权债务危机根源于金融资产定价美元化与生产全球化之间的对抗性矛盾。

当然，这种拟制的美国主权债务危机本身就是美国主权信用弱化的一个表现，美国的经济殖民主义政策削弱了美国全球统治的合理性、合法性基础。日益膨胀的美国主权债务是国际金融垄断资本的利益所在，它不断侵蚀美元的国际价值基准，最终必将破坏美元的国际价值基准地位。长此以往，美国或有性质的主权债务危机也会硬化为客观实在的美国主权债务危机，而这是不以个人意志为转移的，它表明国际金融垄断资本主义发展存在着不可逾越的历史界限。

---

① 雅克·德里达.马克思的幽灵——债务国家、哀悼活动和新国际 [M].北京：中国人民大学出版社，2008：17—19.

第四部分
内生性治理

　　本部分主要分析西方主权债务危机当代特质性的现实思考。按照历史唯物主义关于生产力与生产关系、经济基础与上层建筑两对范畴的矛盾运动，西方主权债务危机是建基于技术革命之上的。由此而形成的生产力狂飙不断推动资本主义生产方式的变迁，资本主义经济危机发生着形态、地域和主体的结构衍变，西方主权债务危机是其必然结局。西方主权债务危机的迁衍性投射到当前情境中，赋予了其具象性、工具性和总体性的新特性，这些特性又决定了西方主权债务危机蕴含着深入态、广衍态和频发态的新态势。西方主权债务危机的新性态深刻地影响着外围地区发展中国，中国也难以置身事外。根据前述西方主权债务危机的发生逻辑，本部分最后提出了中国应对西方主权债务危机的抉择：内调结构和外塑市场，希冀通过强化我国经济主权，最大限度地避免西方主权债务危机的负面影响。

第10章
西方主权债务危机的迁衍性

西方主权债务危机作为一个历史范畴，是新自由主义国际经济秩序下资本主义基本矛盾尖锐化的最新表现形态。作为总体性危机，西方主权债务危机标志着资本主义基本矛盾的总爆发。因此，探讨西方主权债务危机的起源及其客观演变逻辑对于把握其当代特质就十分必要。按照唯物史观两对范畴的矛盾运动，生产社会化与生产资料资本主义私人占有之间的矛盾依次出现张弛变化，资本主义生产方式呈现为历史的迁流性和结构的衍变性，集中体现为资本积累体制的嬗变。这种嬗变一方面暂时缓解了资本主义基本矛盾，另一方面却使得资本主义基本矛盾不断深化，从而不断耗尽资本主义生产方式的潜力。因此，西方主权债务危机的迁衍性，就其实质而言，就是其当代特质的历史依据。

10.1 引言

震撼全球的西方主权债务危机的推进速度非常迅速，呈现出迅雷不及掩耳之势，其影响范围之大、影响程度之深，举世罕见。西方主权债务危机首先影响了危机当事国——那些处于世界体系中心区域的西方发达资本主义国家，其社会经济遭到了巨大的冲击，股市、债市一路狂泄，各类金融机构纷纷破产，金融资本市场哀鸿遍野，金融救助致使财政透支严重，经济秩序极度混乱。更为严重的是，西方主权债务危机毁坏了信贷消费——全球经济增长的引擎，刺破了全球经济虚假繁荣的泡沫，并且通过投资贸易以及金融渠道等，将危机负面影响扩散到外围地区。信用萎缩致使国际资本夺命出逃，危机在全球不断传导扩散，全球经济紊乱不断加剧，最终使全球经济陷入持续性衰退的窘境。作为奉行对外开放国策的中国而言，我们应该如何应对这场危机？这些问题的实质是与前述的西方主权债务危机的当代特质性问题紧密相关的。

所谓"解铃还须系铃人"，对于深入理解和全面把握这些问题的实质而言，我们仍须将这些问题嵌入资本主义生产方式中深入地思考。基于马克思主义唯物史观，在生产力与生产关系的矛盾运动中，社会生产力是最活跃、最革命的因素。作为一种既得的力量，不断发展的社会生产力同相对稳定的生产关系保持持续紧张趋势，社会生产关系不断迁流衍变。

较之于前资本主义社会，在剩余价值规律的驱使下，资本主义社会进行了一系列重大的技术革命，包括以蒸汽机为代表的第一次工业革命、以电力应用为代表的第二次工业革命、以信息通信技术为代表的第三次科技革命等，由此实现了社会生产力的飞跃发展①。与此同时，生产社会化与生产资料资本主义私人占有之间的矛盾发展，相对稳定的资本主义社会生产关系与突飞猛进的社会生产力持续紧张并不断被突破，致使资本主义积累体制不断衍变。迄今为止，资本主义社会已历经了自由放任资本主义积累体制、国家垄断资本主义积累体制和国际金融垄断资本主义积累体制。作为国际金融垄断资本主义阶段的物质技术基础，日新月异的信息技术不断优化资本主义信用结构，进而改变了资本主义基本矛盾的外在表现形式，西方主权债务危机正是资本主义生产关系迁流衍变的最终结果。

10.2 西方主权债务危机的历史迁流性

马克思曾说："我要在本书研究的，是资本主义生产方式以及和它相适应的生产关系和交换关系。"② 在资本主义剩余价值规律的驱使下，缩短资本周转时间进而加快资本周转速度成为资本主义生产方式的应有之义。资本主义社会生产力呈现跳跃式发展和加速发展的态势，突出表现为群集的重大技术革命，这种以创造性毁灭为特征的技术革命成为资本主义社会的新常态。西方主权债务危机则是资本主义生产方式下技术革命与现存的资本积累体制持续紧张的产物，这种由生产技术不断革命而引起的资本积累体制的历史流变，即为西方主权债务危机的历史迁流性。

---

① 刘爱文.创新驱动发展战略的自然依归［J］.郑州大学学报（哲学社会科学版），2015（2）：84–87.

② 马克思.资本论（第一卷）［M］.北京：人民出版社，2004：8.

10.2.1 生产方式的技术基础革命

"资产阶级在它的不到一百年的阶级统治中所创造的生产力，比过去一切世代创造的全部生产力还要多，还要大。"[①] 鉴于资本循环是生产过程和流通过程的统一，加快资本周转速度不仅意味着缩短资本的生产时间，而且意味着最大限度地缩短资本流通时间。因而，旨在通过时间消灭空间的生产技术革命和流通技术革命，都是资本主义剩余价值规律的内在要求。

10.2.1.1 生产技术革命

众所周知，物质资料生产是人类社会存在和发展的基础。然而，不同的经济形态下，社会生产特征迥然不同，这些特征是由不同社会的基本经济规律所勾勒和刻画的。资本主义社会生产区别于前资本主义社会的一个典型特征为规模日益扩大的社会再生产，这是由资本主义的基本经济规律——剩余价值规律内在决定的。剩余价值规律表明，资本主义生产的目的就是最大限度地生产和占有剩余价值，它本能地驱使资本家本想方设法地压榨工人剩余劳动，包括延长劳动时间、提高劳动强度和改进技术及管理等。考虑到（剩余）价值又是以商品使用价值为物质承担者，资本主义社会生产规模日益扩张也就成为必然了。更为重要的是，最大限度地获取剩余价值的目的强化了技术革命的必要性。

事实上，资本主义统治地位得以巩固是以技术革命为内核的相对剩余价值生产为前提的，它真正奠定了资本主义社会的物质技术基础。由于（剩余）价值是由社会再生产决定的，而在社会再生产诸环节中，生产首要性原理决定了技术革命首先是生产技术革命。生产技术革命会加速资本积累，进而提高资本有机构成，因而，剩余价值日益形塑为庞大的固定资本，科学与技术的界限日益模糊。"固定资本的发展表明，一般社会知识，已经在很大的程度上变成了直接的生产力。"[②] 如果说工场手工业基础上的生产技术革命体现在劳动者上（生产组织创新），机器大工业基础上的生产技术革命体现在劳动资料上（生产过程创新），那么在信息技术条件下，生产技术革命更多地体现在劳动对象上，特别是生产的系统化、协同化和社会化程度的提高（生产模式创新）[③]。

16 世纪前后的地理大发现加速了封建社会向资本主义社会过渡，由此而

---

① 马克思，恩格斯 . 共产党宣言［M］. 北京：人民出版社，1997：32.

② 马克思，恩格斯 . 马克思恩格斯选集（第二卷）［M］. 北京：人民出版社，2012：784.

③ 刘爱文，王碧英 . 资本主义生产组织模式的演进与创新［J］. 当代经济研究，2015（7）：27-35.

形成的新世界市场迅速增强了商业资本的实力。因此，在资本主义萌芽期，新生的商业资本逐渐取得主导地位，并借此承担了社会形态除旧布新的历史使命，即商业资本一方面砸碎了封建社会的自然经济生产方式基础，另一方面为资本主义生产方式释放了最主要的生产要素——劳动力。

然而，作为劳动力载体的劳动者在不同社会具有不同身份。封建社会借助超经济强迫使作为主体劳动者的农奴依附于土地，因而，在封建社会中，农奴仅具有不完全人身自由，他们为满足封建贵族骄奢淫逸的生活而遭受残酷的剥削压榨。在封建宗法的束缚下，农奴劳动积极性很低，因而社会劳动力极为低下。另外，农奴的剩余产品大部分被封建贵族挥霍掉了，难以形成足够的社会积累，因而封建社会生产力长期停滞不前，一个僵化的超稳定的社会结构由此形成。封建社会末期，崛起的商业资本家与封建贵族分庭抗礼，封建贵族的生存空间不断被挤压，因而对农奴的剥削更趋残酷。大量农奴、自由民、小生产者或者破产，或者逃亡，或者暴力反抗封建贵族，封建社会统治难以为继。在资产阶级思想的启蒙下，商业资本家领导被压迫农奴掀起了一波又一波反抗封建统治的运动，封建社会统治寿终正寝。商业资本更是通过残暴血腥的原始积累，使生产者与生产资料的直接联系被切断，从而造就了一支获得自由身的无产阶级队伍。劳动力自由化奠定了萌芽期资本主义生产技术革命最重要的前提基础。

如果说劳动力自由化是劳动者脱离土地的过程，那么劳动力的社会化就是使劳动者脱离家庭走向社会的过程。在资本主义生产方式的基础上，剩余价值规律开始主宰资本家经济行为，为获取剩余价值而最大限度地发展生产力已成为资本主义第一要务。

然而，彼时资本主义生产方式的技术基础是脱胎于封建社会手工业技术，生产技术基础并没有发生质变。生产力加速发展，只能从改变生产组织形态开始。通过劳动力配置的空间整理，商业资本改变生产组织的空间布局，劳动者的集体力能得到最大限度的发挥，生产技术革命也就由生产组织创新表现出来。在手工业技术的基础上，商业资本掀起社会生产组织形态嬗变的浪潮，从包买商制度到简单协作，手工业技术的发展支撑了作坊式生产组织创新。从简单协作到工场手工业（混成的工场手工业和有机的工场手工业），生产的分工与协作催生了工场式生产组织创新。从有机的工场手工业过渡到机器大工业以及与此相适应的工厂制度，劳动力内部规训需要促成了工厂式生产组织创新。与此相适应，劳动者也从独立的个体生产者、不完全独立的手工业生产者，最后沦为完全不独立的雇佣劳动者。单个工人成为整个生产组织的局部工人，他们的总和构成了总体工人，由此，整个生产组织形成一个有机整体。

这个阶段的生产技术革命以劳动力社会化为主要内容，以生产组织创新为主要形式，最终完成了工场手工业向机器大工业的转变。这种由"商业资本"与"手工业技术"——共生的技术经济范式[①]，加速了以生产组织创新为表现形式的生产技术革命，推动了资本主义早期的技术进步和生产力的发展。

机器大工业借助机器生产中应用科技的必然性、稳定性，取代生产者主导的手工业技术的偶然性、不确定性，彻底颠覆了旧的手工业技术基础。至此，资本主义生产方式的物质技术基础真正得以确立，以工业资本为主体的产业资本取得了主导地位。适应于机器化大生产的工厂制度是随着第一次工业革命而形成的，工厂制度的形成也就意味着资本主义开始进入成熟时期。随着以蒸汽机为代表的第一次工业革命、以电气应用为代表的第二次工业革命，以及以信息通信技术为代表的第三次科技革命的相继发生，科学技术日益体现为规模巨大的固定资本积累，资本有机构成不断提高，劳动资料在价值革命无形压力下更新换代速度加快。

因此，工厂内部的过程管理成为生产技术革命的方向和焦点。在机器化大生产的基础上，产业资本主导了三次重大的生产过程创新：单机生产基础上生产现场经验管理转向科学管理，生产过程控制技术革命被称为泰勒制生产过程创新；标准化生产基础上单机生产转向流水线生产，生产的标准化与专业化革命被称为福特制生产过程创新；大规模生产基础上刚性生产转向柔性生产，模块化生产与即时控制的生产过程革命被称为丰田制生产过程创新。这种由"产业资本＋机器体系"的相结合模式[②]，加速了以生产过程创新为表现形式的生产技术革命，推动了资本主义成熟期的技术进步和生产力的巨大发展。

信息通信技术（Information and Communication Technology，ICT）颠覆了以前的物质技术基础，彻底改变了人类的生产活动和交往活动。全球化进程急剧提速，信息通信技术也就成了全球化时代的物质技术基础。与此相适应，依托于信息通信技术发展的金融资本取得了主导地位，而作为全球化时代金融资本运行载体的公司，特别是跨国公司，成为资本主义当代经济生活的主体，这也就意味着晚期资本主义时期来临。

信息通信技术打开了生产技术跨越式发展的阀门。首先，信息通信技术具有自我革命的性质，能够不断拓展人类在自然界中的自由度，使人类不断从必然王国走向自由王国，从而为人类社会的整体提升奠定了物质技术基础。因而，信息通信技术本身能够形塑为一个具有不断改变经济范式潜能的特殊产

①②　刘爱文，王碧英．资本主义生产组织模式的演进与创新［J］．当代经济研究，2015（7）：27–35.

业，如机器人、人工智能等产业。其次，信息通信技术作为传统产业升级改造的一般技术基础，成为现代化工业发展的中枢神经系统，即在传统制造活动的设计、生产、管理、服务等各个环节全面引入计算机网络、通信等信息技术，形成一个涵盖 CAD（计算机辅助设计）、CAE（计算机辅助模拟仿真分析）、CAM（计算机辅助制造）、CAPP（计算机辅助工艺过程设计）、ERP（企业资源计划）、MES（生产过程执行管理系统）等在内的智能制造系统，以此带动传统产业部门的技术不断进步。信息通信技术对工业部门的渗透衍生出一条信息化与工业化相结合的新型工业化道路。于是，人类对自然资源开发和利用达到了前所未有的广度和深度，社会生产力得到空前发展。更为重要的是，如何将作为劳动对象的各种自然资源如石油、矿产等卷入资本主义生产体系，成为金融资本面临的主要任务。

因此，以整合挖掘劳动对象为目标的生产模式创新成为晚期资本主义生产技术革命的方向。在信息通信技术支撑的金融资本操控下，生产模式创新历经了三种形态：个性化生产诱致的定制化生产模式创新、价值链重组导致的流程化生产模式创新、资源整合要求助推的协同化生产模式创新。这种由"金融资本＋信息通信技术"催生的以生产模式创新为表现形式的生产技术革命[①]，急剧地增加了世界经济体系的有机联系，推动了资本主义晚期的技术进步和社会生产力的发展。

10.2.1.2 流通技术革命

"商品流通是资本的起点。商品生产和发达的商品流通，即贸易，是资本产生的历史前提。"[②] 事实上，资本循环是生产过程和流通过程的统一，加快资本周转速度不仅意味着缩短资本的生产时间，而且需要最大限度地缩短资本流通时间，这也是资本主义剩余价值规律的内在要求。为最大限度地获取剩余价值，资本势必要冲破民族国家的狭隘地理界线，"世界贸易和世界市场在 16 世纪揭开了资本的现代生活史"[③]。开辟新世界市场的需要强化了资本分工，大量资本涌入流通领域，由此开启了流通技术革命的历史征程。

当然，真正意义的流通技术革命是近代资本主义生产方式的产物。资本主义生产过程决定其流通过程，流通技术革命实质是生产技术革命在流通领域的延伸。相对于资本主义所进行的三次技术革命，迄今为止，人类共经历了五次

---

① 刘爱文，王碧英.资本主义生产组织模式的演进与创新［J］.当代经济研究，2015（7）：27–35.

②③ 马克思.资本论（第一卷）［M］.北京：人民出版社，2004：171.

流通技术革命，主要体现在运输动力革命上。我们知道，前资本主义社会中对外贸易运输方式是以人力、畜力为动力，如骡马、骆驼等作为茶马古道、丝绸之路上的主要运输工具，它们难以适应新的资本主义生产方式的内在发展要求。地理大发现以及由此带来的新世界市场急剧增加了对纺织品的需求，第一次工业革命首先是以棉纺织业的机械化为特征的。这种机械化技术运用在交通技术领域，由此形成的经过重大改良的水力涡轮作为新动力源，广泛应用在运河和水道上。那些装备新动力源的木制帆船主要航行在地中海、北海、爱琴海等内海或海峡从事世界贸易，资本主义历史也是从海洋文明开始萌芽的。由于水路交通取代陆路交通的统治地位，依傍发达水系的新兴城市大量出现，极大地提高了运输效率，这种水动力代替人畜动力，型构为资本主义社会第一次流通技术革命。

如前所述，水动力革命推动了世界贸易的发展。然而，水动力革命依赖于水资源的分布，还是难以满足日益扩大的世界市场需要。反过来，社会需求是科技创新最好的催化剂，正如恩格斯所言："社会一旦有技术上的需要，这种需要就会比十所大学更能把科学推向前进。"[1]1785 年，英国修理工瓦特改良了蒸汽机，开启了以机器大生产替代工场手工业的历史进程，英国成为大机器工业的发源地，由此标志着人类进入了蒸汽时代。毫无疑问，蒸汽机作为商品生产上的新动力源，推动社会生产的蓬勃发展。

蒸汽机的发明和广泛应用又引起了对于煤炭和铁的极大需求，如何解决煤炭和铁矿石的大量运输问题？"问题与解决问题的手段一起出现"[2]。蒸汽机广泛地应用于交通运输方面，蒸汽机取代水资源成为了新动力源，引起了第二次流通技术的革命。蒸汽机运输动力主要表现在水路运输革命和陆路运输革命两方面。

就水路运输革命而言，资本主义萌芽时期，以水资源为动力的木制大型帆船是流行的水上航运工具，它主要穿梭于内海或海湾（地中海、爱琴海、北海等）。随着蒸汽机装备的铁制轮船逐渐出现，远洋航行成为常态，那些木制帆船逐渐被取代。远洋航行蒸汽轮船又推动了大型港口的建设，世界航运业蓬勃发展。就陆路运输革命而言，此前基于人力、畜力的马路、公路运输都是前资本主义生产方式的产物，它们难以适应世界市场新发展的需要。蒸汽机装备的铁制机车标志一个全新的领域——铁路运输的出现，这就使得陆路运输能力得到质的飞跃。铁路运输取代马路运输和公路运输，成为陆路运输的主导方式，

---

[1] 马克思，恩格斯.马克思恩格斯文集（第十卷）[M].北京：人民出版社，2009：668.

[2] 古希腊伟大的历史学家、哲学家希罗多德的名言。

由此也带动了铁路建设和大型仓储业的发展。由此可见，以蒸汽动力代替水动力的第二次流通技术革命，标志着人类能够自主配置生产力从而摆脱对自然形成的动力依赖。因而，远距离运输成为常态，一些富集煤炭、铁矿石等自然资源的地区也成为新兴资源城市。

然而，作为"蒸汽时代"的基础构件，煤和铁都存在较大的缺陷。例如，煤炭存在能耗比过高，进而带来运输成本过高的问题。更严重的是，蒸汽机作为动力源的交通运输技术还存在着难以精确控制的问题。铁自身的自然性能也存在较多缺陷，诸如耐磨性差、易锈蚀等，从而降低了铁制交通运输工具的使用寿命；生铁硬而脆，缺少延展性，难以锻压，从而限制了其在交通运输工具方面的应用。1831年，英国科学家法拉第发现了电磁感应现象，引领了第二次工业革命的浪潮。自此以后，电力广为应用：1866年，德国工程师西门子发明了发电机，标志第二次工业革命开始；1870年，比利时工程师格拉姆发明了电动机；1882年，塞尔维亚工程师特斯拉发明了交流电。电力逐步取代蒸汽，遍布欧美的电力网络使其成为生产生活中的主要能源，由此开启了一个新的"电气时代"。

第二次工业革命首先使第三次流通技术革命朝标准化方向发展。酸性转炉生产的钢铁极为廉价，这种号称现代工业肌体、性能卓越的工业原材料在交通运输行业得到广泛应用：蒸汽动力的钢制轮船迅速发展——钢制高速蒸汽轮船对世界航运的推动（通过苏伊士运河）；有轨电车（钢铁和电力能源相结合的初步产物）开启了陆路交通运输革命；世界范围的铁路（使用标准尺寸的廉价钢轨和枕木）、大型桥梁与隧道的巨大发展，彻底改造了交通运输工具，交通运输的物质技术基础更为夯实。因此，在前一阶段基础上标准化成为特征，钢铁、电力、重工业成为主题词，钢铁、化工、电力等重工业城市也随之兴起。然而，交通技术革命带来的能耗随之剧增，"蒸汽时代"物质基础难以适应大规模生产的需要。

第二次工业革命另一个主要的技术创新体现在内燃机上。1860年，法国工程师雷诺制成第一台实用的爆发式内燃机；1883年，德国工程师戴姆勒又制成以汽油为燃料的内燃机；1897年，德国工程师狄塞尔发明了柴油机。由于内燃机是结构精巧的装备，其功能转化效率高，各种各样的交通工具都以内燃机取代蒸汽机作为新动力源，由此使得第四次流通技术革命朝着多样化的方向演进。

事实上，交通技术革命的多样化是与汽车革命密切相关的。早在1885年，德国机械工程师卡尔·本茨制成第一辆汽车，但由于当时制作和运行成本高昂，汽车难以在全社会普及。随着石油开采技术的革命，许多巨型油田被发现，遍布全球的石油管道网络形成，廉价石油燃料时代来临，极大地降低了汽车运行成本。特别是 1908 年汽车巨头福特发明了汽车生产流水线，极大地提高了汽车生产效率，降低了汽车生产成本，汽车开始进入普通家庭。随着流水线生产的推广，标准化、批量化的大规模生产时代来临。

与大规模生产相适应，大规模运输是建立在廉价钢铁、廉价石油的基础上。内燃机作为运输新动力源以及集装箱的发明应用，彻底改造了陆路交通运输和水路交通运输的物质技术基础。更为重要的是，在新材料、新能源以及空间动力等基础科学迅速发展的基础上，美国莱特兄弟发明了飞机，它的广泛应用使第四次流通技术革命开辟了一个全新领域——空运，一举突破了先前陆路运输和水路运输中的死角。因此，第四次流通技术革命实现了商品流通的海、陆、空等领域的全覆盖。继之而来的是公路网、铁路网、海运航线和空运航线等各类交通网络的形成，标志着交通运输技术达到了一个新的高度。工业化进程迅猛发展，伴随而来的是城市化进程的加速推进，资本主义社会最终趋于成熟。

20 世纪 70 年代初，英特尔公司在加利福尼亚的圣克拉拉成功研制了微处理器芯片，因其低廉的价格而被商业领域广泛应用。在此基础上，众多与海量数据快速传输处理相关的技术和产品接踵而至，如廉价微电子产品、计算机、软件、远程通信与控制设备、因特网技术、数据库技术等，统称为 IT 技术。这场以 IT 技术为代表的信息技术革命，我们称之为第三次科技革命，它标志着信息和远程通信时代来临。这场建立在微电子技术基础之上的信息技术革命，通过深度影响人类的思维模式，极大地改变了人们的生产与生活方式。

不言而喻，交通运输技术也深受第三次科技革命的影响，特别是信息技术革命在其身上打上了深深的烙印。因此，以高效、便捷、智能为主要特征的第五次流通技术革命得以形成。这次流通技术革命主要体现在以下几个方面：首先，各类交通运输工具上逐渐装备太阳能、风能、核能等新能源新动力，以期摆脱对高污染的传统石化燃料的依赖。其次，随着轨道交通技术的日益成熟，各类高速轨道交通实现了陆路交通运输的速度革命，比如高铁。随着无人驾驶技术理论的提出和实践，未来很可能会颠覆今天的陆、海、空交通运输技术。最后，信息技术革命打破了行业的界限，交通运输业的标准制式革命形成了陆、海、空运输一体化的联运模式，以信息技术为依托的高速物流运输系统和物联网使智能运输日益成为现实。第五次流通技术革命进一步缩短资本流通时间，促进了社会生产力的发展。当下智慧城市概念的提出，正是与智能化的流通技术革命相适应的。

10.2.2 生产方式的关系内容嬗变

"机器正像拖犁的牛一样，并不是一个经济范畴。机器只是一种生产力。以应用机器为基础的现代工厂才是社会生产关系，才是经济范畴。"[①] 当然，生产力和生产关系的关系本是一体两面，生产力发生改变，生产关系也随之发生改变，因为"随着新生产力的获得，人们改变自己的生产方式，随着生产方式即谋生的方式的改变，人们也就会改变自己的一切社会关系。手推磨产生的是封建主的社会，蒸汽磨产生的是工业资本家的社会"[②]。

10.2.2.1 生产关系嬗变

地理大发现引爆的商业革命，催生了以手工业技术为基础的生产组织模式创新，它加速了封建社会解体以及资本主义生产方式的初步确立。因此，这段时期也被称为资本主义导入期。众所周知，手工业技术具有典型的自然主义特征，其工艺诀窍的人身依附性凸显了其历史局限性，主要体现在封建行会手工业制度上，即行会和作坊中存在着严苛的等级制度和烦琐的陈规陋俗。然而，在新世界市场的冲击下，重商主义思想主导的国家政权强力介入经济生活，国债和关税等制度加速了资本原始积累过程，封建作坊规模扩张遂使封建行会制度解体，自足的生产方式被打破。

此后，在商业资本的主导下，社会生产组织形态历经多次嬗变，从包买商制度、简单协作、混成的工场手工业、有机的工场手工业，后过渡到机器大工业以及与此相适应的工厂制度等。直接的人身依附关系被逐渐打破，生产资料日益集中在富商巨贾手中，资本雇佣劳动条件已然成熟，资本主义生产方式初步确立。在不同阶级社会中，剥削性生产关系都以统治与服从为表现形式。然而，在封建社会向资本主义过渡的历史进程中，以宗法等级为内涵的封建主义生产关系被以商品交易关系为内涵的资本主义生产关系所取代，剥削性生产关系的间接形式取代了直接形式。这种由"商业资本＋手工业技术"共生的社会规制加速了生产组织创新，资本主义生产关系得以产生和发展。同时，直接生产者——农民和手工业者与生产资料分离，他们变为被剥夺了生产资料的无产阶级。需要说明的是，手工业技术基础使生产者对劳动过程尚有一定的自主权，生产效果与劳动者的态度密切相关。因此，本阶段劳动对资本的隶属仅仅

---

①② 马克思，恩格斯.马克思恩格斯文集（第一卷）[M].北京：人民出版社，2009：622.

是形式上的[①]。

18 世纪中叶到 20 世纪初间的两次工业革命，真正奠定了资本主义生产方式的物质技术基础。与此同时，两次工业革命也引发了建基于机器大生产基础上的生产过程创新，并且完成了工场手工业到工厂制机器大工业的转变。为此，这段时期也被称为资本主义成熟期。在工场手工业时期，手工业技术具有很强的偶然性和不确定性，生产者也多凭沿袭下来的现场经验主导生产过程。如何使资本主义生产体系高效且可控呢？工厂制机器大工业的实质就是借助科技的必然性和稳定性实现生产过程的秩序性。

在产业资本的主导下，生产过程创新历经了三次大的转变，包括泰勒制生产过程创新、福特制生产过程创新和丰田制生产过程创新等。泰勒制是因应旧式生产过程中普遍存在的经验主义而出现，其标准化作业程序开启了生产过程科学化的先声。福特制生产流水线的出现使固定资本规模日益庞大，资本有机构成迅速提高，可调节的传输带速度实现了生产过程的高度操控性，它真正标志着生产过程科学化达到巅峰。

这种"产业资本＋机器体系"相结合的模式使资本主义生产过程创新不断加快，特别是工厂制机器大工业迅速改变了资本主义生产关系，工厂通过内部分工和工厂纪律取代了市场交易，重划了企业与市场的边界。机器大工业则迫使雇佣工人交出了劳动过程的主导权，他们成为机器的附庸，这种人被物统治的状况使得劳动对资本由形式隶属转变为实质隶属。不断加剧的资本集中使资本竞争结果尤为惨烈，资本积累顺利推进内在要求国家全面干预。这种批量生产、集体消费的刚性积累模式表明，工人隶属于总体资本家，建立在标准化生产基础上的秩序创了资本主义成熟期剥削性生产关系的内涵。

第三次科技革命，特别是 20 世纪 80 年代以来的信息技术革命，使秩序成为"一个形容词的矛盾"[②]，这在丰田制造生产过程创新中已初现端倪。日新月异的信息技术不断革新资本主义的物质技术基础，价值革命成为新常态，稳固秩序的丧失和不确定性的增加使资本主义历史进程迈入了生涯晚期。由于信息技术革命改变了先前生产导向的物质技术基础，强化了资本的独立价值表现，金融对经济生活渗入的广度和深度空前拓展，金融全球化的新格局得以形成。金融革命催生了以信息技术为基础的生产模式创新，在迅速流动的金融资本的操控下，生产模式创新历经三种形态：定制化生产模式创新、流程化生产模式

① 许光伟.生产关系的三层次解读关系及其意蕴——政治经济学研究对象域内的道名学说和生长论 [J].当代经济研究，2016（10）：5-13.

② 马克思.资本论（第一卷）[M].北京：人民出版社，2004：49.

创新和协同化生产模式创新。在所有这些模式创新中，信息技术借由嵌入资本主义生产体系而使其得以软化，先前的刚性生产被柔性生产所取代，其实质就是通过市场整理和市场挖掘，即时转换生产模式。这种以柔性生产为基础、以争夺市场控制权为目的的、由"金融资本＋信息技术"催生的生产模式创新的出现，意味着资本主义进入一个新的历史时期——新自由资本主义阶段。

以操控为特征的（跨国）公司组织形式风生水起，金融资本全球布局不断延伸生产链条，柔性生产使生产流程频繁重组，先前稳固的劳资双方集体协商工资契约被破坏，全社会灵活就业比例大幅上升。相应地，服务业特别是金融业成为资本主义晚期最重要的行业，越来越多的人身被卷入金融大熔炉的同时，又成为多余的。这种错置的资本主义生产关系使人身成为潜在价值标的物，资本主义社会中人身消费与人身浪费现象大量并存。

10.2.2.2 交换关系嬗变

众所周知，资本主义经济是建立在高度发达的商品经济的基础上的，资本循环是资本生产过程和资本流通过程的统一。因此，在资本循环过程中，除了形成狭义的生产关系之外，相应地还形成了与之相协调资本主义交换关系。正如上述所说，资本主义生产关系是一种对抗性的生产关系，它最终阻止了资本积累和生产力的顺利发展。所谓"问题与解决问题的手段一起产生"[①]。事实上，社会生产力的发展也在资本主义基本制度范围之内，为交换关系的发展奠定了越来越坚实的基础，这种交换关系发展主要体现在资本主义信用结构优化上。

在资本主义导入期，直接生产者日益与生产资料分离的同时，少数富商巨贾手中却集中了越来越多的生产资料。面对迅速扩张的新世界市场，两类不同性质的私人信用在包买商（富商巨贾的代表）和生产者之间产生。一类是包买商和个体生产者之间的消费信用：包买商通过包销、提供原材料乃至提供生产工具等方式，一步一步增强对家庭劳动的控制。这些生产者仅仅是在代工的意义上获得工资收入，借此维持劳动力的再生产。因此，这类信用被称为消费信用。另一类是包买商之间的商业信用：包买商之间由于购销商品存在着投入、产出关系，相互之间会形成以商品为对象的赊购、赊销现象，由此而形成了私人商业信用。

然而，随着资本主义导入期的生产组织创新，特别是随着工场的形成，直接生产者丧失了所有的生产资料，成为纯粹出卖劳动力的雇佣劳动者。因此，前一类的消费信用在不断减少。相反，随着工场手工业的普遍，包买商的不断

---

① 古希腊伟大的历史学家、哲学家希罗多德的名言。

分化，大部分包买商转化成了工场主，少部分包买商转化为纯粹商人或货币业者，导致商业信用却在不断增加。并且，在此基础上形成了社会化程度更高的银行信用。但是，无论是商业信用还是银行信用，都是私人信用，它们之所以活跃在资本主义导入期，是因为手工业技术基础难以根绝小商品生产的生存土壤①。

工厂制机器大工业极大地提高了资本主义社会生产力，资本积累速度日益加快，资本主义生产方式得到进一步的巩固。步入成熟期的资本主义迅速将小商品经济出清了，资本主义生产关系趋于纯净化，即形成一个由资本家与雇佣工人组成的资本主义社会。机器大工业进一步推进了生产社会化进程，生产资料资本家私人占有却在不断加剧，资本主义基本矛盾造成如洪水般涌现的商品难以完全实现。

与此相适应，资本主义交换关系也开始纯净化，先前的针对小生产者的消费信用已消失殆尽，而资本家之间的私人信用得到进一步彰显，私人信用得到进一步应用，特别是银行信用，进一步促进了资本主义经济的发展。私人信用在促进商品经济发展的同时，也带来了资本集中程度的加剧，形成了很多行业的寡头资本，而势均力敌的寡头资本之间的竞争后果十分惨烈。有些基础工程由于建设周期长、风险大、有较强的外部性，私人资本根本不愿涉足。其他诸如社会保障网的建设以及军火商的采购等，对于全体资本家的资本积累顺利实现又是必不可少的，私人信用对此无能为力。

国家政权介入经济生活势在必行，国家政权与寡头资本的融合就型构为国家垄断资本主义。资本主义生产关系的改变，相应地也调整了资本主义交换关系。在私人信用的基础上，以发行国内公债为主要形式的财政信用——公共信用早期形式诞生了。这种以私人信用为基础、以财政信用为主导的资本主义信用结构，基于全体资本家利益的需要，相应地扩大了政府的权能，因而较好地缓解了私人垄断资本主义的矛盾，在一定程度上推进了资本积累的进行和生产力的发展。

信息技术作为技术背后的技术，能够对生产技术起支撑和操控作用。信用技术的广泛应用使资本主义生产体系柔性化。建基于信息通信技术之上的巨额金融资本瞬息之间全球转移，借助跨国公司形式极大地增强了对全球经济资源的控制，这种全球布局的金融资本就转型为国际金融垄断资本。这些国际金融垄断资本的母国就型构为新型帝国，其国家权力对外主要奉行资本逻辑，对内

---

① 谢富胜.控制和效率——资本主义劳动过程理论与当代实践［M］.北京：中国环境科学出版社，2012：30-37.

则主要奉行政治 / 领土逻辑。这种帝国权力的政治 / 领土逻辑和资本逻辑的错位运行，使全球关键资源都控制在国际金融垄断资本手中，这就扭曲了全球资本主义生产关系。

很明显，资本主义生产关系的变化同样会引起交换关系的变化，主要体现在两个方面。其一，对内是生产信用转化为消费信用。新型帝国通过国际金融垄断资本控制以高科技、战略物资等为代表的全球关键资源，同时向外围国家开放本国的普通商品市场。基于生产逻辑的私人信用地位下降使新型帝国所谓产业空心化现象加剧，国际金融垄断资本则不断发放各种消费贷款来扩大消费信用。这种消费信用的本质对于激发消费者的劳动积极性、创造性以及培养民粹思想至关重要，普通消费者被消费信用诱入终身为奴的状态（如房奴、卡奴、车奴等）。其二，对外是财政信用衍生为主权信用。外围国家出口创汇用途受限，不得不为新型帝国不断增发的国债进行反向融资。新型帝国的主权信用滥用，他们借助主权债务劫持了那些外汇盈余国。与此同时，新型帝国还会利用本国民粹主义恶化外围国家的贸易条件。如果这些做法还达不到效果，引爆西方主权债务危机就是新型帝国逃废主权债务的最后选择[①]。

由此表明，资本主义阶级矛盾被其民族矛盾遮蔽了，西方主权债务危机正是资本主义基本矛盾推动交换关系嬗变的必然结果。

10.3 西方主权债务危机的结构衍变性

如果说，前面是关于西方主权债务危机的历史迁流性，下面我们从结构方面继续探讨该危机的衍变。西方主权债务危机的发生是一个自然历史过程，表现为一系列的危机形态演变过程，对此，我们可以从危机形态转换、危机地域转换、危机主体转换三个维度进行观察。就危机形态而言，西方主权债务危机是经由资本主义生产危机、金融危机（狭义）演变而来。就危机地域而言，西方主权债务危机是经由外围区域主权债务危机演变而来。就危机主体而言，西方主权债务危机是经由中心地区私人部门金融危机演变而来。

10.3.1 危机形态转换

自资本主义基本制度确立以来，生产力和生产关系的矛盾冲突也在不断加

---

① 周新城. 运用马克思主义立场、观点、方法研究国际金融危机——评《美元霸权与经济危机》[J]. 中国高校社会科学，2009（9）：59-61.

剧，从而产生了适应不同生产力水平的资本主义体制和资本积累模式。诸如 20 世纪 20 年代以前，建立在工业革命基础上的产业资本积累模式，活跃于自由放任式的资本主义体制。20 世纪 70 年代以前，建立在福特制基础上的工业垄断资本积累模式，活跃于全面管制式的资本主义体制。而 20 世纪 70 年代以后，建立在信息技术基础上的国际金融垄断资本积累模式，则活跃于当前的新自由主义的资本主义体制。对应于不同资本主义体制时期，其经济增长模式也有差异，生产供给驱动型经济增长模式适应于自由放任资本主义体制，政府投资驱动型经济增长模式适应于全面管制资本主义体制，而信贷消费驱动型经济增长模式则适应于新自由主义资本主义体制。

然而，特定的资本主义体制初期是适应生产力发展的，但由于这些体制是建立在经济利益严重对立的资本主义基本制度基础之上，不断激化的资本主义基本矛盾最终必将摧毁曾起过积极作用的特定体制，从而引爆该种资本主义体制的危机。在这个过程中，资本主义信用基质的转换起到了推波助澜的作用，如资本主义私人信用遭遇到历史瓶颈，新的财政信用——资本主义公共信用早期形态开始萌芽，这就加速了生产供给驱动型经济增长模式的崩溃，其典型表现形式就是资本主义生产危机。而当资本主义财政信用遭遇到历史瓶颈时，新的主权债务——资本主义公共信用成熟形态开始崛起，政府投资驱动型经济增长模式遭到摧毁，其典型表现形式就是狭义的资本主义金融危机——货币体系危机。而当发达资本主义主权信用遭遇历史瓶颈时，资本主义信贷消费驱动型经济增长模式也就难以为继了，资本主义主权债务危机就会日益频繁地爆发，它反映了新自由主义资本主义体制的历史局限性。

西方主权债务危机爆发的历史情景，就是新自由主义取代凯恩斯主义，进而全面主导发达资本主义社会的政治经济生活，它完全服务于国际金融垄断资本利益，为后者攫取高额回报而全球布道。西方主权债务危机历史依据就是新自由主义的国际经济秩序的形成。新自由主义体制本身充满内在矛盾，在运行过程中，其活力逐渐被耗尽，生产力的发展再次遭遇资本主义生产关系的瓶颈制约。生产力与生产关系不断加剧的对抗矛盾，最终必定以强行回归的暴力形式爆发出来，欧洲主权债务危机和美国主权债务危机就成为西方主权债务危机的两种特殊表现形式。因此，生产危机金融危机西方主权债务危机的演进序列是一个自然历史过程。

10.3.2 危机地域转换

在新自由主义国际经济秩序下，基于霸权主义和强权政治的美国国家权力成为国际金融垄断资本的强力工具，型构为打开世界各国门户的美国的金融霸权。美国金融霸权向全球推行"华盛顿共识"，并且以美元的国际债务窃取国际价值基准和全球财富度量权，从而掌握了国际金融规则决策权和话语权，全面主宰国际政治经济生活。由此，美国演变为以金融控制为特征的新型帝国主义，其帝国主义国家权力的资本逻辑与政治／领土逻辑矛盾运动，型构为一种新型的世界体系：发展中国家居于世界体系的外围，而美欧等国则居于世界体系的中心；而在世界体系中心地区，美国又外于核心地位。由此，西方主权债务危机在空间上就经由两条逻辑进路演化：外围主权债务危机转化为西方主权债务危机、欧洲主权债务危机转化为美国主权债务危机。

第一，外围主权债务危机转化为西方主权债务危机。"二战"后不久，亚非拉地区民族解放运动风起云涌，获得民族独立的亚非拉各国就构成了世界外围地区。为了尽快发展民族经济，实现国民经济独立，亚非拉各国纷纷制定了实现经济现代化的追赶战略。然而，实现经济现代化所必需的先进技术和设备都控制在国际金融垄断资本手中，这些高科技成为国际金融垄断资本党同伐异、控制世界文明大道准入权的筹码。20世纪70年代，全球生产过剩严重，中心地区遭遇滞胀危机，外围地区各国迫切实现经济现代化的愿望被中心地区国际金融垄断资本所利用。外围地区各国政府为实施赶超战略，大举向中心地区举债，国际金融垄断资本涌入外围地区的股市、房市等，金融资产泡沫迅速被吹起，一时间造成了外围地区的虚假繁荣。然而，好景不长，20世纪80年代前后，新自由主义成为主要资本主义国家经济指导思想，信贷市场基准利率迅速提高，大量国际金融垄断资本急速流出外围地区，因而迅速在外围地区掀起了一系列的主权债务危机。结果就是，外围地区多年辛苦积累的国家财富被国际金融垄断资本大肆洗劫，不得不屈辱地接受"华盛顿共识"，被迫开启以出口初级产品或粗加工为主的畸形外向型经济模式，最终陷入经济殖民地的境地。

由于被驯服的外围地区纷纷转向产业资本积累，中心地区得以放开手脚进行金融资本积累，过上了寅吃卯粮的信贷消费日子。这种食利经济模式是建立在中心地区霸权国家的主权信用充当国际信用的基础上。然而，随着信贷消费的膨胀，财政赤字的压力不断累积，日益削弱了霸权国家的主权信用基础，使其难以胜任真正国际信用的角色。最终，霸权国家主权作用的私利性与其媒介全球生产所要求的公益性冲突加剧，霸权国家主权债务的历史瓶颈最终引爆了西方主权债务危机。

第二，欧洲主权债务危机转化为美国主权债务危机。新自由主义国际经济秩序实质上是一种全球经济操控体系，世界各国之间围绕经济霸权不断发生着控制与反控制的激烈斗争，最终形成一个不平衡的、存在层层依附关系的世界体系结构，这种世界经济体系非常类似于生物世界中的食物链条。如上所述，相对处于这条食物链底端的外围地区而言，中心地区处于这条食物链的顶端。然而，中心地区内部的经济发展也是不平衡的，相对处于主导地位的美国而言，欧洲又处于中心地区食物链的底部。即使是在欧洲范围内部，以法国、德国、英国为首的欧盟主要国家又处于欧洲地区的顶层，而大量后入盟的东欧转型国家、南欧衰落国家则处于欧洲地区食物链的底部。

欧盟各国之间存在较严重的经济结构差异性问题，导致其内部也存在着不对称的经济主权。欧盟外围国家面临这种双重的主权不对称，不得不通过政府大量向欧盟中心地区举债来维持虚假繁荣。最终，欧盟外围地区政府债务的不可持续性引爆了整个欧洲主权债务危机。危机的结局就是加深了欧洲对美国的依附关系。欧洲的屈从放大了美国的霸权，美国依靠"四美"① （美芯、美元、美军和美媒）——作为物质技术基础的美芯（高科技）、作为经济基础的美元、作为上层建筑的美军以及作为意识形态的美媒掌握了全球金融霸权，牢牢占据了世界经济体系的最顶端，成为整个世界经济食物链的终极掠食者。美国通过将本国主权债务美元化掌握了全球财富的度量权，实现了不事生产就能增值财富的梦想。然而，美国金融霸权的滥用削弱了美元国际价值基准地位，最终又引发了一种特殊类型的美国主权债务危机。

10.3.3 危机主体转换

作为新型帝国的美国，国家权力的资本逻辑完全压制其政治/领土逻辑。外围地区（甚至包括欧洲大陆某些国家）陆陆续续都被国际金融垄断资本驯服，不得不加快推进外向型产业资本积累。外围地区通过强制储蓄方式，将其积累的美元外汇回流到美国私人部门金融机构，外围地区劳动人民由此被国际金融垄断资本所奴役。美国的金融霸权至此达到极盛，这就使得以美国本土为载体的国际金融垄断资本获得一种至高无上的金融权力，仿佛能够脱离开实际生产过程而实现金融资本的价值增值。事实上，资本能够"不事生产而获利"的情形远远超出了当年马克思主义经典作家的想象。作为全球食物链最顶端的掠食者，美国终极目标就是使全球劳动屈从于国际金融垄断资本的统治和奴役。为此，在大量来自外围地区美元外汇逆向融资的支撑下，国际金融垄断资本放开手脚在美国发展赌场经济。为此，美国私人金融部门以外部负债不断扩张为代价，不断扩大其国内信贷规模以获取更多暴利，特别是私人信贷这一

---

① 林左鸣 . 警惕美国新型立体战争 ［J］. 军工文化，2015（3）：30–33.

块。最终，金融资本将以个人吃、穿、住、行等为主要内容的私人资产负债表纳入其主营业务，美国金融化趋势不断加剧。

至此，相对于外围区被迫进行产业资本积累，以美国为首的中心地区肆无忌惮地进行金融资本积累，一种畸形的世界资本积累体系正式成型。为规避单个金融机构信贷风险，美国层出不穷的金融创新使金融链条越来越复杂，赌场经济加剧了金融市场的泡沫化。然而，伴随金融资产泡沫化发展过程，不断膨胀的金融产业远远超出了美国金融机构的私人信用的支撑范围，其所要求的支付能力遭遇美国实体经济空心化的打击，支付危机最终引爆了美国私人部门的金融危机。这种私人部门金融危机的实质，就是国际金融垄断资本在将外围地区劳动人民套牢后，又以此为筹码，通过个人资产负债表将以美国为首的中心地区劳动人民套牢，借此挑动中心地区和外围地区的劳动人民之间的对立斗争，试图以民族争端掩饰阶段斗争。这里必须强调的是，区别于一般性金融危机，美国私人金融危机是一种特殊的金融危机，它是一种建立在金融机构的私人信用基础上、美国金融霸权生成的特殊金融危机，其有别于建立外围地区政府财政信用基础上生成的金融危机。

美国私人部门金融危机导致大量金融机构倒闭破产，大量工人失业，社会动荡加剧，美国私人信用的极度收缩破坏了美元的国际大循环，而它关系到国际金融垄断资本的根本利益。至此，美国政府出场，它作为国际金融垄断资本利益的守护者，必须为国际金融垄断资本兜底。于是，美国政府通过增加财政赤字的方式对那些大型金融机构进行救助，一次又一次的财政埋单致使美国财政赤字难以为继，远远越出了美国财政信用的底线，最终使美国私人部门金融危机转化为美国公共部门金融危机表现形式之一的财政危机。然而，财政危机并没有遏制美国财政的放纵，美国依靠其金融霸权，即利用美元充当国际价值基准和全球财富度量权的地位，一次又一次地提高其债务上限。并且，美联储也搁置其一贯标榜的所谓央行地位的中立性，与美国政府一起赤膊上阵，配合债务上限提高，通过量化宽松政策开动印钞机，故意放纵美元的滥发，借此将美国外债美元化。到此，美国财政危机发生转向，建立在美国主权信用基础上的、作为美国公共部门金融危机表现形式之一的美国主权债务危机爆发。

10.4 小结

综上所述，本章采用历史发生学①方法，按照质量互变规律，通过对资本

---

① 许光伟.《资本论》第一卷的逻辑：历史发生学［J］.当代经济研究，2011（7）：7-14.

主义社会有机体内部进行科学观察，特别是对资本主义生产方式的结构剖析，得出西方主权债务危机的客观演变逻辑。西方主权债务危机就是资本主义基本矛盾运动不断嬗变的结果，体现在西方主权债务危机的历史迁流性和结构衍变性上面。

就前者而言，不断革命的物质技术基础是推动资本主义生产方式演进的最终力量。物质技术基础的革命表示社会生产力水平的提高，它就必定会改变生产关系（广义）的内涵，诸如生产组织形态的演变：基于交换导向的组织创新形成工场→基于生产导向的过程创新形成工厂→基于操控导向的模式创新形成公司。一般而言，生产技术革命改变生产关系的内涵，而流通技术革命改变交换关系的内涵，而交换关系的典型表现就是资本主义信用结构的优化升级。生产力与生产关系的持续紧张，这种量变的累积或其历史迁流，最终必然引起西方主权债务危机的爆发。

就后者而言，生产力与生产关系的矛盾累积引起阶段性质变，从而引起危机结构转换。这可以分别从危机形态、危机地域和危机主体三个维度进行观察，从而发现资本主义不同类型危机的内涵及其演变。西方主权债务危机就是资本主义不同类别危机结构衍变的最终结果。所谓察古知今，本书通过考察西方主权债务危机的迁衍性，意图观照其当代特质性。

第11章

西方主权债务危机的新性态

作为一个历史范畴，西方主权债务危机是资本主义金融危机的"最高发展性态"。本章采用马克思系统发生学[①]这一方法，详细探讨了西方主权债务危机的具象性、工具性和总体性等新特性，以及它深入态、广衍态和频发态等新态势，西方主权债务危机的新特性决定了其新态势。因此，正确把握西方主权债务危机的时代特征，对于了解其后续发展态势及影响具有十分重要的意义。

11.1 引言

前文我们已经考察了经济危机范畴的历史特征，着重分析了资本主义生产危机转为化资本主义金融危机，最后再转化为西方主权债务危机的逻辑进路。应该说，西方发达资本主义国家爆发主权债务危机是一个新现象，其背后的资本主义情境脉络到底发生了怎样的变化？西方主权债务危机对国际食利金融垄断资本有什么意义？西方主权债务危机的后续发展会对全球经济产生哪些影响？我们已经看到，西方主权债务危机爆发以后，西方发达资本主义国家竞相开动印钞机。与之相伴随，外围地区发展中国家也多次爆发产业危机、财政危机等各种类型危机。世界经济增长乏力，全球经济动荡形势不断加剧。这些现象的背后是否预示着世界体系中心地区与外围地区的关系发生了改变？新自由主义国际经济秩序能否继续有效运作？消费信贷能否继续驱动世界经济增长？

[①] 许光伟.《资本论》第二卷的逻辑：系统发生学 [J]. 当代经济研究，2012（1）：1-7.

作为历史范畴，我们需要进一步考察这些危机类型之间内在的缘生关系，特别是要观照当前情势下，西方主权债务危机所内蕴的新特性和新态势。这些对于把握西方主权债务危机走向，以及对于外围地区发展中国家的政策应对，都具有非常重要的意义。因此很有必要对上述问题进行详细考察。

11.2 西方主权债务危机的新特性

西方主权债务危机是一种系统化的金融危机，它既体现在金融危机的新形态总是对先前金融危机形态进行具象性[①]，西方主权债务危机是资本主义历史发展新阶段的显性态；又体现在西方主权债务危机不是单一的外债危机，实质上它是包括债权危机、产业危机等在内的总体性危机；还体现在西方主权债务作为资本主义金融危机的最高发展性态，其能动性对国际金融垄断资本而言就具有工具性意义。

11.2.1 具象性

恩格斯曾经说过："历史从哪里开始，思想进程也应当从哪里开始，而思想进程的进一步发展不过是历史过程在抽象的、理论上前后一贯的形式上的反映，这种反映是经过修正的，然而是按照现实的历史过程本身的规律修正的，这时，每一个要素可以在它完全成熟而具有典范形式的发展点上加以考察。"[②]基于这种历史与逻辑相一致的方法论，主权债务危机—西方主权债务危机—美国主权债务危机这些历史范畴的逻辑演进，其本身都是真实世界的资本主义经济危机发展史在思想上的合规律反映。并且，在这些主权债务危机历史范畴系列中，前面范畴作为后面范畴发生的一般基础；后面范畴则作为前面范畴的典型表现形态，作为前一个范畴的具象化，反映了资本主义基本矛盾在新历史阶段的冲突发展。

主权债务危机是金融危机的具象化。在自由放任资本主义时期，资本积累是建立在资本主义私人信用基础上的。随着资本积累的持续推进，自由放任资本主义遭遇到资本主义私人信用的历史界限，从而爆发了资本主义生产危机。随着资本主义公共信用成为其私人信用的上层建筑并作为后者的主导，自

---

① 具象来源于艺术创作，这里主要指经济危机形成随着历史情境改变而变得日益丰富、具体、感性起来。

② 马克思，恩格斯 . 马克思恩格斯全集（第十三卷）[M].北京：人民出版社,1974：532–533.

由放任资本主义也就过渡到国家垄断资本主义历史阶段。在国家对资本进行强力管制的前提下，资本积累得以继续推进，然而，资本积累的主角已经变换为公共信用基础上的金融资本。随着金融资本的积累，资本主义财政信用——公共信用的早期形式也遭遇到历史瓶颈，进而爆发了货币体系危机为表现形式的金融危机。随着资本主义国家的主权信用成为其财政信用的上层建筑并且主导后者，国家垄断资本主义也就过渡到国际金融垄断资本主义的历史阶段，国际市场和国际资源扩大了资本积累的范围。然而，由于新自由主义历史局限性所建基的主权信用基础狭隘，外围地区主权债务危机作为主权债务危机个别总是被率先引爆。当然，鉴于主权信用也属于资本主义公共信用的范畴，据此可知主权债务危机属于金融危机的范畴。如果说金融危机是生产危机的具象化，主权债务危机就是金融危机的具象化。在此基础上，主权债务危机衍生两种表现形态。

西方主权债务危机是主权债务危机的具象化。世界体系外围地区主权债务危机的爆发意味着外围主权信用遭遇历史瓶颈。于是，中心地区主权信用成为全球主权信用的上层建筑并且主导后者，国际金融垄断资本主义也就由自在阶段过渡到自为阶段。在中心地区国家权力的资本逻辑作用下，国际市场和国际资源推进了国际金融垄断资本的积累。然而，国际金融垄断资本的积累与其建立的基础——中心地区主权信用在新自由主义国际经济秩序下具有不可调和的对抗性，这种信用基础的历史界限最终引爆了作为主权债务危机特殊、以欧洲主权债务危机为主要表现形态的西方主权债务危机。显而易见，西方主权债务危机是主权债务危机的具象化，它属于广义的金融危机，因而也是一种特殊的金融危机。相应地，西方主权债务危机也就成为国际金融垄断资本主义自为历史阶段的经济危机的显性态。

美国主权债务危机是西方主权债务危机的具象化。如果说西方世界处于世界体系的中心，那么美国又处于中心地区的中心，是世界体系的核心。欧洲主权债务危机的爆发意味着欧洲主权信用遭遇历史瓶颈。于是，作为世界体系核心的美国主权信用又成为西方主权信用的上层建筑并且主导后者，国际金融垄断资本主义也就由自为阶段过渡到自在自为阶段。在作为新型帝国的美国国家权力的资本逻辑作用下，国际金融垄断资本全球布局，更广范围、更深程度上推进了自身的积累。同理，国际金融垄断资本的积累与其建立的基础——美国的主权信用在新自由主义国际经济秩序下具有不可调和的对抗性，这种信用基础的历史局限性最终引爆了作为西方主权债务危机特殊形态的美国主权债务危机。由此可见，美国主权债务危机是西方主权债务危机的具象化，它也属于广义的金融危机，因而是金融危机的最高发展性态。相应地，美国主权债务危机成为国际金融垄断资本主义自在自为历史阶段的经济危机的显性态，最终，美债危机也将成为新自由主义国际秩序下的经济危机的新常态。

11.2.2 工具性

由西方主权债务危机具象化的分析可知，危机体系的上层危机具有更强的能动性，这也使其具有工具性价值。作为金融危机最高发展性态，美国主权债务危机必将成为西方主权债务危机的新常态。在新自由主义国际经济秩序下，身处世界体系核心的美国主权债务危机的工具化特征越来越明显。事实上，在霸权主义和强权政治支撑的新自由主义国际经济秩序中，美国主权债务危机的工具化是内在于新自由主义性质的全球金融化之中。国际金融垄断资本通过国际上层建筑（诸如世界银行、国际货币基金组织和世界贸易组织等）以及美国上层建筑（诸如美联储、美国财政部等）协同运动，将金融化运动进行到底，它对内将人们的衣、食、住、行等基本生活资料的获取都纳入个人资产负债表，如购房、买车等，借此将人们全面嵌入金融化生活场域；对外利用美元作为国际价值基准和全球财富度量权的地位，将各国强行卷入全球金融化过程，如当今绝大部分的国际投资和贸易都是通过美元进行计价和结算。

作为意识形态的新自由主义，竭尽全力服务于国际金融垄断资本利益，表现在新自由主义政策都是双重标准的：新自由主义对内要求劳动力市场自由化，强力解散工会组织；在对待雇佣劳动方面，这些国际金融垄断资本则结成了规模巨大的同盟军。新自由主义对外要求外围国家打开门户，实施畸形的外向型经济发展模式。然而，作为国际金融垄断资本宿主，美国市场对外设置重重堡垒，外围国家对美国的资本运作遭遇到美国的重重阻挠，鲜有成功案例[①]。国际金融垄断资本渗入社会生活的方方面面，犹如织成一张无形的社会金融网，将全球经济深度裹挟，以至于任何个人或组织都难以从中挣脱出来。

在新自由主义国际经济秩序下，美国金融霸权使美元窃取了国际价值基准和全球财富度量权，因而形成了一种金融控制的分工体系。如果我们将外围地区生产结构形容为制造工厂，它专事制造体现使用价值的商品，那么美国的生产结构则是一个金融工厂[②]，专事制造体现价值的金融产品（从这个意义上讲，世界银行只是台前的、形式上的全球中央银行，发行美元的美联储才是幕后

---

① 杜仲霞.美国外资并购国家安全审查制度及对我国的启示——兼评三一重工、华为在美投资并购受阻案 ［J］.现代经济探讨，2013（3）：74–78.

② 许光伟.保卫《资本论》［M］.北京：社会科学文献出版社，2014：529.

的、实际上的全球中央银行）。外围地区向美国出口商品获取美元外汇，并以所获美元外汇购买美国所生产的、以美元定价的金融资产。美国则依托外围地区美元融资，不断进行金融创新，生产出形式多样、规模巨大的美元定价金融资产。并且，这个金融操控体系能够通过虚幻的财富效应，激励全球人民更加卖力地工作，创造出更丰富的物质财富。当然，美国与外围地区的差异化分工结构，并非对等的国际分工结构。实际上，金融工厂统领全球制造工厂，美国处于这个分工结构的操控性位置。美国生产的、作为进入资本主义文明世界敲门砖的美元或美元定价资产，成为世界各国梦寐以求的目标，全球劳动人民深深地卷入了这个永无止境的美元游戏漩涡。

然而，作为金融工厂的美国和作为制造工厂的外围地区各自的生产激励性并不一样。美国的目的（实际就是国际金融垄断资本的意图）是生产越来越多的美元定价金融资产，将全球人民劫持，使他们在纸面财富的刺激下进行浑然不觉的奴役劳动。因此，美国生产的美元金融资产越来越多、越来越复杂，伴随美国产业空心化进程，美元的发行基础也越来越虚化。外围地区生产越来越多的出口品而获得的巨额美元外汇，在美国金融霸权的遏制下，没有其他投资途径，被迫投资美元金融资产，其目的是保值。从这个意义上讲，金融可说成社会对直接生产过程施加的特殊经济专制。美国生产的美元金融资产越多，泡沫成分也就越大，其吸引力也就越弱。这种情形不断加剧会妨碍国际金融垄断资本的根本利益，国际金融垄断资本最终通过人为地制造美国主权债务危机来消除金融泡沫。由于美国主权债务危机总是发生在美国私人部门金融危机之后，进一步表明美国政府是国际金融垄断资本的忠实奴仆。美国择机制造主权债务危机以清除金融资产泡沫，美国主权债务危机充当了它们逃废国际债务以及深度劫持全球经济的工具。危机过后，美国又可以再次轻装上阵。

在新自由主义国际经济秩序下，我们重新审视美国主权债务危机，美国都是在前期通过不断增加公共债务（其中以外债最为重要）刺激全球生产扩张，然后在政府债务触及法定上限时，又人为地制造主权债务危机。美国主权债务危机的工具性意图尤为明显，即试图永久固化这种不平等国际经济秩序，使国际金融垄断资本对世界人民的奴役统治永恒化。

11.2.3 总体性

在新自由主义国际经济秩序下，作为西方主权债务危机最高发展性态的美国主权债务危机，并不仅仅是美国的单纯主权债务危机。事实上，由于身处世界体系核心，美国所爆发的主权债务危机所指内涵丰富且复杂。新自由主义国际经济秩序型构的新型国际分工体系，正是美债危机发生的场域。这个国际分工体系借由美元国际循环，串接起的不同国家和经济领域组成，因而其涉及的地域范围极其广阔，涉入的经济部门极其复杂。就此而言，美国主权债务危机是一种总体化、系统性的经济危机：其中既有主权债务危机，又有债权危机；既有财政危机，又有金融危机，还有生产危机；既有生产过剩危机，又有需求不足危机。这些不同类型的危机一起构成一个有机的经济危机体系或结构。这个有机的经济危机体系，主要是通过两条不同的美元环路架构而成，其中一条是媒介美国实体经济与虚拟经济的国内美元小循环，另一条是串接美国与世界外围地区的国际美元大循环。

第一，媒介美国实体经济与虚拟经济的美元国内小循环。美国作为国际金融垄断资本的宿主，它是全球美元大循环的策源地。美元国内小循环实质是新自由主义国际经济秩序的缩影，其内部也形成一个有机的结构。就其结构要素而言，包括美国公共部门（美联储、美国财政部等）、美国私人金融部门、美国私人生产部门及美国私人消费者等。就其运行过程而言，美国政府按照国际金融垄断资本降低市场利率的要求，利用其在这个有机结构体系中上层建筑的地位，主动地发起这个美元循环过程。美联储通过在公开市场上购买金融机构的有价证券而放出高能美元，金融机构将其所获美元收入进行放贷。首先，金融机构要寻找金融投资的标的物，如房产、汽车、高科技产品等。其次，追求利润最大化的金融机构最终会将那些有需求但收入低的美国私人消费者纳入其放贷对象。这样，通过美元信贷的发放，美国消费需求被激发，带来美国金融标的物产业高度繁荣。当然，美国金融机构又会将这些高风险的消费信用贷款，通过金融创新进行风险转移。那些风险偏好差异极大的高杠杆金融衍生品得以迅速膨胀，它反过来又加剧了信贷消费的进一步膨胀。

然而，不断扩张信贷消费规模毕竟是建立在不断下降的个人支付能力这个狭隘的基础之上，最终，支付危机引爆了私人部门金融危机。私人部门金融危机表面上看是私人金融机构的事，实质就是美国政府的事情，它们之间的关系不过是一体两面而已。私人金融危机还必须依靠美国政府增加财政赤字来埋单，最终财政赤字难以为继，又加速了美国主权债务危机的爆发。由此可见，美元国内循环架构起这些主体要素之间的有机联系，使得美国主权债务危机至少包括了美国金融标的物生产过剩危机、美国消费者对这些标的物的有效需求不足危机、美国私人金融机构的金融危机，以及美国公共部门的财政危机等。

第二，串接美国与世界外围地区的美元国际大循环。美元国际大循环是美元国内小循环的外化，国际金融垄断资本借此循环实现对外围世界的金融操控权力，美元国际大循环实质就是实现国际金融垄断资本利益的根本途径①。因而，这种大循环实质是美国国家权力资本逻辑僭越其政治／领土逻辑的过程。

在新自由主义国际经济秩序下，国际金融垄断资本借由美元国际大循环，将世界体系中心地区和外围地区之间组构成一个依附性的国际分工体系，这个分工体系呈现为一种系统的、有机的结构。就其结构要素而言，既包括以美国为首的中心地区，还有结构组成更为复杂的外围地区：有以中东各国为主体的石油输出国组织，也有以东亚国家和地区为主体的新兴市场经济体，还有以拉美各国为主体的发展中国家。就其运行过程来说，作为中心地区的美国不断扩大对外贸易赤字，从而不断地放出美元。与此相对应，外围地区则不断地扩大对美国的出口，并将出口所获外汇回流美国金融市场，美国又借由这些外围地区的美元融资进行金融创新，创造出形式多样的金融衍生产品，并将其向外围各国进行销售。这就促使外围地区更加扩大对美国的出口，以便有足够的美元外汇购买那些金融衍生产品。然而，美国私人信用难以支撑巨额的金融衍生产品的现金支付，遭遇美元流动性过剩的外围地区投资美国金融市场的积极性下挫，遂而引爆美国私人部门金融危机。大而不能倒原则迫使美国政府被迫进行金融救助，导致美国财政赤字难以为继，最终爆发了全面的美国主权债务危机。

由此可见，美元国际大循环通过美元债权债务形式将全球经济捆绑在一起。美国的主权债务危机使外围地区的出口市场下滑，因此外围地区遭遇出口产业危机。反过来，美国的主权债务危机又是外围地区的美元债权危机，而这些债权危机最终还会转变为外围地区的国内债务危机（或财政危机）。因此，以美国主权债务危机为表现形态的西方主权债务危机是一种总体化的金融危机。

11.3 西方主权债务危机的新态势

作为其他类型危机的具象化，西方主权债务危机代表着最高层级的资本主义社会经济矛盾，由此表明了整个资本主义社会经济的对抗性程度。作为国际金融垄断资本的工具，西方主权债务危机实质上也是履行国际金融垄断资本操控全球经济的使命。作为涵盖经济危机多态性的总体性危机，西方主权债务危机表明了各种危机形态的内在关联，其本身也是资本主义各种经济矛盾的聚焦。

---

① 陈锦华.功利与功利观［M］.北京：人民出版社，2014：317.

11.3.1 深入态

西方主权债务危机会进一步深入影响其他形态的资本，因为在资本主义社会全体资本体系结构中，金融资本处于整个资本体系结构中的最顶层。当然，这种最高层级的资本形态也是最扭曲的资本形态，它实质上代表一种财富重新分配机制。由于国际金融垄断资本与国家政权紧密结合，西方主权债务危机爆发以后，政府纷纷通过金融救助计划，通过财政资金对那些大型金融机构巨额债务进行债务核销、财政担保以及充实资本金等。即使危机中有少许大型金融机构不得不破产，但破产金融机构的高级管理人员依然拿着丰厚报酬离开。西方主权债务危机通过财政直接输血的方式获得暂时缓解，金融寡头通过这种不劳而获的方式改善其资产负债表状况，这种直接的账面划拨，相当于赤裸裸地抢劫纳税人创造的社会财富，它以政治行为取代经济行为。这种社会财富的重新分配对其他资本产生了非常坏的导向作用，大量的产业资本都倾向于不务正业，纷纷将主业向金融领域进行转移，深深地影响了不同区域、不同行业的经济结构，实体经济空心化趋势加剧，甚至许多非资本主义性质的经济成分也纷纷向金融领域靠拢。因此，西方主权债务危机通过危机解决危机的办法，仅仅是治标不治本，必定会进一步扭曲资本主义经济结构，增大其经济的脆弱性。

西方主权债务危机会进一步深入影响普罗大众的经济生活。主权信用从来就是与消费信用相互配合的，正是西方资本主义国家的消费信用膨胀，从而使其成为西方主权债务危机的先导。新型帝国凭借主权信用得到大量的外部融资，因而也能够向本国的普通民众授予消费信用。而作为无产者的普通民众为其过度消费和超前消费付出的代价，就是用青春赌未来，以期权的形式将未来贱卖，将自己的衣、食、住、行等生活领域所需都纳入个人资产负债表，从而陷自身于终身为奴的状态。

西方主权债务危机爆发以后，西方资本主义国家试图用更为彻底的新自由主义的"三化"（私有化、自由化和市场化）来应对危机，进一步将普罗大众的未来预期收入也纳入个人资产负债表。在这种金融化生活的普遍背景下，普罗大众个人不可能摆脱国际金融垄断资本精心编织的金融网，只能过着这种身不由己的债奴生活。为了偿还债务，他们不得不灵活就业，身兼多份差事，为金融阶梯顶层的掠食者的奢靡生活提供人身消费[1]。因此，西方主权债务危机作

---

[1] 洛蕾塔·拿波里奥尼.无赖经济学：流氓经济势力如何改造着我们的生活 [M].重庆：重庆出版社，2009：139-143.

为私人部门金融危机的后续危机，尽管能够暂时通过超前消费和过度消费方式换取普通大众对新型帝国的有限支持，掩盖事实上的阶级矛盾，但西方主权债务危机不可能通过危机解决危机的办法得以解决，它只能加深普罗大众的奴化状态以及拉大社会财富分配的鸿沟。

西方主权债务危机会进一步深入影响社会经济整体的稳定。自然垄断的公共服务和能源、土地、矿业等资源行业能够提供稳定的高额垄断租金，而它们又关乎社会的公平与稳定，因此，这些部门一般都由国家全面控制。然而，高额垄断租金的存在，使这些自然垄断的公共服务和能源、土地、矿业等资源行业成为国际金融垄断资本觊觎的对象。新自由主义的金融化和私有化是国际食利投机金融资本的常用伎俩，他们鼓吹私有化和金融化就是生产效率和发展的口号。然而，这些食利金融资本的真实目的却是占有垄断性的公有事业和资源行业，从而凭借垄断地位大幅提高那些部门产出的价格，以获取高额垄断租金。

西方主权债务危机爆发以后，国际金融垄断资本联手本国政府进一步将国有部门私有化，特别是将那些自然垄断的公共服务和能源、土地、矿业等资源行业私有化和金融化。这些部门和行业的收益本可被国家用来补贴科技、教育等公共服务和民生，从而实现基本社会服务的公益化。现在它们都落入了那些国际食利金融部门的腰包，这必将进一步撕裂社会，进而影响社会经济的整体稳定。因此，西方主权债务危机通过危机解决危机的办法，仅仅是服务于国际金融垄断资本的私人利益，导致普罗大众生活压力剧增，社会不稳定因素急剧增加。

11.3.2 广衍态

西方主权债务危机转化为外围地区债权危机。如前所述，西方主权信用的实质是掠夺外围地区各国，这种掠夺主要通过两种途径实现：其一，西方主权债务危机爆发以后，大量金融机构不得不宣布破产，其高级管理人员在获取丰富回报离开的同时，这些金融机构所欠的国际债务也就一笔勾销了。其二，西方发达资本主义国家在进行金融救助时，纷纷采取量化宽松政策滥发钞票，西方发达资本主义国家的货币迅速贬值。那些外围发展中国家所持有的外汇储备就不断缩水，西方发达资本主义国家借此变相地逃废了他们所欠的主权债务。从这个意义上来说，西方发达资本主义国家通过债务稀释向外围地区转嫁危机，将西方主权债务危机的后果很大程度上转嫁给外围地区的人民。因此，西方主权债务危机实质上就是外围地区发展中国家的债权危机。对外围地区发展中国家而言，巨额外汇储备都是这些国家通过低估本国货币，依靠牺牲本国人民血汗劳动追求外贸顺差，经年累积而形成的。然而，现在外围地区又遭遇美元贬值而形成输入性通货膨胀。这些外围地区发展中国家不得不被动发行公债或央行票据回收过剩的流动性。这样，外围地区发展中国家的债权危机最终转化为他们的国内债务危机（或财政危机）。西方主权债务危机→外围地区债权危机→外围地区债务危机的演变逻辑，事实上是西方发达资本主义国家债务消费驱动经济模式的自然结果，其实质是一种新型帝国主义的贡纳模式。

西方主权债务危机转化为外围地区产业危机。经过国际金融垄断资本多年洗劫后，外围地区发展中国家纷纷实施了出口导向发展战略。外围各国目的有二：其一，外围发展中国家大力发展外贸产业，通过放弃部分经济主权，特别是货币政策自主权，获取抵御国际金融垄断资本侵袭的武器——外汇。这些作为国际硬通货的外汇储备，反过来导致外围发展中国家经济依附性发展。其二，为了尽快发展民族经济，实现国民经济独立，外围地区发展中国家纷纷制定了实现经济现代化的追赶战略。然而，实现国民经济现代化所必需的钥匙——先进技术和设备都控制在国际金融垄断资本手中。国际金融垄断资本借此党同伐异、控制世界文明大道准入权。外汇储备就是那些外围地区发展中国家获准进入资本主义世界文明大道一个重要筹码。西方主权债务危机爆发以后，西方发达资本主义国家的国内贸易保护主义抬头。国际金融垄断资本操纵民粹，致使世界体系中心地区与外围地区的贸易争端不断加剧。中心地区对外围地区出口商品需求下滑，外围地区发展中国家出口西方发达资本主义国家的市场骤然萎缩，那些依靠外贸立国的外围地区发展中国家遭受致命打击。由此，外围地区发展中国家爆发产业危机，致使它们国家整体经济一片萧条。因此，西方主权债务危机→外围地区产业危机表明，国际金融垄断资本凭借帝国权力的政治/领土逻辑，挑动外围国家民族之间的对抗，从而进一步恶化外围地区各国的贸易条件。

西方主权债务危机转化为外围地区生态危机。由于历史原因，外围地区发展中国家深受帝国主义侵害，他们的自然资源惨遭掠夺，生态环境也遭受极大的破坏。20 世纪中叶前后，外围地区发展中国家通过民族解放运动，纷纷取得了民族独立。他们为了快速发展民族经济，起初采取进口替代发展战略。然而，由于其工业基础薄弱，只能通过出口诸如石油、煤炭等初级产品以换取工业制成品。由此可见，外围地区发展中国家自然环境的历史欠账较多，其生态环境较为脆弱。西方主权债务危机爆发以后，西方发达资本主义国家纷纷采取贸易保护主义政策。于是，外围地区发展中国家的普通出口商品遭到诸多关税或非关税壁垒，其贸易条件快速恶化。在此背景下，出口导向立国的外围地区发展中国家只好出口那些不可再生资源，诸如以石油、天然气和煤炭为代表的石化燃料以及各种矿产资源。然而，极为不利的对外贸易条件致使这些外围地区发展中国家的自然资源被过度开采，远远超出了其生态阈值——自然环境承受的能力和界限。① 大气污染问题、水环境污染问题、垃圾处理问题、土地荒漠化和沙灾问题、水土流失问题、旱灾和水灾问题、生物多样性破坏问题频现，生态超载终致西方主权债务危机演变为外围地区发展中国家的生态危机，而这一切都源于新自由主义国际经济秩序下，国际金融垄断资本对外围地区发展中国家自然资源的劫掠。

11.3.3 频发态

新自由主义的国际经济秩序依然运作。作为意识形态的新自由主义，借助所谓"华盛顿共识"，鼓吹市场至上、全面私有化以及去管制化。新自由主义主张市场决定资源配置、公用事业私有化和政府简政放权等，竭尽全力服务于国际金融垄断资本利益诉求。因此，国际金融垄断资本主导的新型国际经济秩序实质上就是新自由主义国际经济秩序。在新自由主义国际经济秩序下，美国金融霸权帮助美元窃取了国际价值基准和全球财富度量权，一种金融控制的分工体系得以形成：外围地区专事制造体现使用价值的商品，其生产结构实质为制造工厂；美国专事制造体现价值的金融产品，其生产结构实质为金融工厂。外围地区各国将出口所获美元外汇，大量购买美元定价的金融资产；反过来，美国则凭借这些外部回流美元进行金融创新，生产出符合不同偏好的美元定价金融资产。更为重要的是，金融操控体系能够产生虚幻的财富效应，全球人民为此更加自觉地卖命工作，身兼多职从而创造出更丰富的物质财富。然而，由此形成的差异化国际分工结构并不对等，外围地区的制造工厂受制于美国金融工厂，美国实质是整个体系的操控者。于是，美国主权债务美元化使美国实现了不事生产就能获取财富的梦想。当然，作为新型帝国的美国主权信用的滥用又会削弱美元国际价值的基准地位，从而再次引发西方主权债务危机，而这是由新自由主义国际经济秩序本身痼疾所决定的。

新型帝国权力的政治/领土逻辑和资本逻辑错位运行。作为国际金融垄断资本宿主的新型帝国，美国国家权力对外奉行资本逻辑为主、政治/领土逻辑为辅的原则，对内则奉行政治/领土逻辑为主、资本逻辑为辅的原则，具体采

---

① 刘爱文.创新驱动发展战略的自然依归［J］.郑州大学学报（哲学社会科学版），2015（2）：84-87.

用哪种组合就取决于国际金融垄断资本的利益诉求。这种新型帝国权力的政治／领土逻辑和资本逻辑的错位运行，使全球关键资源都集中在国际金融垄断资本的母国手中。新型帝国权力的政治／领土逻辑和资本逻辑的错位运行也表现为：新自由主义依托的形式是霸权主义带来的不平等国际经济秩序，主体内容表现为经济自由。因此，新自由主义实质内涵就是新自由主义国际经济秩序下受管制的自由，它依托霸权主义和强权政治，外化为实质依附型的国际社会。因为当自由权遭遇自由权的时候，在新自由主义国家内部就会演变为金融寡头的专制，在国际上则会变成霸权国家的专制，因此新自由主义对内要求劳动力市场自由化，强力解散工会组织。当自由不利于国际金融垄断资本时，国际金融垄断资本则同仇敌忾，对其母国市场重重设障。新自由主义对外则要求外围国家打开门户，实施畸形的外向型经济发展模式，此时国际金融垄断资本就结成了同盟军。由此可见，新型帝国权力的政治／领土逻辑和资本逻辑的错位运行，使新自由主义在理论上是相互矛盾的，在实践上是脱节的，由此也使得西方主权债务危机仍会不断重演。

民族矛盾对阶级矛盾的遮蔽。由前述可知，西方主权债务危机是国际金融垄断资本主导的新自由主义国际经济秩序的产物，实质上反映了国际金融垄断资本与全世界无产者的阶级对立。然而，在现实生活中，西方主权债务危机往往表现为民族国家之间的冲突。当前民族国家林立，世界政府远未形成，民族资本家试图收买本国工人阶级为其所用。特别是新型帝国的国际金融垄断资本，会将其掠夺的全球收益中很少一部分，用以减轻本国工人阶级所受剥削，以便在国际经济交往中操纵民粹。新型帝国的工人阶级则由于较外围地区无产阶级所受剥削稍轻，因而也倾向依附于国际金融垄断资本，经常与新型帝国的政府立场保持一致，这就使得全世界无产阶级化的历史进程难以彻底完成，新型帝国的半无产阶级化现象普遍存在。目标各异的全球工人阶级很容易被国际金融垄断资本分化瓦解，致使全世界无产阶级难以联合起来。一旦当世界经济出现不景气，国际金融垄断资本积累受阻，他们就操弄民粹，挑动各国工人阶级之间的矛盾，阶级矛盾就以民族矛盾的形式反显出来。由于民族矛盾遮蔽了阶级矛盾，西方主权债务危机也就难以最充分形态爆发。并且，由于支撑西方主权债务危机的物质技术基础还没有革命性变化，错综复杂的民族矛盾短时期内也就难以消除，这个趋势过程就决定了今后相当长时期内，西方主权债务危机仍会爆发。

11.4 小结

作为金融危机"最高发展性态",西方主权债务危机在当前情势下的新特性和新态势表明:新自由主义金融资本积累体制已经遭遇其历史瓶颈,消费信贷模式已经难以继续驱动全球经济增长。新自由主义不但难以快速发展社会生产力,而且催生出多样态的资本主义经济危机,西方主权债务危机本身就是资本主义各种经济矛盾的集中反映,资本主义社会基本矛盾遂以这种形式总爆发出来。随着新自由主义国际经济秩序越来越丧失其统治的合理合法性基础,西方发达资本主义国家也越来越难胜任全球经济增长的发动机作用。伴随全球经济增长的趋缓,国际金融垄断资本对全球经济的操控性也达到顶点,全球资本主义经济陷入一种动荡、僵死的状态。至此,国际食利金融垄断资本对全球经济的掠夺和剥削也越发具有直接性和残暴性。

全球资本积累体系也将进一步扭曲,西方主权债务危机的工具性特征也越来越强烈,如通过量化宽松政策,西方发达资本主义国家竞相印钞来逃废其主权债务,特别是其所欠外围地区发展中国家的主权债务。因此,在西方主权债务危机的新性态下,新自由主义国际经济秩序会将危机负面效应向外围地区转移,外围地区发展中国家遭受的损害将会越来越大,如何最大限度地避免这一损害,这将是外围地区发展中国家普遍面临的重大难题。

第12章

西方主权债务危机的中国抉择

　　作为当前世界体系中心区域，西方爆发主权债务危机是当前经济全球化过程中的一个新现象和新事物，它再一次表明，生产社会化和生产资料私人占有之间的资本主义基本矛盾发展到了一个新阶段。在生产社会化程度进一步提高的前提下，生产资料集中趋势则进一步加剧，以生产资料控制权为内容的社会财富日益集中于处于社会顶层的极少数人手中。这种矛盾的必然发展就是，帝国主义国家权力的资本逻辑必定进一步遏制其政治/领土逻辑，进而形成列强之间的不对称主权，损害相对弱势一方的民族利益。事实上，在新自由主义国际经济秩序中，主权债务危机从来就不是一个单纯的债务危机，它是一个系统性危机，不仅涉及危机直接爆发国的外债危机，也涉及外汇储备盈余国的债权危机，还涉及外围出口导向国的产业危机。并且，主权债务危机对各国的影响视其在世界体系中的相对位置而不同，越是靠近世界体系中心的主权债务危机，当事国越能够将危机向外部转移，因而其自身所受影响越小，外围遭受影响越大；反之反是。

　　中国作为一个尚处于初级阶段的社会主义国家，社会主义性质决定了我国经济制度必须建立在公有制的基础之上，而生产力发展水平总体较落后又决定了我国初级阶段的经济制度必须允许多种所有制经济共同发展。因此，公有制为主体，多种所有制经济共同发展也就成为了我国初级阶段的基本经济制度。就中国经济情形而言，既有和世界中心地区相类似的一面，也有不相一致的一面。就前者来说，中国作为经济全球化的重要参与者，主动打开门户实施对外开放的战略，因而深深地嵌入了全球化分工体系之中。就后者而言，中国作为一个发展中大国，处于当今世界体系的外围区域，如若爆发主权债务危机，难以像中心地区一样将危机损失转移出去。就此而言，中国不但要防备本国爆发主权债务危机，也要阻止西方主权债务危机的祸延。

因此，在以霸权主义和强权政治为基础的新自由主义国际经济秩序下，中国必须始终坚持国家主权的完整和统一，不断增强国民经济的自足性和自主性。具体政策建议如下：我国应该深刻把握社会主义市场经济的本质内涵，采用"内调结构、外拓市场"的纲领性对策以及对它们起支撑作用的操作性对策，确保我国经济持续健康协调发展。

12.1 内调结构

作为纲领性对策的内调结构以夯实社会主义初级阶段基本经济制度为主要内容，作为其支撑的操作性对策则包括产业结构调整、区域结构调整、政策结构调整、信用结构调整和收入结构调整等。所有这些对策目的都是提高我国经济的体质，增强我国经济结构的自足性和自主性，从而提高我国经济对外部金融危机的免疫力。

12.1.1 产业结构调整

这里的产业结构调整不单纯是指农业、工业和第三产业三次产业的结构调整，更重要的是指按照社会主义初级阶段基本经济制度的要求调整所有制经济结构。公有制经济既是我国社会主义性质的根本体现，又是我国国民经济独立自主的经济基础和抵御外部经济冲击的根本保证。因此，产业结构调整目的在于确保公有制经济既要有质的提高，又要有量的提高。为此，我们需要提高公有制在全社会中的比重，确保关系国计民生领域中公有制经济的绝对统治地位，这是保证社会主义性质的前提。然而，在新自由主义国际经济秩序下，诋毁、抹黑公有制经济和国有企业的思潮尤为盛行，因为公有制以全社会整体利益为导向，这就构成了新自由主义——以维护工业寡头和金融寡头利益为宗旨的天敌，所以新自由主义不遗余力地推行其自由化、私有化和市场化政策。事实上，日益融入全球化进程的中国也不例外，新自由主义思潮也在不断冲击着中国社会，以至于学术界有很多新自由主义经济学家不遗余力地抢夺我国经济改革的解释权，极力主张按照新自由主义思路进行改革开放。例如，在解释我国初级阶段基本经济制度时，他们只强调多种所有制经济共同发展；在阐释政府与市场关系时，他们又一味强调市场的决定性作用。然而，这种去政府管制的、泛市场化的以及随之而来的私有化浪潮，必将冲击我国基本经济制度，改变我国的社会性质，最终必将撕裂和消解社会。为此，党中央、国务院一再出台文件强调提高公有制经济的比重，特别是做大做强国有经济，这在当前情势下意义尤为深远。

就具体的三大产业来说，我国必须按比例地协调发展三大产业。首先，我们需要夯实农业的基础性地位。农业是整个国民经济的基础，即使是高度发达的美国，也在不断给予农业各种补贴。其次，我们需要巩固工业的主导性地位，特别是加快国防工业的发展。国防军工既是国民经济健康发展的安全保证，也是一国国民经济发展的"牛头"，牵一发而动全身，为此需要加强军工转民用的研究，带动整个工业的快速发展。最后，我们需要有区别地发展第三产业。对于与工业化关系密切、引领未来经济发展的信息通信技术等，要加快发展；而对于股市、房地产等所谓的 FIRE 部门①，需要节制其过度发展。调整三次产业结构的目的，关键在于做大做强实体经济，最终祛除由于产业空心化所引致的信贷消费模式的弊端。

此外，我国还必须加快技术创新及应用步伐，并合理地限制虚拟经济的发展。西方主权债务危机与技术创新迟滞不无关系，由于中心地区技术创新没有大突破，导致投资缺乏热点，从而使过剩资本转入投机，虚拟经济高度膨胀，远远脱离了实体经济所能支持的范围。事实上，虚拟经济对于发展中国家经济发展的正面意义并不大，反而赋予后者以更多的风险性和脆弱性。作为一种收入再分配机制，虚拟资本更多地为强势的资本利益服务，从而不断拉大社会收入差距，这给经济的可持续发展带来了非常大的隐患。所以，我国应加快技术创新推进步伐，狠抓落实、注重成效，并使技术创新成果惠及绝大多数劳动人民。正是基于这个目的，国家创新驱动发展战略应运而生。

12.1.2 区域结构调整

欧洲主权债务危机发生的一个重要原因，就是随着南欧、东欧等国家的加入，欧盟区域内部经济的异质性日益增强。然而，欧盟层面上又缺乏一个强有力的统一政府，最终阻碍了欧洲内部统一市场的形成，为欧洲主权债务危机的爆发埋下了隐患。与此相对照，美国早在 1776 年宣布独立，然而，随着美国的疆域不断扩张，东、西部地区经济结构差异极大，美国内部并没有形成一个统一的市场。直到 1869 年全国统一技术标准的美国太平洋铁路的贯通，才意

---

① Finance，Insurance，Real Estate.

味着美国由一个形式上统一的国家变成了实质上统一的国家，才真正实现了内部统一市场。这个规模空前的内部市场使得美国内视政策有了用武之地，美国经济开始进入狂飙时期。

就我国现实国情来说，我国是一个地域广阔、人口众多、生产力差异很大且资源分布很不均衡的国家。这里，我们粗略地按照城乡差距的维度和东、西部差距的维度，就可将我国划分为东部城市、东部农村、西部城市和西部农村四个世界，地区经济的巨大差异使我国内部统一市场远未完成。当前，我国实施外向型经济发展战略，很大原因也是内部市场狭小，且行政壁垒分割严重，它们造成了我国内部需求的不彰，不得不以外部需求取代内部需求。然而，这种依赖于外部市场的外向型发展战略发展到现在，对于一个总体经济规模达世界第二的发展中大国而言，其弊端或负作用越来越大。这种模式使我国经济完全暴露在外部经济周期下，经济主权日益遭到侵蚀。这种模式放大了外部经济对我国经济的冲击，加大了我国经济结构的脆弱性，特别是强化了西方主权债务危机对我国外部市场的影响。这种区域经济的异质性已经阻碍了我国经济的稳定、健康、可持续发展。

如果前面所说的都是我国区域结构进行调整的必要性，那么，当前区域结构调整的可能性也具备了。首先，我国不存在欧盟各自为政的情形，中国共产党和政府能够从国家和民族的整体利益和长远利益出发，通过集中统一领导，集中全国人力、物力进行通盘规划考虑。根据区域特点，东部转型、中部崛起、西部大开发、东北振兴计划、长三角、珠三角、中三角、环渤海湾、海西经济区等区域建设一浪高过一浪。通过区域结构调整也可以加强边疆地区与内地的经济联系，实现国家稳定和民族团结。其次，我国现在的工程技术能力世界一流，完全能够实现"逢山开路，遇水搭桥"的梦想。当前，我国桥梁铁路建设、工程隧道建设，特别是高铁建设雄踞全球第一，已经形成了我国特有的高铁经济模式，这些基础设施建设能够实现区域外部差异内部化以及贯通整个国内市场。考虑到边疆地区，特别是西部地区的生态环境的承载能力有限，因地制宜地发展本地区的特色产业十分必要。我国应借助交通技术革命，增强地区人员的全国流动性，以此实现全国各个地区的均衡发展。这样一个全国统一大市场能够实现本国需求取代外部需求，借此增强我国经济的自主性。

12.1.3 政策结构调整

很多西方主流经济学家将财政政策和货币政策的不匹配看作欧洲主权债务危机的原因，即欧盟统一的货币政策和其成员国各自为政的财政政策存在着内在矛盾冲突。其理由如下：为了维护美元债务作为国际信用基础，美国极力通过"华盛顿共识"向全球推销新自由主义政策，即使连欧洲央行也被蛊惑。为了保持央行的独立性，欧盟放弃了货币政策的使用，这就相当于欧盟主动放弃了创造自己信用的能力，这种状况最终导致财政政策滥用，进而主权债务剧增。这种看法似对又不对，财政政策和货币政策的不匹配确实加剧了欧洲主权债务问题，然而，欧洲主权债务危机的更深刻根源却是欧洲主权部分丧失所致。事实上，这也是外围主权债务危机的原因，这些都内生于新自由主义国际经济秩序。

我国作为一个社会主义的发展中国家，不可能完全照搬西方发达资本主义国家的经济政策。社会主义和发展中国家这两个特征决定了我国政策结构调整的两重方向：作为发展中国家，我国必须实现总量经济政策向结构性经济政策转变。当前阶段我国不能过度迷信财政政策和货币政策，因为财政政策和货币政策作为一种短期总量政策，是适应生产相对过剩背景下发达资本主义国家需求的。而实现经济发展是发展中国家面临的长期历史任务，作为短期总量政策的总需求管理难以在长期内承担调节经济结构的功能。正如卫兴华和张宇所言，"仅仅使用财政和货币政策是不可能实现经济发展的长期目标的，实现经济发展的长远目标需要更多地依靠供给性政策、结构性政策和政府的直接调节"①。作为一个社会主义国家，我国必须采用结构性政策。然而，当前结构性政策有资本主义的结构政策和社会主义的结构政策，尽管这两类政策都是针对经济结构问题，但两者性质却存在着根本差异。因此，我国还必须挣脱资本主义性质结构政策的窠臼，转向社会主义性质的结构政策调整。

西方供给学派理论一方面通过削减工人实际工资、取消社会保障、降低个人所得税（特别是废除累进税制）等政策，维护作为一个整体的资本家阶级的利益，以及加深对工人阶级的剥削程度，借此调整劳资双方经济利益的结构关系；另一方面通过减少货币供给、提高利率以及减少政府干预等措施，使大量产业资本破产，向金融领域转移，以此来抑制产业资本积累以及推进金融资本积累，借此调整产业资本和金融资本的资产阶级内部的结构关系。由此可见，西方供给学派的政策属于典型的资本主义性质的结构政策。

然而，我国供给侧结构性改革的性质完全不同于西方供给学派理论，它们主要针对前一阶段总量政策所带来的私营经济比重过大，社会冲突有所加剧，特别是全社会弥漫着强烈的泛市场化改革呼声。如果放任泛市场化发展，必将撕裂社会，削弱我国经济持续、稳定、健康发展的基础。因此，我国供给侧结

---

① 卫兴华，张宇. 社会主义经济理论（第三版）[M].北京：高等教育出版社，2013：256.

构性改革的主要内涵，一方面需要加强和改善公有制经济质量，特别是国有企业，在增加其在全社会经济结构中比重的同时，更要增强其控制力和影响力；另一方面必须针对土地、能源、矿业等资源行业和自然垄断的公共部门，要么收归国有，要么对它们征收高额税，以其收益补贴科技、教育等公共服务和民生以及增加生产性部门基本收入①。很明显，我国供给侧结构性改革主要应该调整代表人民利益的国有经济与代表私人利益的私营经济之间的结构关系，即改变以所有制为核心的生产关系，增加全体人民的公共福祉。很明显，我国供给侧结构性改革属于社会主义性质的政策结构调整。

12.1.4 信用结构调整

在新自由主义国际经济秩序下，依靠美国金融霸权，美元在国际投资和贸易中充当结算货币，事实上已成为各国货币发行和信用被动扩张的基础。由此，美国财政信用窃取了国际信用的地位，成为全球信用体系的上层建筑，形成一种美国主导的国际信用体系和不平等的国际剥削关系。外围地区甚至欧盟地区都深受其害。这里以欧盟为例，欧洲主权债务危机很大一个原因在于，欧盟深受美国主导的新自由主义思想的蛊惑，极力主张通过欧洲中央银行的独立性保持欧元的稳定和国际信誉，这就使得欧洲中央银行在全球范围内拥有最超脱的地位。由于主动放弃了借助区域公债扩张欧盟区域信用的政策，欧盟遂以外部信用取代内部信用，企图凭借外部信用推动欧洲区域内部经济发展。于是，欧盟千方百计地鼓励出口，积累起巨额的美元外汇储备，并且通过这些外汇储备发行欧元并以前者作为本地区信用扩张的基础。然而，这种外部信用实质就是以美国财政信用为代表的国际信用。这种债务导向的全球信用体系内置双重的剥削逻辑：如前文所述，一则美国通过该信用体系剥削整个欧盟地区；二则欧盟核心地区通过该信用体系剥削欧盟外围地区。在这双重剥削下，欧盟外围地区不得不举借外债度日，直至难以支撑沉重的外债负担，最终加速了欧洲主权债务危机的爆发。

与之相对，俄罗斯也曾深受不对称国际信用体系的迫害。苏联解体、东欧剧变后，俄罗斯受新自由主义蛊惑，以外部信用发展本国经济，其结果是社会经济萧条动荡，社会矛盾异常尖锐。然而，随着普京政府的上台，俄罗斯充分发挥了上层建筑的主观能动性，终止招商引资和大借外债的发展模式，抑制非

①　迈克尔·赫德森.金融帝国：美国金融需要的来源和基础［M］.北京：中央编译出版社，2008：18.

银行金融部门的膨胀，大力打击石油、矿产等自然资源领域的寡头。俄罗斯将先前寡头们控制大量的土地、能源、矿产等资源行业和自然垄断的公共服务部门收归国有，或是征收高额垄断资源税。以此为基础，俄罗斯大规模地发行本国公债以扩张本国的信用，以俄罗斯国内信用置换外部信用，用国家主权信贷振兴俄罗斯经济。通过这种信用结构政策的调整，俄罗斯摆脱了多年经济混乱，实现了就业扩张、收入增加和国内市场扩大的良性循环，其金融也摆脱了多年的危机而逐步稳定。由此，俄罗斯开始走上经济、社会稳定发展的道路。

"国家信贷实际上是主权国家的一种特权，任何国家都可以创造国家信贷。当一国生产的基本要素如劳动力、技术和资源都具备时，可以印发更多的本国货币，通过财政政策支持的项目扩大就业，支付给未充分就业的劳动力，这并不会产生通货膨胀，而是会产生就业扩张、收入增加和国内市场扩大的良性循环。"① 大力发展社会生产力是我们的根本任务，但是如何发展或者发展途径的选择则是一个重大问题。中国作为一个发展中的国家，自改革开放以来，实施了多年的出口导向发展战略，积累了规模全球第一的外汇储备，依靠外部信用的扩张使中国经济总量跃居全球第二。然而，随着美元发行的泛滥，巨额的外汇储备让我国在制定经济政策时进退失据。至此，这种外部信用政策已经完成了其历史使命。中国作为一个社会主义大国，能够行使充分的国家主权。从长远来看，我国应该借鉴俄罗斯的做法，拒绝国际金融垄断资本胁迫下的依附性增长途径，充分利用国家主权实现自己信用自己创造。我国应以各种可垄断的自然资源或公共服务作为财政信用扩张的经济基础，实现本国信用的自给自足，以本国信用取代外部信用发展经济，使我国经济更加稳健地发展。

12.1.5 收入结构调整

提高劳动报酬在国民收入中的比重，拉动国内消费需求的增长，对于防备主权债务危机至关重要。很多西方主流经济学家将西方主权债务危机归罪于美国消费需求相对不足，这种观点比较肤浅。我们可以继续追问，为什么美国消费会出现需求不足呢？这就要追溯到美国的分配情况。皮凯蒂在《21 世纪资本论》中认真分析了 20 世纪 70 年代到 2010 年期间美国收入分配差距扩大的情况，他认为，美国"扩大的不平等大部分来自'1%'，其占国民收入的比重从 20 世纪 70 年代的 9% 上升到 2000～2010 年的大约 20%……增加了 11 个百

---

① 迈克尔·赫德森.金融帝国：美国金融需要的来源和基础［M］.北京：中央编译出版社，2008：17.

分点"①。我们可以进一步追问，为什么这段时间美国收入分配差距会出现扩大趋势？这就要联系不平等的新自由主义国际经济秩序。在新自由主义国际经济秩序下，美国底层民众由于产业空心化，实际工资不断下滑。相反，随着金融全球化的推进，国际金融垄断资本攫取了外围地区丰富的利润，这就造成了美国收入分配的扩大，处于塔尖的 1% 的精英收入膨胀。

对于不断融入经济全球化进程的中国经济而言，同样存在这个问题，就是我国经济发展很大程度上依赖于对外经贸的发展。改革开放以来，我国经济高速发展。而今，我国的外贸依存度已经畸高，远远高于其他大国，这种依靠外需拉动经济增长的模式具有很大的脆弱性。而伴随着改革开放的进程，我国收入分配差距不断扩大，劳动报酬在国民收入中的比例不断下滑。据国家统计局局长宁吉喆透露，"近年来，中国的基尼系数总体上是呈下降趋势的，2012～2015 年，中国居民收入的基尼系数分别为 0.474、0.473、0.469、0.462……2016 年中国的基尼系数是 0.465"②。基尼系数下降趋势源于中央政府的大力整改，但是，我国基尼系数还是超出了 0.4 的国际警戒线，甚至超过了很多发达资本主义国家。这种状况的主要原因就在于资本与劳动关系的失衡，资本所得远远超过劳动报酬，这严重制约了我国的消费需求。

为了防备我国爆发主权债务危机，改善我国的经济体制是根本，但关键是提高劳动报酬在国民收入中的占比，这对于拉动国内需求至关重要。具体而言，我们可以提高最低工资底线、提高财政转移支付力度、建立完善的社会保障系统、对资本所得征税、实施累进的个人所得税、对遗产征税等。

12.2 外塑市场

作为纲领性对策的外塑市场是内调结构对策的外化，它以重建国际经济新秩序为主要内容。作为其支撑，操作性对策主要涵盖搭建互利共赢的对外经济交往平台、奉行量入为出的经常项目对策、奉行内外有别的资本项目对策等。所有这些对策目的都是为国内经济发展维护一个良好的外部环境，重塑对外开放新格局，自觉实现经济全球化背景下我国经济的共享性、包容性增长。

---

① 托马斯·皮凯蒂.21 世纪资本论［M］.北京：中信出版社，2014：302.

② 王建帆.2016 中国 GDP 增速重返世界第一，基尼系数有所扩大［EB/OL］. http：//www.qianhuaweb.com/ 2017/0122/3662148.shtml.

12.2.1 重构国际经济新秩序

新自由主义国际经济秩序乃酝酿西方主权债务危机的温床，它型构为美元霸权基础上的国际金融体系，这种国际经济秩序本质上维护中心地区金融垄断资本利益。通过对核心技术和关键资源的控制，国际金融垄断资本不断破坏外围地区经济的独立性，迫使外围地区经济臣服于国际金融垄断资本的统治。由此，中心地区主要进行虚拟资本的积累，外围地区则不得不进行工业资本积累。外围地区经济越来越依赖于中心地区的消费需求，从而使中心地区的发达资本主义国家能够将债务危机造成的巨大损失转嫁给外围的发展中国家。

新自由主义的国际经济秩序是一种畸形的、不合理且不公正的国际经济秩序，它建立在霸权主义和强权政治的基础上，借此大肆剥削和掠夺外围地区各国。基于拥有的国际经济事务的决策权和国际经济规则的制定权，中心地区的发达资本主义国家全面掌控了国际经济活动的话语权，这极大地损害了外围发展中国家的利益，从而使这些国家沦为中心地区发达资本主义国家的附庸。为了改变当前国际经济秩序下发展中国家受侵害的现状，中国应该加强与发展中国家的团结与合作，坚决反对发达资本主义国家的霸权主义和强权政治，抵制发达资本主义国家利用其强势地位损害发展中国家利益的一切行为，有理、有利、有节地参与国际经济事务的管理和国际经济规则的制定。只有建立公正、合理的国际经济新秩序，其中最关键的就是建立受约束的国际金融和货币体系，中国和全体发展中国家的利益才能得到维护。

12.2.2 互利共赢的对外平台

一般来说，经济全球化"是指生产要素突破国家的界线在全世界范围内流动和配置的过程，是减少乃至消除国家间的各种壁垒，使不同国家的经济相互渗透、相互影响、相互依存的程度不断加深的过程、全球生产经营网络形成、区域经济集团化向纵深发展及世界各国在有关全人类共同关心的资源问题、环境问题等方面的合作与联系日益加强等众多方面"①。经济全球化既是社会生产力发展的结果，又是社会生产力发展的条件，任何国家或经济体都不可能超脱于经济全球化的大趋势而实现国民经济的现代化。然而，纵观整个经济全球化历史，其自诞生至今从来就是一个被世界霸权国操控、服务于霸权国利益的历史。

---

① 卫兴华，张宇.社会主义经济理论（第三版）[M].北京：高等教育出版社，2013：167.

当今的经济全球化又是由作为国际金融垄断资本栖息地的美国华尔街主导的，具体体现就是新自由主义国际经济秩序。在这种不公平的国际经济秩序下，国际金融垄断资本兴风作浪，借助每天 24 小时不断线的全球金融信息网络，巨额的金融资本瞬间从地球一端转移到另一端进行逐利。即使是最顽固的国家金融主权，也容易在这种腥风血雨式的金融攻击面前遭到摧毁。在一轮轮的金融危机、一轮轮的金融洗劫下，无论是发展中国家还是经济转型国家，最终都将臣服于国际金融垄断资本的统治，就连欧盟等发达资本主义国家也不例外。如前所述，欧盟各国试图通过区域合作来抵抗这种美国主导的经济全球化的负面影响。然而，新自由主义国际经济秩序下这种自我封闭的区域格局必定承受不了经济全球化的冲击，经济主权不完全最终加速了欧洲主权债务危机爆发。

随着世界外围地区、欧洲、日本在国际经济中唯美国马首是瞻，迅速崛起的中国就成了美国金融霸权最大的障碍。于是，美国冷战思维泛滥，它极尽遏制中国发展之能事，千方百计地围堵中国，特别是通过所谓的"跨太平洋伙伴关系协定"（Trans-Pacific Partnership Agreement，TPP），竟然以意识形态的理由将中国这个经济总量全球第二的大国排除在外，故 TPP 又被称为极具冷战色彩的"经济北约"。

事实上，改革开放以来，我国非常重视对外开放在经济发展过程中的作用，并将对外开放作为我国的基本国策。随着对外开放的不断深入，我国也越来越强调"引进来"和"走出去"双轮齐驱，充分利用国际和国内两个市场、两种资源，进一步优化资源配置。然而，随着美国主导的、以遏制中国为内容的 TPP 战略的实施，我国的外部市场发展空间不断遭到压缩，也使得先前的出口导向型发展战略难以为继，这就迫使我国必须趋利避害、另起炉灶，搭建属于自己的对外经济交往平台。在这种背景下，我国适时推出了以复兴古丝绸之路为主旨的"一带一路"对外经济发展战略。区别于 TPP 战略的遏制和排斥的特征，"一带一路"倡议以开放性、包容性、共享性等为特征。这种互利共赢的战略将在确保我国的经济主权、有效规避经济风险、自主开拓国外市场和利用国外资源等过程中发挥至关重要的作用。

12.2.3 量入为出的经常项目

在搭好自主性的对外经济平台后，我们就可以在这个自主平台上唱经济交往大戏了。而作为一个社会主义性质的发展中国家，中国唱好戏的关键就在于牢牢把握作为国家经济主权体现的"自主"二字。自主的对外经济平台支撑以拓展市场为主要内涵的经常项目活动和以获取生产要素为主要内涵的资本市场活动，这里首先探讨一下经常项目的自主原则。

实事求是地说，先前的出口导向战略对于我国经济快速崛起功不可没。然而，伴随我国改革开放的不断深入和外贸顺差规模的剧增，我国外汇储备规模跃居世界第一。而以美元为主体的外汇储备急剧增加却是利弊两端，特别是加大了我国经济的外贸依存度。在美元发行基础债务化的金融的大背景下，这种为顺差而顺差的所谓"新重商主义"思潮将给我国经济发展留下诸多隐患。当前我国巨额美元外汇储备的负面效应日益明显，主要表现在以下几个方面：首先，我国想购买的美国高新技术和尖端装备等，美国坚决不卖，由此可见，这些美元外汇并不真正具有世界货币功能。其次，当我们想用这些外汇储备从外围地区购买自己所需的战略资源时，以美国为首的列强又会从中作梗、百般阻挠。再次，美国不反对我们购买它们的普通商品，但我们发现这些普通商品大部分贴了"Made in China"的标识，只是贴了一个美国商标，出口转内销，但价格较出口时大幅增加。最后，美国极力怂恿我们用这些巨额外汇储备去购买它们发行的国债，从而为美国超前消费进行融资。反过来，当我国发展经济时遭遇资金不足，我们向美国金融机构举借外债时，却遭遇到它们索要高额贷款利息，这种借贷利息差相当于被美国二次剥削①。

综上所述，中国人民省吃俭用、辛勤劳动换来的却是一堆永远不可兑现的欠条。美国却又通过量化宽松政策，不断开动印钞机，致使全球美元泛滥。我国为了不使巨额外汇储备资产缩水贬值，又必须不断地吸纳过剩美元。这样做的后果，要么在我国国内引起输入性通货膨胀，要么就是吹起我国资产泡沫，结果都一样，即我国经济发展被美国食利经济模式所劫持。巨额的外贸顺差已经严重地扭曲了我国产业结构，加剧了我国经济结构的脆弱性和依附性，破坏我国经济的完整性和独立性。正如美国前财长约翰·康纳利（John Connally）曾经说过："美元是我们的货币，但却是你们的问题。"②这种无赖做派正是"美国生病、中国吃药"的典型写照。

如何摆脱我国经济对美国经济的依赖，这正是我国重新建构自己的对外经济交往平台的目的所在。为了避免巨额外汇储备放大我国国内经济结构冲突的负面影响，我国应该早日摆脱刻意追求经常项目顺差的新重商主义窠臼，坚持量入为出的经常项目原则：我国依照经济稳定发展战略所必需的进口额，相应确定我国的出口额，做到经常项目的大致平衡，以此来增强我国经济的

---

① 林岗.中国的经济改革道路：实质、意义和前景［M］.中国人民大学学报，2009（1）：1-7.

② 转引自郑鼎文.大变局与东亚经济战略［M］.北京：人民出版社，2013：27.

自主性。

为保证量入为出的经常项目战略的顺利实现，杜绝外贸企业为扩大出口而出现的恶性无序竞争局面，本书拟提出以下具体思考：首先，政府应对从事对外贸易的企业的出口额度实施自愿配额制度，确保它们与国家的整体战略保持一致。其次，政府应扩大公有经济在对外经济交往中的比重，公有经济的整体利益导向能够更好地贯彻国家意图和战略。再次，为免受国际价格波动对我国经济的冲击，在对外经济活动中，我国应该逐步扩大人民币计价范围，助推人民币的国际化，这样做的关键就是形成我国自己的拳头产品。最后，还得强调一下，我国对外经济政策也不能矫枉过正，即巨额外汇储备也不能为平衡而平衡，过度地花费在文化体育等非生产活动中。例如，运动式地鼓励国人境外旅游，以及动辄近亿美元地引进国外篮球、足球明星等，特别是花巨资大量引入内含西方意识形态的欧美大片，这种做法很值得商榷。总而言之，外汇储备的调整应该在我国经济长期发展过程中择机动态调整。

12.2.4 内外有别的资本项目

前文已经探讨了在自主的对外经济平台上如何拓展以国际市场为主要内涵的经常项目活动，现在探讨以获取生产要素为主要内涵的资本市场活动原则。在经济全球化的今天，资本流入对一个发展中国家经济现代化至关重要。鉴于发展中国家经济相对落后的实际，资本流入除了提供发展中国家经济现代化急需的资金、先进的技术和管理经验等生产要素外，还能促进发展中国家的就业以及增加税收，更为重要的是通过外商投资企业带动了发展中国家的经常项目发展，以此促进这些国家的经济结构调整和产业升级，进而改善它们的经济增长品质。

然而，作为阶级社会的历史范畴，经济全球化必定具有二重性："一方面是生产的社会化和资源配置的全球化过程；另一方面是社会经济关系在全球范围内的一体化过程。"[①] 在新自由主义国际经济秩序卜，国际金融垄断资本主导的、以西方发达资本主义国家为策源地的经济全球化，是资本主义生产关系的全球化。因此，对发展中国家而言，国际资本跨境流动就是一把双刃剑，它在促进本国经济现代化的同时，也会给本国的经济安全带来诸多冲击。例如，资本的跨境流动"推动了经济的自由化，减少了国家对经济生活的干预，跨国公司建立的全球性经济网络也日益突破国界的限制，把资源和财富集中在自己手

---

① 卫兴华，张宇.社会主义经济理论（第三版）[M].北京：高等教育出版社，2013：172.

里，并力图左右民族国家的国内政策以满足资本增值，制约和削弱了国家对经济和社会的控制，从而对发展中国家的经济发展造成了严重冲击"①。正如大卫·哈维在《新帝国主义》中所揭示的，新型帝国主义国家权力的资本逻辑优先于其政治／领土逻辑，必然解除外围经济的政府保护，这种经济去管制化就意味着外围发展中国家的经济主权被消解。

西方主权债务危机给外围地区造成了巨大的直接损失，然而，危机对于严格控制资本项目国家所造成的直接损失并不大。原因就在于，那些受新自由主义蛊惑，把发展经济希望寄托于国外资本身上的外围国家，过早地放开了资本项目，实行了金融自由化，这使得它们债务规模激增，外资抽逃便引起了这些国家主权债务危机。事实上，几乎所有的发展相对滞后国家的金融危机都是以热钱的快速输入、输出引起的。中国改革开放一个成功的经验，就是没有草率地完全放开资本项目，以此隔绝了国际金融垄断资本的突袭式的跨境流动，这也使得我国避免了在亚洲金融危机中被国际金融垄断资本洗劫。从这个意义上讲，任何发展中国家发展经济必须立足于独立自主的原则，对外经济交往只能作为补充。尽管我国资本项目还没有完全放开，但依然有许多国际投机资本为牟取暴利，通过各种渠道进入我国，而连续多年的外贸顺差也导致我国目前积累了 3 万多亿美元的外汇储备，这些对我国货币政策独立性造成了较大的影响。事实上，在资本项目没有放开的前提下，我国也根本不需要积累这么多外汇储备，因为巨额外汇储备是以国内需求萎缩和降低货币政策独立性为代价的。

由此可见，我国不能贸然开放资本项目，但作为一个发展中的社会主义大国，我国在资本项目开放问题上裹足不前也非长久之计。因此，我国既需要积极主动地参与资本的全球化，又需要防范国际金融垄断资本对国内经济的冲击。在对外贸易中，我国应该在追求外贸平衡的基础上，加强对国际投机资本异动的监控，特别关注这些投机资本的流向。这样能为我国经济免受西方主权债务危机的影响建立一道防火墙，确保我国金融的安全以及我国金融政策的自主性，以主权信贷取代当前大规模地引进外资和举借外债。

为此，我国在资本项目上应该奉行内外有别的原则。对于外币定值的资本流入，我们必须扬长抑短，鼓励符合我国发展战略的外币定值长期资本（FDI）流入，有效监管外币定值的短期资本跨境流动，特别要防止这些外币定值的短期资本窜入股市、楼市等非生产性且易致泡沫的部门。与此同时，我国作为全球第二大经济体，应该获得与中国国力相称的国际金融话语权。为此，我国要大力支持国内货币定值的资本跨境流动，特别是借助"一带一路"倡议的对外

---

① 卫兴华，张宇．社会主义经济理论（第三版）[M]．北京：高等教育出版社，2013：174．

投资活动，扩大人民币定值的资本跨境流动。具体而言，这种人民币资本的跨境流动在时间安排上，初期以人民币定值资本的输出为主，后期形成人民币资本的国际环流；而在投资主体结构上，应该贯彻公主私辅，即以公有制资本输出为主、以民营资本输出为辅的原则。如此安排能够增加人民币的国际定价权，有助于推动人民币的国际化，有效地维护我国的金融主权和国家核心利益。中国倡议的亚洲基础设施投资银行（简称亚投行）就是中国资本项目自主化的一个很好尝试。

12.3 启示

综上所述，针对当代特质性这个本质层面，我们已经提出一些国家内外战略性对策，它们是由当代特质性内生的战略，都落脚在强化我国经济主权上。因此，这些国家战略是本书关注的焦点。

我们是否可以就当代特质性构建一些数理实证模型呢？答案是肯定的，如中国资本流动风险预警模型、跨境资本异常流动的监测预警模式、金融监管国际合作模型、货币安全预警模型等。然而，我们首先需要摆正两者的位置，实证模型是中性的，其本身有着十分重要的工具价值，这些实证模型必须建立在正确的方法论根基上。因此，在做实证研究之前，我们必须先做质性研究，根据历史材料确定正确的方法论。实证方法如果建立在正确的方法论基础上，其工具价值方能得到彰显。否则，方向错了，基于实证模型制定的政策效果就会南辕北辙。

在这个前提下，这些数理模型的建构当然非常必要和重要，但它需要更大的工程来推进研究。并且，基于本书的研究主题的需要，我们主要是从方法论对当代特质性做本质探索，只有在本质探索的基础上建构数理实证模型才是必要的和有意义的，它们可以作为本书研究的后续研究来开展。

总而言之，我们需要对资本主义进行扬弃，贯彻当代特质性的内生性治理思路，建立有效的预警制度以及多国合作机制，促进我国经济持续、健康、快速发展。总之一句话，坚持和发展中国特色的社会主义市场经济是最终根除西方主权债务危机的良方。

参考文献

I. 外文类

1. Aglietta M.Régulation et crises du capitalisme：L'expérience des États-Unis［M］. Paris: Calmann-Levy，1978.

2. Alain Lipietz.The Enchanted World［M］. Translated by Ian Patterson.Verso Edition，London，1985:69.

3. Bertrand Candelon，Franz C Palm.Banking and Debt Crisis in Europe:The Dangerous Liaisons?［EB/OL］. http://www.springerlink.com/content/w513661384221r30/fulltext.pdf.

4. Brenner R. The Boom and the Bubble［J］. New Left Review，Nov-Dec 2000.

5. Castells M.Collective consumption and urban contradictions in advanced capitalism.// Susser I（Eds）.The Castells Reader on Cities and Social Theory［M］. Blackwell Publishers，Oxford，2002.

6. François Gianviti，Anne O Krueger，Jean Pisani-Ferry，André Sapir，Jürgen von Hagen. A European Mechanism for Sovereign Debt Crisis Resolution:A Proposal［EB/OL］. http://www.europolitique.info/pdf/gratuit_fr/282201-fr.pdf.

7. Fred Moseley.The Rate of Profit and the Future of Capitalism［J］. Review of Radical Political Economics，1997，29（4）:23-41.

8. G Hodgson.How Economics Forgot History: The Problem of Historical Specificity in Social Science［M］. Routledge，2001:51-52.

9. Gordon D M. Fat and Mean: The Corporate Squeeze of Working Americans and the Myth of Managerial "Downsizing"［M］. Martin Kessler Books，1996.

10. Kevin Featherstone.The Greek Sovereign Debt Crisis and EMU:A Failiing State in a Skewed Regime [EB/OL]. http://papers.ssrn.com/sol3/papers.cfm? abstract_id=1782448.

11. Lippit V D. The Reconstruction of a Social Structure of Accumulation in the United States [J]. Review of Radical Political Economics, 1997, 29 (3).

12. Matthias M. Matthijs.Germany's Role in Crafting a Solution to the 2010 EMU Sovereign Debt Crisis [EB/OL]. http://www.euce.org/eusa/2011/papers/7e_matthijs.pdf.

13. Muhammad Akram et al. The Greek Sovereign Debt Crisis: Antecedents, Consequences and Reforms Capacity [EB/OL]. http://www.ifrnd.org/JEBS/2 (6) %20June%20 2011/The%20Greek_Sovereign%20Debt%20Crisis.pdf.

14. Oliner S D, Sichel D E. The Resurgence of Growth in the Late 1990s:Is Information Technology the Story [J]. Journal of Economic Perspectives, 2000.

15. Pollin R.Anatomy of Clintonomics [J]. New Left Review, 2000.

16. Rabah Arezki, Bertrand Candelon, Amadou N R Sy.Sovereign Rating News and Financial Markets Spillovers: Evidence from the European Debt Crisis [EB/OL]. http://www.imf. org/external/pubs/ft/wp/2011/wp1168.pdf.

17. Reinhart, Carmen M, and Kenneth S. Rogoff.From Financial Crash to Debt Crisis[EB/OL]. http://www.aeaweb.org/articles.php? doi=10.1257/aer.101.5.1676.

18. Robert Brenner and Mark Glick.The Regulation Approach: Theory and History [J]. New Left Review, 1991 (188): 45.

19. Roberto A De Santis.The Euro Area Sovereign Debt Crisis: Safe Haven, Credit Rating Agencies and the Spread of the Fever from Greece, Ireland and Portugal [EB/OL]. http:// www.ecb.europa.eu/pub/pdf/scpwps/ecbwp1419.pdf.

20. Stavros Mavroudeas.Regulation Theory:The Road from Creative Marxism to Postmodern Disintegration [J]. Science & Society, 1999, 63 (3): 315.

21. Willem H. Buiter.Greece and the fiscal crisis in the EMU [EB/OL]. http://www.nber. org/ ~ wbuiter/Greece.pdf.

II. 中文类

22. 安建国.评拉美债务危机中的资本反向流动 [J].世界经济，1985（4）.

23. 陈爱萍.论拉布里奥拉对历史唯物主义的诠释及其当代启示 [J].马克思主义与现实，2010（2）.

24. 陈鹤.俄罗斯的资本外逃及所引发的思考 [J].国际经济合作，2000（1）.

25. 陈平.从华盛顿共识失败看经济变革方向［J］.红旗文稿，2005（11）.

26. 陈硕颖.透视希腊债务危机背后的资本主义体系危机［J］.马克思主义研究，2010（6）.

27. 陈文通.马克思的危机理论没有过时［J］.中国特色社会主义研究，2009（3）.

28. 崔向阳.研究经济学的历史抽象法和逻辑抽象法［J］.当代经济研究，2000（2）.

29. 杜仲霞.美国外资并购国家安全审查制度及对我国的启示——兼评三一重工、华为在美投资并购受阻案［J］.现代经济探讨，2013（3）.

30. 高峰.新经济，还是新的经济长波？［J］.南开学报（哲学社会科学版），2002（5）.

31. 郭吴新.军事国家垄断资本主义，还是"军事社会主义"——论列宁和第二国际修正主义者关于凯撒德国战时经济制度观点的原则分歧［J］.武汉大学学报（人文科学版），1964（3）.

32. 何秉孟.美国金融危机与国际金融垄断资本主义［J］.中国高校社会科学，2010（6）.

33. 蒋宏达，张露丹.布伦纳认为生产能力过剩才是世界金融危机的根本原因［J］.国外理论动态，2009（5）.

34. 孔君素.当代资本主义"美国模式"与"莱茵模式"之争［J］.河北经贸大学学报（综合版），2004（1）.

35. 李翀，曲艺.以美国主权债务危机为契机构建超主权国际货币［J］.广东社会科学，2012（1）.

36. 李稻葵，张双长.欧洲债务危机：预判与对策［J］.经济学动态，2010（7）.

37. 李其庆.马克思经济学视阈中的金融全球化［J］.当代经济研究，2008（2）.

38. 梁孝.美国文化软战争的实质、运用及其防范［J］.南京政治学院学报，2012（4）.

39. 林岗.坚持马克思主义的根本是坚持马克思的方法论原则［J］.经济研究，2016（3）.

40. 林岗.中国的经济改革道路：实质、意义和前景［M］.中国人民大学学报，2009（1）.

41. 林左鸣.警惕美国新型立体战争［J］.军工文化，2015（3）.

42. 刘爱文，艾亚玮.市场定价与汇率制度选择研究述评［J］.统计与决策，2009（9）.

43. 刘爱文，刘振林，艾亚玮.国际价值基准与廉价美元政策［J］.江苏商论，2009（4）.

44. 刘爱文，王碧英.资本主义生产组织模式的演进与创新［J］.当代经济研究，2015（7）.

45. 刘爱文.创新驱动发展战略的民主依归［J］.现代经济探讨，2015（3）.

46. 刘爱文.2007～2009国际金融危机信用风险转移路径剖析［J］.晋阳学刊，2012（5）.

47. 刘爱文.创新驱动发展战略的自然依归［J］.郑州大学学报（哲学社会科学版），2015（2）.

48. 刘爱文.西方主权债务危机定性问题研究述评［J］.学习与实践，2014（9）.

49. 刘爱文.主权债务危机的范畴规定性探讨［J］.黑龙江社会科学，2016（6）.

50. 刘仁营，裘白莲.国际金融危机的理论和历史意义［J］.红旗文稿，2009（24）.

51. 刘世锦，余斌，陈昌盛，方晋.本轮市场共振是"余震"还是"预震"——对美债危机前景的判断及应对策略［J］.中国发展观察，2011（10）.

52. 刘颂尧.略论中间性危机问题［J］.世界经济，1980（10）.

53. 刘志强.论拉美和欧洲主权债务危机及其民粹主义政策风险［J］.经济纵横，2013（9）.

54. 吕守军.经济危机与调节理论：调节学派2015年国际大会综述［J］.马克思主义研究，2015（8）.

55. 罗伯特·布伦纳.高盛的利益就是美国的利益——当前金融危机的根源［J］.政治经济学评论，2010（2）.

56. 马国旺.评积累的社会结构理论对马克思主义经济学主要贡献［J］.政治经济学评论，2016（1）.

57. 马淮.从美元国际循环看次贷危机爆发的必然性［J］.中国特色社会主义研究，2009（1）.

58. 孟亚明.抽象与具体的辩证法是马克思主义哲学活的灵魂［J］.山东社会科学，2010（10）.

59. 米·列·季塔连科.新中国成立的国际意义以及中国改革开放的经验［J］.俄罗斯中亚东欧研究，2009（6）.

60. 牧川.拉美历史之鉴——私有化与国有化之争的实质是国家主权之争［J］.环球财经，2011（6）.

61. 齐建国.新经济辨析［J］.数量经济技术经济研究，2001（4）.

62. 乔万尼·阿瑞吉.霸权的瓦解（上）［J］.国外理论动态，2006（9）.

63. 任保平，马晓强.欧盟一体化进程中区域经济协调发展的实践、政策及其启示［J］.山西师范大学学报（社会科学版），2007（2）.

64. 宋玮.欧洲银行业在次贷危机冲击下黯然失色［J］.银行家，2009（3）.

65. 苏剑，林卫斌.发达经济"新常态"的根源和表现［J］.学术研究，2015（7）.

66. 苏天鹏.中心国金融危机与国际货币体系更替之间的联系［J］.财经科学，2011（7）.

67. 苏振兴，张勇.从"进口替代"到"出口导向"：拉美国家工业化模式的转型［J］.拉丁美洲研究，2011（4）.

68. 孙杰.主权债务危机与欧元区的不对称性［J］.欧洲研究，2011（1）.

69. 唐国华，刘爱文，卢锦萍.马克思主义经济地理学的四大主题探析［J］.江西社会科学，2011（3）.

70. 唐少云.论国家垄断资本主义发展的新动向［J］.世界经济研究，1985（5）.

71. 唐正东.法国调节学派的后马克思主义经济哲学方法［J］.南京社会科学，2003（12）.

72. 童展鹏.美国次贷危机爆发以来的救助措施及评论［J］.武汉金融，2008（12）.

73. 汪仕凯.全球劳工治理：议题、机制与挑战［J］.世界经济与政治，2015（8）.

74. 王铁军.时空修复、积累模式与欧洲主权债务危机［J］.国际经贸探索，2015（4）.

75. 王学东.国际金融危机与世界社会主义［J］.科学社会主义，2012（3）.

76. 希尔瓦娜·马勒.转轨十年后的俄罗斯——经济失败和目前的政策选择［J］.东欧中亚研究，2002（1）.

77. 谢地，邵波.欧美主权债务危机的经济政策根源及我国的对策［J］.山东大学学报（哲学社会科学版），2012（1）.

78. 谢世清.历次主权债务危机的成因与启示［J］.上海金融，2011（4）.

79. 徐坚.信息革命、新经济与未来国际秩序［J］.国际问题研究，2000（5）.

80. 徐茂魁，陈丰，吴应宁.次贷危机根源之探讨——基于马克思虚拟资本理论［J］.经济经纬，2009（4）.

81. 徐明琪.欧元区国家主权债务危机、欧元及欧盟经济［J］.世界经济研究，2010（9）.

82. 徐跃华.从出口导向模式的再分配效应看对外经济发展方式的转变［J］.马克思主义研究，2013（11）.

83. 许光伟.《资本论》第二卷的逻辑：系统发生学［J］.当代经济研究，2012（1）.

84. 许光伟.《资本论》第一卷的逻辑：历史发生学［J］.当代经济研究，2011（7）.

85. 许光伟.生产关系的三层次解读关系及其意蕴——政治经济学研究对象域内的道名学说和生长论［J］.当代经济研究，2016（10）.

86. 杨成林，何自力.重树马克思科学抽象法在经济学研究中的重要地位——马克思主义经济学和西方主流经济学方法论的比较分析［J］.当代经济研究，2011（11）.

87. 杨耕.马克思的科学抽象法：一个再思考［J］.中国人民大学学报，1993（3）.

88. 杨虎涛.马克思经济学对法国调节学派的影响［J］.马克思主义研究，2009（9）.

89. 杨玉华.国际美元的运动规律及其发展趋势——基于马克思金融理论与历史经验的解读［J］.当代经济研究，2011（6）.

90. 姚铃.欧元区主权债务危机及其对中欧经贸的影响［J］.国际经济合作，2010（6）.

91. 应霄燕.主权债务危机是金融资本主义的主要危机形态［J］.马克思主义研究，2011（7）.

92. 余永定.从欧洲主权债危机到全球主权债危机［J］.国际经济评论，2010（6）.

93. 张海涛.四论美国"赌博资本主义"一场世界资本主义经济危机正在形成［J］.今日中国论坛，2002（1）.

94. 张鸿.关于中国对外贸易战略调整的思考［J］.国际贸易，2005（9）.

95. 张家唐.论拉美的"现代化"［J］.理论参考，2003（4）.

96. 张康琴.俄罗斯金融危机［J］.东欧中亚研究，1999（1）.

97. 张晓晶，李成.欧债危机的成因、演进路径及对中国经济的影响［J］.开放导报，2010（4）.

98. 张旭.调节学派的比较资本主义研究及其启示［J］.山东社会科学，2016（2）.

99. 张宇，蔡万焕.马克思主义金融资本理论及其在当代的发展［J］.马克思主义与现实，2010（6）.

100. 章先春.试论"反凯恩斯革命"的国际垄断资本主义背景［J］.经济纵横，1987（4）.

101. 赵峰，马慎萧.金融资本、职能资本与资本主义的金融化——马克思主义的理论和美国的现实［J］.马克思主义研究，2015（2）.

102. 赵汇.关于"新经济"的论争［J］.高校理论战线，2001（1）.

103. 郑佩玉.试论发达资本主义国家与发展中资本主义国家的经济关系［J］.逻辑学研究，1991（26）.

104. 钟茂初."庞局经济"的运行机理及其经济社会影响［J］.学术月刊，2012（9）.

105. 钟伟.从亚洲金融危机看当代国际金融体系的内在脆弱性［J］.北京师范大学学报（社会科学版），1998（5）.

106. 周新城.运用马克思主义立场、观点、方法研究国际金融危机——评《美元霸权与经济危机》［J］.中国高校社会科学，2009（9）.

107. 蔡万焕.新自由主义的兴衰［M］.北京：社会科学文献出版社，2012.

108. 陈锦华.功利与功利观［M］.北京：人民出版社，2014.

109. 大卫·哈维.新帝国主义［M］.北京：社会科学文献出版社，2009.

110. 董瑞华.《资本论》及其手稿在当代的实践与发展［M］.北京：人民出版社，2013.

111. 关锋.实践的理性和理性的实践——马克思实践理性思想探析［M］.北京：人民出版社，2009.

112. 何明.研读劳动价值论：极为难得的智力体操——学习运用千年伟人的科学研究方法［M］.北京：人民出版社，2006.

113. 何萍.20世纪马克思主义哲学：东方与西方［M］.北京：人民出版社，2012.

114. 洪银兴.创新型经济：经济发展的新阶段［M］.北京：经济科学出版社，2010.

115. 杰里米·阿塔克，彼得·帕塞尔.新美国经济史［M］.北京：中国社会科学出版社，2000.

116. 景维民，孙景宇等.转型经济学［M］.北京：经济管理出版社，2008.

117. 李慎明.全球化背景下的中国国际战略［M］.北京：人民出版社，2011.

118. 列宁.帝国主义是资本主义的最高阶段［M］.北京：人民出版社，2014.

119. 列宁.国家与革命［M］.北京：人民出版社，1964.

120. 列宁.列宁全集（第二十八卷）［M］.北京：人民出版社，1990.

121. 列宁.列宁全集（第二十四卷）[M].北京：人民出版社，1957.

122. 列宁.列宁选集（第二卷）[M].北京：人民出版社，2012.

123. 林与权，陶湘，李春.资本主义国家的货币流通与信用[M].北京：中国人民大学出版社，1980.

124. 刘爱文.人民币汇率制度选择的战略思考[M].武汉：武汉大学出版社，2014.

125. 刘爱文.西方主权债务危机形成机理研究[M].武汉：武汉大学出版社，2014.

126. 刘绪义.天人视界：先秦诸子发生学研究[M].北京：人民出版社，2009.

127. 卢卡奇.关于社会存在的本体论（上卷）[M].重庆：重庆出版社，1993.

128. 卢森贝.《资本论》注释Ⅲ[M].北京：生活·读书·新知三联书店，1963.

129. 罗伯特·布伦纳.繁荣与泡沫：全球视角中的美国经济[M].北京：经济科学出版社，2003.

130. 洛蕾塔·拿波里奥尼.无赖经济学：流氓经济势力如何改造着我们的生活[M].重庆：重庆出版社，2009.

131. 马克思，恩格斯.共产党宣言[M].北京：人民出版社，1997.

132. 马克思，恩格斯.马克思恩格斯全集（第八卷）[M].北京：人民出版社，1961.

133. 马克思，恩格斯.马克思恩格斯全集（第十三卷）[M].北京：人民出版社，1974.

134. 马克思，恩格斯.马克思恩格斯全集（第二十六卷）（第二册）[M].北京：人民出版社，1973.

135. 马克思，恩格斯.马克思恩格斯全集（第三十卷）[M].北京：人民出版社，1995.

136. 马克思，恩格斯.马克思恩格斯全集（第四十八卷）[M].北京：人民出版社，2007.

137. 马克思，恩格斯.马克思恩格斯文集（第一卷）[M].北京：人民出版社，2009.

138. 马克思，恩格斯.马克思恩格斯文集（第五卷）[M].北京：人民出版社，2009.

139. 马克思，恩格斯.马克思恩格斯文集（第八卷）[M].北京：人民出版社，2009.

140. 马克思，恩格斯.马克思恩格斯文集（第十卷）[M].北京：人民出版社，2009.

141. 马克思，恩格斯.马克思恩格斯选集（第一卷）[M].北京：人民出版社，2012.

142. 马克思，恩格斯.马克思恩格斯选集（第二卷）[M].北京：人民出版社，2012.

143. 马克思，恩格斯.马克思恩格斯选集（第四卷）[M].北京：人民出版社，1995.

144. 马克思.资本论（第一卷）[M].北京：人民出版社，2004.

145. 马克思.资本论（第二卷）[M].北京：人民出版社，2004.

146. 马克思.资本论（第三卷）[M].北京：人民出版社，2004.

147. 迈克尔·赫德森.金融帝国：美国金融需要的来源和基础[M].北京：中央编译出版社，2008.

148. 门德尔逊.经济危机和周期的理论与历史[M].北京：生活·读书·新知三联书店，1975.

149. 娜奥米·克莱恩.休克主义：灾难资本主义的兴起［M］.桂林：广西师范大学出版社，2010.

150. 邱海平.21世纪再读《资本论》［M］.北京：人民邮电出版社，2016.

151. 苏珊·斯特兰奇.赌场资本主义［M］.北京：社会科学文献出版社，2000.

152. 托马斯·皮凯蒂.21世纪资本论［M］.北京：中信出版社，2014.

153. 王江松.劳动哲学［M］.北京：人民出版社，2012.

154. 王荣栓.重读马克思［M］.北京：人民出版社，2007.

155. 维·沃尔斯基.拉丁美洲概览［M］.北京：中国社会科学出版社，1987.

156. 卫兴华，张宇.社会主义经济理论（第三版）［M］.北京：高等教育出版社，2013.

157. 魏小萍.探求马克思——《德意志意识形态》原文文本的解读与分析［M］.北京：人民出版社，2010.

158. 吴学云.美元刀：美元全球经济殖民战略解析［M］.北京：中国经济出版社，2009.

159. 谢·阿·达林.第二次世界大战后美国国家垄断资本主义［M］.北京：生活·读书·新知三联书店，1975.

160. 谢富胜.分工、技术与生产组织变迁：资本主义生产组织演变的马克思主义经济学阐释［M］.北京：经济科学出版社，2005.

161. 谢富胜.控制和效率——资本主义劳动过程理论与当代实践［M］.北京：中国环境科学出版社，2012.

162. 许光伟.保卫《资本论》［M］.北京：社会科学文献出版社，2014.

163. 雅克·德里达.马克思的幽灵：债务国家、哀悼活动和新国际［M］.北京：中国人民大学出版社，2008（11）.

164. 伊藤·诚，拉帕维查斯.货币金融政治经济学［M］.北京：经济科学出版社，2001.

165. 于光远.政治经济学社会主义部分探索（一）［M］.北京：人民出版社，1980.

166. 张永东.通俗政治经济学［M］.成都：四川人民出版社，1982.

167. 张卓元.中国国有企业改革30年回顾与展望［M］.北京：人民出版社，2008.

168. 中国人民解放军军政大学编.学习《论十大关系》的体会［M］.北京：青年出版社，1977.

169. 程恩富.政治经济学现代化的学术原则［N］.光明日报，2015-01-21（15）.

170. 李娜.意大利被曝曾为加入欧元区"粉饰账目"［EB/OL］.http://finance.huanqiu.com/world/2013-06/4066539.html，2013-06-26.

171. 乔雪峰.社科院：中国经济总量首超日本成第二大经济体［EB/OL］.http://finance.people.com.cn/GB/13417480.html，2010-12-07.

172. 孙晓辉.美国会介入"次贷黑幕"调查花旗涉嫌逃税［EB/OL］.http://finance.

qq.com/a/20080523/001149.htm，2008-01-16.

173. 王建帆.2016 中国 GDP 增速重返世界第一，基尼系数有所扩大［EB/OL］. http://www. qianhuaweb.com/2017/0122/3662148.shtml.

174. 王婧璐.欧洲债务危机真相［EB/OL］. http://news.163.com/special/00012Q9L/greececrisis. html，2010-05-06.

175. 王自力.警惕繁荣背后的金融危机［N］.经济观察报，2007-05-28.

176. 魏红欣，王小萱.“居者有其屋”的美国梦该醒了［EB/OL］. http://news.xinhuanet.com/ fortune/2008-07/01/content_8469989.htm，2008-07-01.

177. 许光伟.发生学与中国经济学研究［A］//董长瑞.经济理论与政策研究（第5辑） ［M］.北京：经济科学出版社，2013.

后 记

　　《西方主权债务危机的当代特质性研究》付梓在即，笔者心绪难平，感悟良多，回顾本书创作过程，深深体会到"书到用时方恨少，事非经过不知难"。事实上，笔者关注和思考西方主权债务危机由来已久，早在2007年，笔者开始在中国人民大学攻读政治经济学博士学位，恰逢美国次贷危机爆发进而蔓延全球，导师林岗教授建议笔者用马克思主义经济危机理论来阐释此次国际金融危机形成机理，因此，《当前国际金融危机形成机理研究》也就成为笔者博士论文的选题。

　　在博士论文基础上，武汉大学出版社于2014年出版了笔者的第一本经济学专著：《西方主权债务危机形成机理研究》，顾名思义，该书对上述经济危机的特质界定更加清晰。实事求是地说，《西方主权债务危机形成机理研究》系统地梳理了相关危机材料，因而该书的理论体系较为完备，形式逻辑较为自洽。然而，这种体系完备与逻辑自洽具有某种外在化倾向，事后来看，《西方主权债务危机形成机理研究》一书在研究方法上还是存在一些值得商榷之处：如公式化地对待马克思主义经济危机理论、经济危机材料先在排列的倾向、脱离经济危机具体生成情境而抽象讨论危机的倾向等。

　　这些问题概因笔者当时对辩证法的理解尚浅，未能深入领会"辩证法是一种学说，它研究对立面怎样才能够同一，是怎样（怎样成为）同一的——在什么条件下它们是相互转化而同一的——为什么人的头脑不应该把这些对立面看作僵死的、凝固的东西，而应该看作活生生的、有条件的、活动的、彼此转化的东西"①。为此，笔者希望在西方主权债务危机研究方法上有所突破，从而更加深刻地把握其内在逻辑。在 2011 年度国家社会科学基金项目《西方主权债务危机的当代特质性研究》的资助下，笔者广泛涉猎黑格尔的辩证法相关著作、马列主义的唯物史观相关著作以及卢卡奇的总体性思想相关著作等，最终实现了研究方法上的创新：历史唯物主义发生学。历史唯物主义发生学折中应用发生学和辩证法的优势，进而探寻研究对象的内涵逻辑。就西方主权债务危机研究而言，历史唯物主义发生学不但内生了当代特质性主题展开的工作线索，而且激活了经验材料的内在生命。因此，西方主权债务危机的当代特质性的内涵逻辑，既是其总形态和总性态相一致的内在逻辑，也是其主观逻辑与客观逻辑相统一的历史生成过程。

《西方主权债务危机的当代特质性研究》一书得以完成，首先，笔者要感谢其博导、中国人民大学的林岗教授，林老师引领笔者走上了马克思主义经济学研究的学术之路，其至真至诚的为人和严谨治学的态度深深地影响了笔者的学术生涯；其次，笔者要感谢一位旧友——江西财政大学经济学院的许光伟研究员，与其长达十年的学术交流与探讨使笔者受益匪浅，尤其本书的写作过程受益良多；再次，笔者也要感谢全国社会科学规划办、经济管理出版社、《当代经济研究》杂志社以及笔者单位对本书出版的支持和帮助；最后，笔者家人对于本书的写作给予了极大的理解和支持，在此，也要向他们表示最真诚的谢意！

事实上，本书写作过程中，还有众多师长、朋友给予笔者真诚和无私的帮助，这里就不一一具名，一并向他们表示最诚挚的谢意！没有他们的关心和支持，笔者的努力就失去意义，要完成这本专著更是难以想象。需要说明的是，本书存在的问题和缺点等，都由笔者一人负责。

刘爱文

2019 年 12 月

---

① ［俄］列宁 . 哲学笔记 [M]. 北京：人民出版社，1993：90.